善き力

ボンヘッファーを描き出す12章

イルゼ・テート［著］
岡野彩子［訳］

„Gute Mächte“:
Bonhoeffer-Darstellungen

Ilse Tödt

新教出版社

„Gute Mächte“: Bonhoeffer-Darstellungen
Ilse Tödt
Forshungsstätte der Evangelischen Studiengemeinschaft e.V.
2009, Heidelberg

Japanische Übersetzung von
Ayako Okano
Shinkyo Shuppansha, Tokio
2024

目次

凡例

1　本書では『ボンヘッファー全集』（DBW）からの引用は括弧に入れて（巻数、ページ数）のように表記し、引用末尾にあげた（例　第二巻の一六一頁は（2, 161））。なお、（6e, xx）等の「6e」は、本書の著者テートがDBW第六巻『倫理』の補足として出版したもので、「倫理」をテーマとした覚え書きが収録されている。『ボンヘッファー全集』の各巻の内容は付録Bを参照。

2　［　］は筆者による補足、〔　〕は翻訳者による補足である。

3　原著では一二のテキストにそれぞれ番号だけが振られているが、邦訳では章とした。

4　聖書引用箇所の訳出は、ドイツ語の原文が持つ流れを生かし、書名および固有名詞については新共同訳に準拠している。

序

本書に収められたテキストは、私が二〇〇〇年から二〇〇八年の間に受けた〔講演等の〕依頼に応じて執筆したものである。ディートリヒ・ボンヘッファーについてまだ多くはご存じない参加者が集う会では、ボンヘッファーに関してより詳しい情報を求められた。そのほとんどの場合、彼の生涯を――エーバーハルト・ベートゲが友人ボンヘッファーから看取し書き記した伝記と神学の一致を手がかりに、事柄に即して《ザッハゲメース》――概観することが望まれた。[1] テキストには、それぞれの会の主催者の意向が反映されている。〔オーストラリアの〕ニュー・サウス・ウェールズ州の都市アーミデールでは現代史に踏み込むように強く要望され、[2]〔ドイツ・チューリンゲン州を流れる〕ザーレ川沿いの〔小地方都市〕ツィーゲンリュック[3]では神学的概念をできる限り「非宗教的」に解釈[4]するよう求められた。

福音主義学術共同研究所（FEST）所員で法学者のカタリーナ・ヴァイラートが、丁寧にテキストを読んでくださった。数々の示唆に富む助言をいただき、彼女は「善き力に」という表題のテキストを最初に置くことを提案された。ここから『善き力〔直訳すると『善き力たち』〕』（*Gute*

Mächte)という書名に決まった。善きものは、ボンヘッファーの生涯と思想において、私が思うに、引き寄せられるようにして感じ取られるようになってゆく。

テキストは、ボンヘッファーの生涯の諸段階にそって配列されている。バルセロナにおける牧師補時代、エキュメニカル運動での活動、フィンケンヴァルデ牧師研修所、ヒンターポンメルン〔ポンメルン（ポメラニア）のオーデル川以東に位置する地方〕での牧師補の集い、『倫理』(Ethik)〔『倫理』は戦後ベートゲが遺稿を出版する際につけた書名〕の原稿執筆、獄中における文学的試作、最期と死、といった順で個別に見てゆく。

一二のテキストは、改変と短縮を加え、余分な繰り返しを避けた。これらのテキストが類似している場合や、より詳細な内容を含む場合は、異なる点を示した。モザイクの中でたとえ重要な小片が欠けていたとしても、多くのことが全体としては組み合わされるだろう。ご依頼くださった方々は、例えば、ボンヘッファーの「キリスト論」講義や、第三帝国初期の「指導者概念」、「ユダヤ人問題」に関する論文[5]、また無宗教性や世界の「成人性」[6]を巡るボンヘッファーの思索についても、特に関心を示されなかった。「今日ボンヘッファーなら○○についてどのように語るだろうか」という問いが、唯一アーミデールでの質疑において——当時オーストラリアで切迫していた東ティモール紛争に関して——投げかけられたが、その問いは主催者によって直ちに封じられた。明らかに、おっしゃるとおり、そのような事実に基づく問いは立てられない。ボンヘッファーに尋ねることができるのは礎となる土台についてであり、それに基づいて問いは立てられねばならない[7]。

私は批判的に論評を加えて自説を示す必要があるとは考えず、言葉で描き出した。ボンヘッファーは、「主題としての『倫理的なこと』と『キリスト教的なこと』」と題する原稿の中で、「共に－生きることを学ぶ」ということについてこう述べている。「倫理学と倫理学者は生《レーベン》に向かって長々とは話しかけない。……むしろ望むのは、共に－生きることを学ぶ助けとなることだ。……人生において具体的な課題と出来事が満ちあふれる中で」（6, 372f）。道連れであろうとすれば、おのずと、自らの見地に立って道を指し示そうとは思わなくなる。そのように、ボンヘッファーに詳しい南アフリカのチャールズ・ヴィラ＝ヴィセンシオが述べたことがある。それゆえに、私はそれぞれのテキストにおいて言葉で描き出しながら、ボンヘッファーと共に歩んで行った。本書が形となったのは、フランツィスカ・シュトローマイアーのご尽力のおかげである。

イルゼ・テート

注

（1）ボンヘッファーの年譜は付録A、ボンヘッファーの著作は付録Bを参照。
（2）第9章。
（3）第8章。
（4）ボンヘッファーの用語（8, 481）。他にも類似する語がたびたび使用されている。
（5）『ボンヘッファー全集』第一二巻収録の次の三つのテキストを参照のこと。講義「キリスト論」（12, 279-348）、講演「若い世代における指導者と個人」（12, 242-260）、論文「ユダヤ人問題に対する教会」(12, 349-358)。

(6)　無宗教性については(8, 404f)他。世界の「成人性」については(8, 478)他。

(7)　民数記(モーセ五書の第四書)一六・五、第二テモテへの手紙二・一九に引用。第6章参照のこと。

第1章　「善き力に不思議に守られて……」

ディートリヒ・ボンヘッファー――神学者・抵抗運動の闘士

ただ二人または三人の間の平和が
いつしかわれわれが待ち望む
大きな平和に成長することができる。（15, 272）

ディートリヒ・ボンヘッファー（一九〇六―一九四五）は神学者であり抵抗運動の闘士である。このことは世界中の多くの人に知られている。私が紹介したいのは、彼の思想と生涯の一部、神学的な認識と経験の一部である。私のこの選択に道筋を与えるのが、ボンヘッファーの「善き力に揺るぎなく静かに囲まれ……。善き力に不思議に守られて……」（8, 607f）という詩である。

ディートリヒ・ボンヘッファーは神学者であった。この職業を彼は当然のように選んだわけではない。ボンヘッファーより三歳年下のエーバーハルト・ベートゲは、一九四四年一月九日に、「君がこの家庭で神学者になり、今もそうであることが何を意味するか」（8, 272）ようやくわかったと記している。その九カ月前にエーバーハルト・ベートゲはディートリヒ・ボンヘッファーの長姉ウルズラの娘、つまりボンヘッファーの姪で一七歳（一九二五年生）のレナーテと結婚した。ベートゲはこの賢く自立心のあるうら若き女性との生活を通して、ボンヘッファー家の雰囲気の中で友人が行った職業選択がいかに稀有なものであったか、よりはっきりと感じられるようになったと言う。ベートゲにとって神学者になる決断は、家庭環境からすると自然なことであった。ベートゲの父親は地方の牧師だった。その父の墓前で一四歳の息子は自分も牧師になろうと決意した。神学者向けの専門教育過程で一九三五年にディートリヒ・ボンヘッファーと出会い、その後まもなくボンヘッファーの友に、そう、告解の聴き役になった。

ボンヘッファー家は教会との結びつきを保ってはいた。親戚や母パウラ（旧姓フォン・ハーゼ）の先祖には神学者もいた。とはいえ地域の教会生活からは遠ざかっていた。冷静なる医師として父カール・ボンヘッファーは、信仰に関わる事柄に対しては控えめな態度をみせていた。義兄弟も含め兄弟たちは自然科学者か法律家だった。家庭の雰囲気は啓蒙された近代精神が優勢であった。つまり伝承された宗教上の観念よりも理性に信頼が置かれていた。自らの悟性を使用する不動の勇気が第一とされた。イマヌエル・カントがそれを人間が成人するために要請したように。ディートリヒ・ボンヘッファーは生涯この姿勢を貫いた。われわれは「知的誠実さ」、理性的な精神の力、すなわち「ラチオを真剣に邪心なく用いる内面の義務」の背後へと「もはや後戻り」できない、そう一九四〇年一〇月に書いている（6, 106）。さらに一九四四年八月には、自分のことを近代的《モデルン》だと言い切っている。「僕が『近代的な』神学者として……義務に思うのは」、「この世と知的議論を行う自由な空気」(8, 555)[1] に足を踏み入れることだと。

　幼少期にディートリヒ・ボンヘッファーはどういうわけか神学者になることを決めた。この職業の選択をきょうだいは軽く見て苦笑いした。父親は天分豊かな末息子が「牧師生活」を決意したことを、「おまえにはほとんど宝の持ち腐れだろう」と口惜しく思っていた。そのようにずっと後になって初めて息子に本音を漏らしている (13, 90)[2]。だがディートリヒは大人になっても一途に自分が決めた道を突き進んだ。

　一九一二年、カール・ボンヘッファーがベルリンのシャリテー大学病院で精神医学と神経医学の講座を受け持つことになり、一家はベルリンに居を構えた。一八九九年から一九〇九年の間に八人の子どもが誕生した。ディートリヒには兄が三人、姉と妹が二人ずついた。神学を志す決心によって芸術や哲学などの精神科学に対する彼の幅広い関心が狭まることはなかった。スポーツを好み得意であったし、ピアノの演奏に秀でていた。ところがグリューネヴァルト・ギムナジウムの生徒だった時すでに、ラテン語とギリシャ語のほかに選択科目としてヘブライ語、つまり神学を専攻するために必要な第三の古典語を学んでいたのである。

　一九二三年三月にアビトゥーア〔高校卒業(大学進学資格)試験〕に合格したとき、彼は一七歳になったばかりだった。両親のおかげで二学期間テュービンゲンの大学に通うことができた。インフレーションの最中とあって、なにしろ毎回の食費に二五億マルク要したのだ[3]。一九二四年春には二カ月間のローマ滞在が許され、多くの時間を兄のクラウスと一緒に過ごした。一九二四年六月にベルリンで学業を開始。一九二七年末に二一歳で神学博士の学位を取得した。鋭い洞察力をもって執筆された彼の博士論文の表題は『聖徒の交わり――教会社会学のための教義学的研究』（*Sanctorum Communio. Eine dogmatische Untersuchung zur Soziologie der Kirche*）である。それは二一世紀になってもボンヘッファー研究に関する学術論文の題材とされている。

一九二八年一月、彼は古プロイセン合同福音主義教会の第一次神学試験を受けた。その後は実践的な専門教育に取り掛かることができた。すでに一九二七年一一月、この前途有望な若き神学者に目を留めていた教区長のマックス・ディーステルが、彼に「電話でバルセロナの牧師補の職を提供して」いたという。その後に何が起こったか、ボンヘッファーは短い「スペイン日記」に書き留めている。

思うに、僕はあの電話の後すでに自分の身上についておおよその確信があった。……つまり、いつ僕がそのことを決断したのか、実際には言うことができない。このことは、おのずと決まり、そのようになり、僕はバルセロナに手紙を書き――遂には行くことになった。いくつか重大な申し合わせはあったが……。このような決定がどのようにして起こるのか、自分でもよくわからない。だが一つはっきりわかるのは、自分自身で――つまり自覚をもって――思うようにイエスかノーか決定できることは、非常に稀だということだ……。近ごろ幾度となく気づいたが、すべての決定を僕は下さざるをえなかったのであって、本来、僕自身の決定ではないのだ。……［むしろ僕はそのことを］――真に自覚して徹底的にそれと取り組むこともなく――ある決定の明白さに向かっておのずと進展するにまかせた。そのときこの明白さは本能的なやり方と較べてはるかに知性的というわけではないが、その決定は下されたのであり、後から十分に理由を説明できるかどうかは、別の問題である。(10, 19f)

この二二歳の青年は、自分が神学を決意したことも想い起こしていたのだろうか。あるいはあの幼い日の決意は、いっそう無自覚に、何か自明のように起こったのだろうか。

バルセロナの在外ドイツ人教会ではオルブリヒト牧師が、自分の牧師補であるボンヘッファーに自由な裁量を与えた。教会員たちはボンヘッファーの説教の仕方を好ましく思い、休暇期も暑い日も決まって彼の礼拝にやって来た(10, 134)。彼に最も共感を寄せたのは、子どもと青少年であった。彼の赴任後まもなく行われた子ども礼拝に現れたのは、一人の少女だけだった。一週間後の二月二六日には一五人の子どもが出席し、三月四日にはすでに三〇人になった(10, 24ff)。待降節第四主日のために、ボンヘッファーはキリスト降誕劇の稽古をつけた。彼は両親に「見事に成功して聴衆の歓喜を呼び起こすことになるとは」と報告している。マリアとヨセフが「すっかり自分の役に入り込んだために、彼らによって芝居がまさに中心を得たのです。そして他の子どもたちもそのことに気づいていました」(10, 122)。

バルセロナに滞在した一九二八年二月から一九二九年二月にかけて、ボンヘッファーは大学教授資格論文も書き進めていた。着手したのは極めて要求が高い哲学的かつ神学的なテーマであり、その表題は『行為と存在――組織神学における超越論哲学と存在論』(*Akt und Sein. Transzendentalphilosophie und Ontologie in der systematischen Theologie*)である。自分の計画に関して、彼はある経験豊かな神学者に宛ててこう書いている。「気づいたのですが、説教の効果が最も高かったのは、私が誘うように、まるで子どもたちに外国の童話を読み聞かせるように福音を語った時でした」。彼は「意識の問題」や「『神学における子どもの問題』」についても取り組みたいと記している（10, 91f）。

ボンヘッファーの大学教授資格論文『行為と存在』は学究の徒にとっての宝庫である。学位請求論文『聖徒の交わり』と同様に、今日でも学術的–神学的に研究がなされている。この論文は「子ども」に関する一節に帰結する。「子どもは『来たるべきもの』が襲いかかる荒々しい力の中に（極度な不安や至福の中に）自分を見ているため、現在に生きることしかできない……。現在はただ未来から生きることができる。ここで子どもは神学の問題となる」。直接「来たるべきもの」に照準を合わせた行為をボンヘッファーは直接的行為（actus directus）と呼び、反省的行為（actus reflexus）、すなわち意識的な反省と区別している。直接的行為とは、私–を忘れた行為である（2, 157f）。新しく創造された未来の人間について、彼は次のように述べている。

> もはや自分自身を振り返らず、ただ自身を離れて神の啓示を、キリストだけを見て……自分がかつてそうだった、いや一度もそうでなかったものになる。すなわち神の被造物に、子どもとなる。（2, 161）

一九三〇年七月一八日に大学教授資格を取得し、ボンヘッファーは大学で教える権限を付与された。それから数年間、彼は私講師としてベルリンでゼミナールと講義を受け持った。一九三二―三三年冬学期は旧約聖書の最初の三章、つまり天地創造、楽園そして堕落の物語を取り上げた。ここでボンヘッファーはまるで学術的でない、いたって素朴な話をしたので、哲学専攻の女子大生ヒルデ・エンターラインは、そうした「おとぎ話」にまったく納得できなかったという(3.8)[5]。ボンヘッファーの講義原稿は、学生の強い希望に応えて『創造と堕落　創世記一―三章の神学的釈義』(*Schöpfung und Fall. Theologische Auslegung von Genesis 1-3*)として出版された。創世記(モーセ第一書)二・八―一七にはこう書かれている。「ヤハウェの神は東の方のエデンに園を設け、ご自分が形造った人をそこに置かれた……そして言われた。『園のどの木からも実を取って食べてもよいが、善悪の知識の木からは食べてはならない』」(3.75)。創世記三・一―三にはこうある。「さて、ヤハウェの神が造られた野の生き物の中で、最も賢いのはへびであった。へびは女に言った。『園にあるどの木からも取って食べてはいけない、と神は本当に言われたのか』」(3.96)。エバは一本の木についてだけが問題にされているのだと、はっきりと説明した。しかし、会話はさらに続く。「――最初の会話は、神に関する、つまり最初の宗教的、神学的な会話であった」とボンヘッファーは解説している(3.103)。宗教的反省は直接ヤハウェの神に心を向けることを妨げる。反省的行為であり、もはや直接的行為ではない。神は本当に言われたのか……?　そもそも神が意図されるはずがない……。そして反省の後に、自分の―中へ―没入して―善と悪の知識を食べる。こうして人間は、自覚をもって自発的に、何を善とし何を悪とすべきかを判断するようになる。

ボンヘッファーがこの講義を行った学期の一九三三年一月三〇日に、ヒトラーが政権を掌握した。

第三帝国が始まると同時に数々の深刻な影響を与える法律が公布された。その中の「職業官吏階級の再建に関する法律」は、非アーリア人を公務から排除し、「国民と国家の困難除去のために」出された授権法は、ナチ党の方針に沿って社会全体の強制的同一化《グライヒシャルトゥング》を推し進めた。(6) 教会にとって強制的同一化とは、さまざまな州教会を一つの指導者原理に即した帝国教会にまとめ上げ、種族にふさわしい教会を作ること、つまりユダヤ人と旧約聖書といったユダヤ的なものを排除することを意味したであろう。(7)「ドイツ的キリスト者信仰運動」はそれを率先して行う心構えでいた。(8) しかし他のグループは反対した。ドイツ教会闘争が始まった。「問題は、実のところ、ドイツ教《ゲルマニスムス》かキリスト教かということです」(12, 118) と、ボンヘッファーは一九三三年八月に祖母に手紙を書いている。(9) 一九三四年五月末のバルメン宣言が告白教会の結成に至る道を開いた。告白教会は一九三四年一〇月に独自の組織を作り、例えば指導部として兄弟評議会《ブルーダーラート》を置いた。さらに独自の養成所も設立した。それに対してナチス政権は、またしても法律を作った。一九三五年九月二四日に『「ドイツ福音主義教会」の保全に関する法』が制定され、一九三五年一二月にはこの法律の「第五次施行令」に従って、教会内の諸団体やグループによる「教会管理上および教会当局に関わる一切の権限を容認しない」ことが定められた。その結果、告白教会の活動、とりわけ神学生の養成は「非合法」と見なされることになった。(10)

ボンヘッファーは、ベルリン・ブランデンブルク兄弟評議会によって、ポンメルンの牧師研修所の所長に任命された。兄弟評議会は告白教会指導部のもとに置かれた二十数人の牧師補をツィングストに行くように指示し、一九三五年四月二六日にバルト海沿岸の砂丘の背後にある休暇施設でボンヘッファーによる研修がスタートした。六月二四日にはシュテッティン近郊のフィンケンヴァルデに立つかつての農場主館《グーツハウス》に移転せねばならなかったのだが。半年コースの第一期生となったのはベルリン時代のボンヘッファーの学生多数とエーバーハルト・ベートゲであった。彼のように地方出身の若者や他の「新入生たちは、ツィングストでの授業に最初は息を呑むほど驚いた」[11]という。ベートゲが強い衝撃を受けたのは、ボンヘッファーが「服従」に関して行った授業だった。

ボンヘッファーは新約聖書釈義の講義で山上の説教を解釈した。しかもそれを、自分が意図した通り「できる限り単純明快に」(13, 129)[12]行った。彼は、いつの間にか逸れてしまった「多くの神学が迷い込んだ道から、……こうした素朴な事柄に戻る道を見つけた」と姉ウルズラの夫である義兄のリューディガー・シュライヒャーに打ち明け、「それに信仰の事柄においては、僕たちは決まって同じように素朴だと思うのです」(14, 148)と述べている。「素朴」という言葉でボンヘッファーが指し示すのは、神の言葉をまっすぐな心で聞き、単純に従うことである。こうしたボンヘッファーの方針がフィンケンヴァルデ牧師研修所の「客観的精神」を作り上げた。アルブレヒト・シェーンヘルは、マティアス・クラウディウス〔ドイツの詩人(一七四〇―一八一五)〕の言葉を用いてこう言い表している。「われらを単純にさせ、御身の前で子どものように敬虔で陽気にさせてください」(14, 135)〔『夕べの歌』(*Abendlied*)からの引用〕。シェーンヘルは、ベルリンの学生のうちの一人である。彼はフィンケンヴァルデでボンヘッファーと一緒に働くようになり、一九三六年に哲学専攻の女子大生ヒルデ・エンターラインと結婚した。ずっと後に、ベルリン・ブランデンブルクの教会監督になっている。彼は死ぬまでこの精神を持ち続けていたと見受けられる[13]。

ボンヘッファーはフィンケンヴァルデで半年コースを五期にわたって受け持った。その間の新約聖書講義をもとに『服従』(*Nachfolge*) が執筆された。一つの章には「単純な従順」(4, 69-76) という表題がついている。彼は山上の説教の「右の手のしていることを左の手に知らせてはならない」(マタイ六・三) という教えの解釈に関して、次のように述べている。

服従する者にとって唯一かつ命じられた反省は、従順において、服従において、愛において、何も知らず、無反省であることに行き着く。……キリストの善、つまり服従による善は、知らずに起こる。真の愛の業は常に自分に隠されたものである。無知でいるように肝に銘じよ！そうしてのみ神の善となる。(4, 155)[14]

ハンガリー人のフェレンツ・レヘルは、ベルリンの授業でボンヘッファーが真の愛の業というものを「夢遊病者のイメージ」に譬えていたことを覚えていた。[15] それによれば、愛とは「神ご自身が私たちを通して行われる」ものであり、自身の道を「夢遊病者が持つ確実さ」(13, 394)[16] で歩むという。

一九三七年夏の第五期コースには、ボンヘッファーの『服従』は出版に漕ぎ着けるまでに仕上がっていた。九月一一日、研修は終了した。すると九月二八日に国家警察が現れ、牧師研修所を廃止した。政権は一九三五年からすでに告白教会の諸機関を「非合法」と見なしていたのだった。親衛隊全国指導者兼全ドイツ警察長官のハインリヒ・ヒムラーが閉鎖を厳命した (15, 13)。にもかかわらずボンヘッファーの神学者養成は継続された。ヒンターポンメルンの人里離れた土地で二つの「牧師補の集い」が立ち上げられた。一方のグループは、ケスリーンで教区長の牧師館に身を寄せた。もう一方のグループは、小村グロース＝シュレンヴィッツにあり、ここの世話はエーバーハルト・ベートゲが行っていた。六〇キロメートル離れたこの二つの場所を、ボンヘッファーは週に二度、往復した。警察には、補助説教者としてシュラーヴェに住んでいると届け出た。そのため一九三九年初頭から一九〇六－〇七年生まれの世代が徴兵検査に召喚された際には、シュラーヴェの徴兵局がボンヘッファーの担当となった。

ヒトラーの権力掌握は「戦争を意味する」――ボンヘッファーの義兄リューディガー・シュライヒャーは、早くも一九三三年一月三〇日にこう口にしていた[17]。一九三九年、戦争が近づいているのが目に見えた。総統に兵士宣誓を行い、ヒトラーの戦争で闘うことを強制されるのは、ボンヘッファーにとって耐えがたいことであった。しかし兵役拒否は死刑に処された。

一つの逃げ道が開かれた。アメリカの友人たちが彼をニューヨークに招いたのだ。一九三九年四月二三日、ボンヘッファーは管轄の徴兵局で、アメリカ合衆国に一年間滞在するために休暇と人物保証の申請を行った。五月一三日には、五月二二日に徴兵局へ出頭するよう要請が来た。大急ぎでさまざまなアメリカからの公式の招待状が提出された。その効果のおかげで、徴兵局の通達は取り下げられた[18]。六月二日、ボンヘッファーは旅立った。外国航路用汽船「ブレーメン」でボンヘッファーは大西洋を横断した。彼はバルセロナ滞在を始めたときと同様に、日記を書いている（15, 217-240）。

一九三九年六月一二日、ヘルンフートの教えのテキスト《レーアテクスト》〔『日々の聖句』（ローズンゲン）に書かれたその日の新約聖書のテキスト。『日々の聖句』は日ごとに選び出された旧新約聖書の一節を組みあわせた小型の聖句集で、最初に籤引きで旧約から選ばれたその日の聖句（ローズンゲン）が決められ、それに対応する新約のテキスト（教えのテキスト）が選ばれる〕は、使徒言行録一五章四〇節の聖句だった。「『パウロは……兄弟たちから主の恵みにゆだねられて出発した』。ニューヨークに到着」。温かい歓迎。翌日から数日間、コネティカット州山中にある神学者で同僚の別荘に滞在、「涼しく、草木が生い茂っている。夕庭に幾千のファイアー・フライズ、舞う蛍。……世にも幻想的な光景。……だけど、ただドイツが、兄弟たちがいない。……。わからない、なぜ僕はここにいるのか、意味はあるのか……」。六月一五日、「誤った決断をしたという押しつぶされそうな自責の念に、また駆られる……」。六月一六日、「ニューヨークに戻る。亡命者の牧会者としての職務が準備されている」。六月二〇日、「……決まった。僕はことわった。人びとは失望の色を隠せず、おそらくいくらか気分を害していた。僕にとってこの決定は、その時に僕が見通すことができた以上の意味を持っていただろう。……自分で下した決断すべてにおいて、その動機について、僕自身が決して完全には明らかでないのは奇妙である。これは不明瞭さ、つまり内面的な不誠実さのしるしなのか。それとも、われわれは自らの認識を超えて導かれていることのしるしなのか。あるいは、その両方なのか」。六月二六日、「今日は偶然、第二テモテへの手紙四章［二一節］を読んだ。『冬になる前に来てください』［テモテがやって来ることをパウロが望んだのは、自分の死刑執行が待ち受けていたからである］……まそうしなければ間に合わないであろう。この言葉が一日中、僕の頭から離れなかった。……まるでわれわれが不可欠な者で、必要とされている（神によって⁉）かのように思うからではない。ただそこにわれわれの生活《レーベン》があるからなのだ……。それはまったく敬虔なものではなく、むしろ何かほとんど生命に関わるもの《ヴィターレス》だ。しかし神は敬虔な感情だけではなく、生死に関わる感情をも通して働かれる。『冬になる前に来てください』――これを僕が自分に言われていることとして受け取ったとしても、聖書の乱用ではない。神がそのことをおゆるし下さるなら」。七月八日、わずか四週間でアメリカを後にし、帰国の旅路につく。七月九日、「乗船したら、将来を案ずる内面の争いが静まった」。

一九三九年八月の最終週にはヒンターポンメルンで行っていた「牧師補の集い」の第四期が終了した。九月一日、戦争が勃発。九月三日、すでにポーランドでボンヘッファーが養成した神学生のうちで最初の戦死者が出た。ボンヘッファーはその訃報を九月二〇日の回状で「フィンケンヴァルデの兄弟たち」に伝えた。こうした回状を彼は定期的に書いた。戦時下で最初の回状には次の文が掲載されている。

ただ二人または三人の間の平和が、いつしかわれわれが待ち望む大きな平和に成長することができる。（15, 272）

「二人または三人がわたしの名によって集まるところには、わたしもその中にいるのである」というマタイによる福音書一八章二〇節におけるこの主の言葉をボンヘッファーは、エーバーハルト・ベートゲとの間で実際に経験したように、私的な告解での赦しの言葉と結びつけたのである(14. 699)。ベートゲは友人が一九三九年にアメリカへ旅立つとき、何か「逃避」のような衝動が働いていることに気づいていた。[19] 帰国を決意した後、心に平和が訪れたのだった。

ボンヘッファーとベートゲは、第五期の牧師補の集いをわずか八人ばかりの牧師補と共に、ズィーグルツホーフという森の中のまったく人けのない分農場で行った。学期末に差しかかったころ、またもや秘密国家警察《ゲシュタポ》がこの密かな養成所を見つけ出し、一九四〇年三月一八日に閉鎖した。

ボンヘッファーの姉クリステルの夫ハンス・フォン・ドナーニは戦争勃発後、ヴィルヘルム・カナーリス提督の下で「特別担当官」を務めていた。提督の配下では、国防軍最高司令部での外国防衛、つまりドイツ国外での防諜活動が行われていた。カナーリスの部局〔国防軍情報部〕では、謀議を図る抵抗グループがその中心にいた。ドナーニは、この共謀者グループに義弟のボンヘッファーを引き入れたのである。表向きには、ディートリヒ・ボンヘッファーは教会での外国との接触を情報部のために活用することが求められ、また特使《クーリエ》の任務を負っていた。そのように偽装して、彼はドイツ国内の抵抗運動に関する情報を中立的立場をとる他国に運び出すことができた。その後友人たちが、その情報をスイスやスウェーデンから西の連合国に伝えるよう尽力した。

こうした無報酬の諜報部員としての活動の合間を縫って、ボンヘッファーは『倫理』(*Ethik*)の原稿を執筆していた。一九四〇年一一月一六日、ボンヘッファーはベートゲ宛ての手紙の中で、古プロイセン告白教会の人たちは僕が「学術的な仕事をする」ことに「大きな関心」を示している、と書いている（16, 70）。ボンヘッファーは具体的な倫理に関する彼の思索を、ヒトラー政権崩壊後の西洋の再建に役立てたいと考えていた。執筆に専念できるように、時々ルート・フォン・クライスト＝レッツォウ老伯爵夫人（一八六七―一九四五）の歓待を快く受けた。彼女はフィンケンヴァルデ時代から彼を援助していた。一九四二年六月、ルート・フォン・クライストの孫娘マリーア・フォン・ヴェーデマイアー（一九二四―一九七七）との出会いが訪れる。ここから三六歳のディートリヒと一七歳のマリーアが一九四三年一月に――手紙で！――婚約するに至るのである。[20]

一九四三年春に、ボンヘッファーは『倫理』の中の「主題としての『倫理的なこと』と『キリスト教的なこと』」という章を書いたが、その表題の後に疑問符をつけていた。彼は一八七九年に初版が出た哲学者フィッシャーの『もう一人』（*Auch Einer*）から次のように引用している。[21]

> フリードリヒ・テオドール・フィッシャーが彼の「もう一人」（同名の著『もう一人』に登場する旅先で出会った匿名の男）に「道徳的なことは常に自明である」と語らせて示したような、倫理的なことを議論の独立した主題に据えようとする試みすべてに対して微かに皮肉を込めた拒絶のジェスチャーは、おそらくは――一定の限度内では――多くのキリスト教倫理の教科書以上に、「倫理的なこと」の本質に関する深い洞察が現れている。（6, 365）

ボンヘッファーのこの章は落ち着きに満ちており、とりわけ次の一節は出色である。

神の戒めは、人間が神の前で人間たることを許し、人生という河をその流れに任せ、人間が食べ、飲み、眠り、働き、斎《いわ》い、遊ぶことを妨げることなく許す。また戒めは人間に、眠り、食べ、働き、遊ぶことが許されるかどうか、もっと差し迫った任務はないかと、絶えず尋ねさせることもしない。……動機の純粋さに対する自虐的な希望なき問い、疑わしい自己観察、絶え間なく働く意識が放つぎらぎらした疲弊させる光――これらはすべて、生き、行動する自由を与える神の戒めとは何も関係がない。人間の生と行動は暗闇に根を持つこと、行為と受苦、意識と無意識は解きがたく絡み合っていること、それらのことは神の戒めによって与えられた生きる許しに共に含まれている。……神の戒めの前では、人間は永久に岐路に立つヘラクレスではなく、正しい判断を下すために永遠に苦闘する者でもなく、諸義務の板挟みになって我が身をすり減らす者でもなく……。むしろ人間は神の戒めの前ですでに現に道を歩んでいることが許されている（必ずしも常にまず岐路に立たされるわけではない）。人間はまったく心の葛藤なしに、あることを為すことも、別のこと（おそらく理論的・倫理的観点からは同様に差し迫ったこと）を為さないことも許されている。人間はすでに踏み出し、その途上で神によって、善き天使［「眠りの天使」（6e, 134）］によって為されるかのように、導かれ、付き添われ、守られることが許されている。こうして神の戒めそのものが、今や日常の一見ささやかで意味のない言葉や文章、暗示、助けというかたちをとって、人生に一貫した方向性と個人的な導きを与えることができるようになるのである。（6, 388f）

ハンガリーの学生フェレンツ・レヘルがボンヘッファーの言葉をそう理解したように、月夜を彷徨する夢遊病者が持つ確実さをもって道を歩むこと、眠りの天使に為されるかのように導き守っていただくこと、自己言及的な反省を行うのではなく、無我夢中で命ずる者に従うこと――そのように私たちは神の前で人間として生きることが許されている。このことをボンヘッファーは確信していた。

そうした確信の下に、彼は牧会者として、ヒトラー暗殺を企てる共謀者たちの中で活動していた。第三帝国の状況を慎重に検討し、綿密な協議を重ねた結果、この抵抗グループの人びとには、暴君殺害以外の道は残されていないと思われた。エーバーハルト・ベートゲによれば、ある晩にハンス・フォン・ドナーニがディートリヒ・ボンヘッファーに次のように問いかけたという。

剣を取る者は皆、剣で滅びる（マタイ二六・五二）という新約聖書の言葉をいったいどう理解すべきか。当時ボンヘッファーはこう答えた。この言葉は有効だ。われわれのグループにも当てはまる。われわれはこの裁きにあうことを受け入れなくてはならない。しかしこの言葉の有効性を引き受ける人間が今必要なのだ、と。(22)

一九四三年四月五日月曜日、ゲシュタポが逮捕に踏み切った。その表向きの理由は不正な為替操作疑惑であった。しかし背景には、ハインリヒ・ヒムラーの帝国保安本部とカナーリス提督の国防軍情報部の対立があった。真昼にハンス・フォン・ドナーニと妻のクリスティーネが連行された。クリスティーネは五月初頭まで拘留されただけだった。密謀について知っていながら、説得力のある演技によって、何もわからずにいる主婦を装った。四月五日午後、ディートリヒ・ボンヘッファーが両親の家で逮捕された。彼の屋根裏部屋の机の上には、『倫理』のための最後の原稿が置かれていた。その後一年半をボンヘッファーはベルリン・テーゲルの国防軍未決監で過ごした。取り調べでは姉のクリスティーネと同じく、事細かに正確さを追求する世間知らずの聖職者を演じた。ドナーニとボンヘッファーは、まだヒトラー暗殺計画との関連については指摘されていなかった。一九四四年七月二〇日に最後の暗殺計画が失敗した後も、その関連性は気づかれずにいた。ベルリン南方のツォッセンという村落のとある家屋の地下室で、装甲キャビネットに入ったファイルが偶然発見され、どれほど多くの人間がこの陰謀に関与したのかがはじめて明るみに出たのである。一九四四年一〇月八日、ボンヘッファーはテーゲル刑務所から帝国保安本部の地下牢に移送された。

マリーア・フォン・ヴェーデマイアーは、ボンヘッファー家の婦人らと共に逮捕された人たちの世話をしていた。親族は食料、洗濯物、書物を定められた日に刑務所に届けることが許されていた。この間、クラウス・ボンヘッファー、リューディガー・シュライヒャー、エーバーハルト・ベートゲらも投獄されていた。地下牢に勤務していた刑事係警部のフランツ・クサーヴァ・ゾンダーエッガーは、素朴な出自のバイエルン人であった。彼はある意味で、若き貴婦人マリーアに弱かった。ただこの思いのおかげで、封鎖された地下牢からボンヘッファーが書いた便りを運び出すことができた。一九四四年一二月にゾンダーエッガーはマリーアに、一二月三〇日に誕生日を迎えるパウラ・ボンヘッファーへの手紙とマリーア自身への手紙、そして詩を手渡した。この詩の上に、ボンヘッファーはマリーアのためにこう書き留めている。「ここにいくつか詩を書いておきました。ここ数日の夜に心に浮かんだものです。君と両親やきょうだいたちへのクリスマスの挨拶です」。その手紙で彼は婚約者に確かな言葉でこう書いている。

まるで魂は孤独な中で、僕たちの日常生活ではほとんど知るよしもない感覚を育むかのようです。だから僕は一瞬たりとも、孤独だとか置き去りにされているとか、感じたことがありません。君や両親、君たちみんな、戦場にいる友人や教え子たち。君たちの姿が、ありありと僕の目に浮かぶのです。君たちの祈りや優しい気遣い、聖書の言葉、はるか昔に交わした会話、いろんな音楽や書物――それらがかつてないほど生き生きと現実感を帯びてきます。これこそが、その中で僕たちが生き、現に存在することを疑いようのない、見えざる大いなる国なのです。天使のことを歌った古い童謡に、「ふたりの天使がわたしを眠りに包み、ふたりの天使がわたしを目覚めさせる」と歌われていますね。こうして朝に夕に見えざる善き力によって守られていることは、子どもたちだけでなく、今日の僕たち大人にとっても少なからず必要なことです。だから僕が不幸だなどと考えてはなりません。(23)

このようにボンヘッファーは、彼の周囲のさまざまな見えざる善き力を――道を示すわずかな兆し、言葉、合図、助け、互いの思いやり、呼び覚まされる会話の記憶、音楽、読書、子どものように眠りの天使に守られること――そう、私たちに訪れる平和の中に見ていたのである。

詩（8, 607f）

善き力に揺るぎなく静かに囲まれ
不思議に守られ慰められ、
この日々をあなたたちと共に生きたい、
新しい年へ共に歩んで行きたい。

旧い年は今もわたしたちの心を苛み
悪しき日々は今も重く圧しかかる。
ああ主よ、震えあがる魂に、救いをお与えください、
そのためにわたしたちをお創りになったのですから。

もしわたしたちに苦く、重い杯を、
なみなみと満たされた苦しみを渡されるなら、
身震いもせず、ありがたく受け取ります、
あなたの善き、慕わしい御手から。

しかし、もしわたしたちにもう一度よろこびを

この世とその陽のもとに輝きを与えてくださるなら、
過ぎ去りしことを心に刻み、
わたしたちの生すべてをあなたに捧げます。

今日《こんにち》ろうそくを暖かに明るく燃え立たせてください
それはあなたがわたしたちの暗闇にもたらしてくださったものです。
できることなら、わたしたちをふたたび共に居させてください！
あなたの光は夜に輝くことを、わたしたちは知っています。

深い沈黙が今、わたしたちを飲み込んでいくなら
世界に響き渡るあの調べを聞かせてください。
わたしたちの周りに広がる目には見えない世界で、
あなたの子すべてが高らかに奏でる賛美の歌を。

善き力に不思議に守られて
わたしたちは心静かに待ちます、何が来ようとも。
神は、朝も夕べも、傍に居てくださる。
もとより、どんな新しい日にも。

ハンス・フォン・ドナーニは一九四五年四月九日にザクセンハウゼン強制収容所で殺害され、ディートリヒ・ボンヘッファーは同じ日にフロッセンビュルク強制収容所で絞首刑になり、クラウス・ボンヘッファーとリューディガー・シュライヒャーは、一九四五年四月二三日にベルリンのモアビット地区でナチス親衛隊員によって背後から射殺された。唯一エーバーハルト・ベートゲだけが、赤軍がベルリンに進駐した際に釈放された。彼は友人が遺したものを世界に知らしめた。それで私たちは、ディートリヒ・ボンヘッファーの生涯と思想を知ることができるのである。

注

（1）一九四四年八月三日付エーバーハルト・ベートゲ宛書簡。
（2）一九三四年二月二日付の書簡。第4章参照。
（3）Bethge, Eberhard (1967): *Dietrich Bonhoeffer, Theologe-Christ-Zeitgenosse. Eine Biographie*, München: Chr. Kaiser, 74.
（4）一九二八年八月七日付ヘルムート・レスラー宛書簡。第2章（一九二八年六月一四日付ヴァルター・ドレス宛書簡）参照。
（5）編者序言より。
（6）Bethge (1967), 316f.
（7）Ibid., 319, 321.
（8）Ibid., 390.

（9） 第9章参照。
（10） Bethge (1967), 565.
（11） Ibid., 515.
（12） ボンヘッファーがロンドンの牧師館からエルヴィン・ズッツに宛てた一九三四年四月二八日付の書簡。
（13） アルブレヒト・シェーンヘルは一九一一年九月一一日に生まれ、二〇〇九年三月九日に亡くなった。
（14） 第11章参照。
（15） Lehel, Ferenc (1979): Brief aus Szombathely Februar 1979, in Tödt, Heinz Eduard et al. (Hrsg.): *Wie eine Flaschenpost. Ökumenische Briefe und Beiträge für Eberhard Bethge*, München: Kaiser, 248. 第11章も参照のこと。
（16） 一九三四年一〇月二八日にロンドンでボンヘッファーが行った第一コリントの信徒への手紙一三章八―一二節についての説教。
（17） Bethge (1967), 305. 第3章参照。
（18） Ibid., 714f.
（19） Ibid., 718.
（20） Bismarck, Ruth-Alice von/Kabitz, Ulrich (Hrsg.) (1922): *Brautbriefe Zelle 92. Dietrich Bonhoeffer – Maria von Wedemeyer 1943-1945*, München: Beck, 278.
（21） Vischer, Friedrich Theodor (1879): *Auch Einer. Eine Reisebekanntschaft*, Stuttgart/Leipzig: Eduard Hallberger.
（22） Bethge (1967), 704. 第9章参照。
（23） Bismarck/Kabitz, 208.

第2章　子どもたちの友

ディートリヒ・ボンヘッファーの生涯と神学における一つの要点

ボンヘッファーの生涯に沿って、彼がどのように子どもたちと接し、子どもや幼児洗礼に関してどのような神学的考察を行っていたかを報告しよう。

一九〇六年二月四日、ブレスラウ〔現ポーランドのヴロツワフ〕のビルケンヴェルトヒェン七番地で双子が誕生した。まずディートリヒ、一〇分後にザビーネが出てきた。ザビーネの兄についての最初の記憶は、祖父の隣にいる小さな晴れ着姿のディートリヒである。「祖父は洗礼を受けるズザンネを膝にのせて窓辺に座り、その窓から金色に輝く午後の陽が差し込んでいた」という。末の妹ズーズィ〔ズザンネの愛称形〕が一九〇九年八月に生まれたとき、双子は三歳半であった。祖父のカール・アルフレート・フォン・ハーゼはポツダムの駐留地教会の宮廷付き牧師をしていたが、皇帝ヴィルヘルム二世の不興を買って――彼は皇帝がプロレタリアートを「ならず者《カナイユ》」と呼んだことに抗議した――退いたのだった。一九〇九年、ブレスラウの別荘にはカール・ボンヘッファーと妻パウラの八人の子どもたちがいた。双子と末娘のほかに娘二人と息子三人がおり、最年長は一〇歳であった。子どもたちの群れは、よく夢中になって「家庭洗礼ごっこ」をして遊んだ。[1]

古プロイセン合同福音主義教会――ここにベルリン・ブランデンブルクも、ブレスラウのあるシュレージエンも属していた――における幼児洗礼用の儀式書によると、その行為はマタイによる福音書の最後に記されたイエスの洗礼命令（二八章一九―二〇節）に始まる。「……あなたがたは行って、すべての民に教え、父と子と聖霊の名によって洗礼を授け、わたしがあなたがたに命じておいたことをすべて守るように教えなさい」。その後をマルコが第一〇章で続ける。「イエスに触れていただくように、人びとは幼い子どもたちを連れてきた。弟子たちはこの人びとを叱った。しかし、イエスはこれを見て憤り、弟子たちに言われた。『子どもたちをわたしのところに来させなさい。妨げてはならない。神の国はこのような者たちのものである。よく言っておく。幼な子のように神の国を受け入れる人でなければ、そこに入ることはできない』。そして、子どもたちを抱きあげ、手を置いて祝福された」（マルコ一〇・一三―一六）。ルターの洗礼についての小本が参考になる。ここで洗礼は、「救いのノアの洪水」でおぼれ死ぬこと、「キリスト教の聖なる箱舟」で守られること、つまり裁きと慈悲による「霊的再生」として語られている。成人したディートリヒは、一九三五年から一九三七年にかけて自らの手で牧師を養成していたとき、くりかえしルターの「ノアの洪水でおぼれ死ぬ」というイメージを示した。その際にルターの洗礼に関する小教理問答書を用いて、「水の洗礼」とは「日ごと」に死に、「日ごと」に「新しい人間」となって現れ出ることだと強調していた。[2]

まず、子どもの友であるイエスについて、聖書でどのように書かれているか調べてみよう。イエスの子どもへの接し方は、「最後のもの《レッツテ・ディンゲ》」〔ギリシャ語の〕eschataを思い起こさせる。神の国あるいは天の国について終末論的に語られる。それは、幼児洗礼に際するイエスの言葉、「子どもたちをわたしのところに来させなさい。……神の国はこのような者たちのものである」に表れている。マタイによる福音書の一節（一八・一―五）にはこう書かれている。「弟子たちがイエスのところに来て、『天の国では、いったい誰がいちばん偉いのでしょうか』と言った。そこで、イエスは一人の子どもを呼び寄せ、彼らの真ん中に立たせ、〔抱き上げて（マルコ九・三六）〕言われた。『よく言っておく。心を入れ替えて子どものようにならなければ、天の国に入ることはできない。自分を低くして、この子どものようになる者が、天の国でいちばん偉いのだ。このような一人の子どもをわたしの名のために受け入れる者が、わたしを受け入れるのである』」。「自分を低くする者」（マタイ一八・四）という表現に関しては後ほど述べたい。

ボンヘッファーの生涯を先に進めよう。双子が六歳になった一九一二年、一家はベルリンに移転した。カール・ボンヘッファーがシャリテー大学病院の精神医学と神経医学の教授に任ぜられたのである。一九一六年以降、ボンヘッファー家はグルーネヴァルト地区に住んだ。子どもたちは子ども礼拝に通わされることもなく、実際に教会に通ってもいない。しかし堅信礼は市民の慣習として根づき、避けられないものだった。ディートリヒの堅信準備期に、彼が神学者になろうとしていることが家族の間で知られるようになった。兄姉はこれを真に受けなかった。彼らにとって教会は時代遅れなものだった。三人の弟妹の一人であるディートリヒは、彼独自の道を行くことによって、年長者たちを感心させたいという野心を膨らませたのではないか、と思われていた。(3)

ボンヘッファーは一九二三年夏学期から神学を学び始め、一九二七年一二月に聖徒の共同体に関する極めて知的な博士論文『聖徒の交わり』(*Sanctorum Communio*)で学位を取得した。「教会とプロレタリアート」という表題の長い一節では、皇帝がプロレタリアートを「ならず者」と呼ぶことを許さなかった祖父の孫らしくこう書いている。

……私が思うに、私たちの教会の未来は少なからず、……労働者の子どもたちを、子ども礼拝から助け手として奉仕活動に引き入れることにかかっている……。これからの教会は「市民的」ではないだろう。(1, 292)

最初の教会試験では、地域の教会の仕事に携わったという証明が必要だった。ボンヘッファーは、一九二六年からグルーネヴァルト教会で子ども礼拝の助手を務めていた。しかも夢中になって。彼は旧くからの学友でカール・バルト神学の信奉者であるリヒャルト・ヴィトマンに対して、バルトの最も深い神学的主張も、そこで言われた事柄をここグルーネヴァルトの子どもたちに存分に語れないなら何の価値もない、と熱っぽく説いたのである。(4) 子どもたちはボンヘッファーのグループに押し寄せた。そこで、彼はすでに教区牧師の職に就いていたリヒャルト・ヴィトマンに相談した。すると牧師はこう答えた。

子どもたちの場合は「成功」したからといって気にかける必要はないと思います。もっともまだ子どもだからですが。……それが不健全な成功かどうかは、じきにわかることです。……私の考えでは、人は事柄のために自分自身を抑えて行動せねばなりません。[5] (9, 62)

無造作な魅力というものは、一人の人間に他の人びとに対する霊的な影響力をもたらすが、一つの危険でもあることを、ボンヘッファーは生涯にわたって認識していた。アルブレヒト・シェーンヘルという、ベルリンでは学生として、フィンケンヴァルデでは牧師候補生としてボンヘッファーの友人となった人物は、「ボンヘッファーが人を束縛することを嫌っていたからこそ、多くの人が彼に引き寄せられたのかもしれない」と、注意深く見ていた。[6]

ボンヘッファーは説教を文章にしていた。一九二六年の永眠者記念日《トーテンゾンターク》（教会暦最後の（待降節直前の）日曜日）の子ども礼拝では、ルカによる福音書一二章三五節の「……ともし火をともしていなさい」を想起している。

先日の夕べ、私たちは遠足で世界の終わりについて話しました。その時に何が起こるだろうかと［終末論！］。……多くの人は死ぬとすべてがおしまいになり、終わりが来ると信じています。みなさんの中で年配の方は、そう信じている人と話したり議論したりすることがすでによくあったと思います。……そしてすぐにでも言っておきたいのですが、今日私たちが話すことをみなさんは決して証明できないでしょう。ありがたいことに証明できないのです。しかし信じることはできます。それに考えてみてください。そもそも神がひとたび私たちと関わられたことを私たちが知っていれば、慕わしい神がいきなり私たちを完全に終わらせてしまわれるなどと思えるでしょうか。もしある人が小さなともし火を守りぬいて亡くなったなら、もうあまり悲しむ必要はないのです。ほんとうに燃えていたのか、それとも私たちにそう見えただけなのか、それをご存知なのは神だけであって、私たち子どもにはわかりません。忘れないようにしましょう。神は、すべての人が助けられることを望んでおられます。(9, 550, 555, 558)

一九二八年一月、第一次神学試験を終えてまもなく、ボンヘッファーはふたたびグルーネヴァルト子ども礼拝に加わった。その時のことを日記に書いている。

僕は特に……「あなたの罪は赦された」という御言葉について話した。ここの子どもたちの前でもう一度、われわれの福音の核心を明らかにしようとしたのだ。子どもたちは注意深く耳を傾け、おそらくは少し心を動かされていた。僕がかなり感慨を込めて話したからだろう。やがて別れの時が来た。モイマン牧師は彼の共同の祈りに僕を迎えてくださった。――教会の共同の祈りは、もう長いことたびたび僕を身震いさせるもので、［僕が］二年間いた子どもたちの群れとも比べることができないほどはるかに僕を支えてくれた。一つの民が祈るところに教会があり、そして教会があるところに決して孤独はない。(10, 20f)

第二次神学試験を受ける前に一年間、ボンヘッファーは牧師補として実務経験を積むためにバルセロナの在外ドイツ人教会で過ごした。そこに向かう列車の旅の途中で、少しの間パリに立ち寄った。この町で最も彼を魅了したのはサクレ・クール寺院の盛儀ミサ《ホーホアムト》であった。

教会にいるのはほとんどモンマルトルの人たちだ。娼婦と彼女たちと関わりを持つ男たちがミサを訪れ、すべての儀式に身をかがめる。それはものすごく印象的な光景だった。……僕には、祈りにおいて虚栄心の強い人間よりも、祈る殺人者、祈る娼婦のほうがずっと想像しやすい。（10, 22）

バルセロナでボンヘッファーはオルブリヒト牧師のもとに配属された。振り返って、ボンヘッファーは彼についてこう書き留めている。

受堅者が何かを尋ねたり疑ったりすると、怒鳴りつけ、次の瞬間にはもう忘れてしまっている。（10, 136）

ボンヘッファーはすぐに子どもたちに目を向けた。初めて子ども礼拝を行った日曜日には、女の子が一人やって来ただけだった。次の日曜日には一五人の子どもが出席し、女子は一四歳が最年長で、男子は平均して一〇から一一歳だった。

そして〔子どもたちは〕驚くほど新鮮で生き生きとしている。子ども礼拝の素晴らしさを話してあげたら、これが火をつけた。この時間が僕をまるで別人に変えた。実践的な仕事をぜんぜんうまくやれないいんじゃないかという一抹の不安も消えた。土台はできた、先に進んで行こう。思うに、僕はすでに子どもたちを味方につけている。（10. 24f）

三度目の日曜日、三月四日には子ども礼拝の子どもの数は倍になった。

……ある晴れた日……宗教的な問題に関する子どもたちの無知には驚かされると同時に、それで構わないとも思うし、責任の重さも感じる。〔ドイツの〕学校の先生たちに尋ねたところ、僕は最も難しい子どもたちを受け持ったらしい。怠け者、穀つぶし、早熟、等々。（10. 27）

子ども礼拝には次々と新しい顔ぶれが登場する。手紙でボンヘッファーは家族に次のように報告している。(7)

……できるだけ子ども礼拝の子ども一人一人を訪問して、その折にもちろんご両親にも会いたいと思っています。子どもたちと交わった二年半の経験はここで大いに役立っています。そうでなければ、子ども礼拝を「さっと軌道に乗せる」ことは難しいでしょう……。ここの子どもたちは、グルーネヴァルトの時と同じように大人に接してきます。つまり、まったく臆することもためらうこともありません。しかし同時に――ほとんどすべての教師の嘆きにもかかわらず僕は思うんですが――ちゃんと育っています。(10, 37f)

聖ヨセフの日に子どもたちと一緒に散歩することは、すでにコロニーで広く知れ渡っています。ここではそうした習慣はないようです。(10, 40)

一九二八年六月末、ボンヘッファーは休暇期間に代理として教会の仕事をすべて引き受けた。余裕のある人たちは暑い町を去った。礼拝は休会するのが通例だったが、ボンヘッファーは二週間に一度、説教を行った。「もはや限界だよ……、とりわけこの時季にまともに太陽が説教壇に照りつけると」(10, 73)(8)。しかし日曜日の「子ども礼拝はここに残っている子どもたち自身が希望しました」(10, 65)(9)。

後にズーズィ・ボンヘッファーと結婚する大学時代の学友ヴァルター・ドレス宛てに、彼は一九二八年六月一四日にこう書いている。

夏の暑さの中で思考を奮い起こして、比較的大きな仕事にかかろうと思う――「意識」に関する全体を直ちに手がけるか、あるいは「子どもと神学」に関する小さな予備作業を行うかだ。(17, 82f)

ヴァルター・ドレスは九月一日に次のような文章を受け取った。

今日、僕はいたって独特な牧会的事例に出会った……。朝の一一時にドアを叩く音がして、一〇歳の男の子が何か両親からの伝言を携えて僕の部屋に入って来た……。いつもなら元気いっぱいの少年に何かあったのだと気づいた。すると今度は、わっと泣き出した。彼は完全に混乱していて、僕はかろうじて「ウルフさんが死んじゃった」という言葉だけ聞き取れた。彼はわんわんわんわん泣いている。「それで、ウルフさんって誰なんだい？」と尋ねると、それは若いシェパード犬で、八日前に病気になり、つい三〇分前に死んだという。それで悲嘆にくれ、僕の膝の上に座って、ほとんど自失茫然としている……。犬だけが遊び相手で、朝になるとベッドにやって来て、起こしてくれた――それが今、死んでしまったと言うんだ。……そのあと彼は急に静まり返って、悲痛の涙を流しながら、「でも僕はわかっています、ウルフさんは死んでなんかいません」と言う。「どうしてそう思うんだい？」と尋ねると、こう答えた。「そう、ウルフさんの魂は今、天国に行って、喜んでいます。授業で、誰かが宗教の女の先生に、天国はどんなところかたずねたことがあります。その先生はそのとき、私はまだそこには行ったことがないと思うわ、とお答えになりました。さあ、先生が教えて下さい。僕はウルフさんにもう一度会えますか？　間違いなくウルフさんは天国にいるんですよね？」。それで僕はそこに立って、「はい」か「いいえ」か答えねばならなかった。いや、僕たちにはわからない、といった答えは「いいえ」を意味しただろう。そこに精通していたがる一人の男が立っていたが、こうしたことはいつだって邪悪だ。だから僕は咄嗟にこう言ったんだ。いいかい、神は人間も動物もお創りになり、動物も愛しておられる。そして僕は、神のもとでは、地上で互いに愛し合ったもの、ほんとうに愛し合っていたものはすべて、ふたたび神のもとでずっと一緒にいられると信じているんだ。なぜなら愛することは神の一部だからだ。それがどのようにして起こるのか、もちろん僕たちには知ることができない、とね。――今、君には少年の嬉しそうな顔が目に浮かんだはずだ。彼はすっかり泣き止んでいた。「それなら僕も死んだら、またウルフさんに会えますね。そうすればまた一緒に遊ぶことができます」。――しばし彼は大喜びだった。僕は彼に何度か、どんなふうに起こるのかは僕たちにはわからないんだよ、と言い聞かせた。しかし、彼は知っていた。しかも確信をもって……。――この一切の出来事はその子にとって、僕たちに何か大変なことが起こったときと同じようにとても重大なことだった。しかしほんとうに驚いた――何も考えていない、ふだんはまったく奔放な少年の中でこうした瞬間に目覚める純粋な信心深さに感動したよ。「精通している」べき人間が、彼の隣で縮こまって立っている。そして、自信に満ちた顔で彼が去って行ったことを、今でも僕は思い出さずにいられないんだ。「泣きながら微笑む」という事例の一つだが、きっとそうそうあることではない。(17, 82f)

ボンヘッファーはバルセロナで三回の教会講演を行った。一九二八年一二月一一日に行った中間の回の講演では次のように詳しく述べている。

イエスは子どもたちや道徳的・社会的に小さくされた人びとに目を向けられた……。これは世界の歴史上で未聞の新しいことであり、一見するとイエスの人格において亀裂が生じているように見える。……イエスは子どもたちのところへ行き、頑なに道徳的な人たちに対して、その子らを手本として掲げられる。イエスがエルサレムに入られたとき、すでに彼のことを多くの子どもたちが知っていたのか、神殿に押し寄せてホサナを歌っている――道徳主義者の一派、パリサイ人にとっては腹立たしいことに。聖書外典にはイエスが路上で子どもたちとどのように遊んだか、幻想的に語られている。(10, 312)

ボンヘッファーにとって共に遊ぶことは、大人同士であっても変わらず重要であり続けた。

子どもはイエスにとって、大人への通過段階であるだけでなく、……逆にまったく独自のものである……。イエスは子どもたちをご覧になり、子どもたちに加わることを望まれた。誰がその道を遮るだろうか。神は子どもたちの中におられ、福音は子どものものであり、神の国の喜びは子どものものである。「災いあれ、小さきものの一人を怒らせるものは！」［マタイ一八・六］……容赦のない「あれか―これか」の方イエスは、子どもたちや罪人のところに行かれる。彼の周りにいるのは社会から追われた人たちである。つまり第五階級に数えられる人であり、徴税人、詐欺師、娼婦などだ。人びとは、清らかで神聖な説教師であるイエスが、こうした人たちに囲まれて昼食をとる姿を目にする。ユダヤ教のラビとしては戦慄すべき光景である――そしておののきながら、頑なに道徳的な人たちに対して向けられた言葉を聞くのである。「徴税人や娼婦たちの方が、あなたがたより先に神の国に入るだろう」〔マタイ二一・三一〕。(10, 313)

このことがパリでモンマルトルの人びとの礼拝に出席したとき、ボンヘッファーの腑に落ちたのだった。

子どもたちは非常に熱心にボンヘッファーの指導のもと伝統的なクリスマス劇の稽古に励んだ。ボンヘッファーは、待降節第四主日の公演について両親に報告している。

最後の歌が終わってもしばらくは教会に沈黙が広がっていました。帰り際に長老会の方がお礼を言いに来てくださいました。……もちろん舞台装置も照明効果も何もありませんでしたが、それによって全体がまさに礼拝の儀式のような独特の趣を醸し出したのです。(10, 122)[10]

バルセロナ時代にボンヘッファーがある青少年のために書き留めたものが残っている。

純粋であり続けることは、子どもであり続けることとです。たとえ君が大人になっても。親愛なる若者よ、自分の中で純粋さへの憧れを強く持ってください。イエスは言っておられます。

「幸いなるかな……」。(10, 541f)――心の清い人びとは、その人たちは神を見る（マタイ五・八）[11]。

ふたたびベルリンに戻って、ボンヘッファーは一九三〇年七月に第二次神学試験を受けた。同じく一九三〇年七月に、知的要求の高い論文『行為と存在』(*Akt und Sein*) により大学教授資格を取得した。この論文は「子ども」に関する一節で終わっている。ボンヘッファーは一九二八年夏に灼熱のバルセロナから友人のヴァルター・ドレスに宛てた手紙の中で、「子どもと神学」について書く予定だとすでにほのめかしていた (17, 78)。教授資格論文では、「～における」という表現を用いて人間の存在を二種類に区別している。罪における存在、つまり堕落したアダムのように神から離反した存在と、キリストにおける存在とである[12]。「罪における人間の思考や哲学は独断的である」(2, 137)。人間は、自分が考えながら創り出し、そして支配する精神世界においては、結局のところ、自分自身としか関わりを持たない――孤独に内省しつつ、孤立した自分を見出すのである。こうした精神状態は、特に高度な知識人が陥りやすいものだが、どうやらボンヘッファーは自分自身の経験から知っていたようだ。回顧的な手紙の中でこう告白している。

常軌を逸した野心が僕の中にあることは多くの人が気づいていた。その野心が僕を生きづらくし、僕から同胞の愛情や信頼を奪い去ってしまった。あの頃の僕はひどく孤独で、自分自身を頼みにしていた。大変憂うべきことだ。誰ともすっかり疎遠になってしまっても、自分では

けっこう楽しかったのだ。(14, 112f)[13]

この手紙を書いたとき、ボンヘッファーの心は深くかき乱されていた。一九三六年当時、彼の伝記作家エーバーハルト・ベートゲはボンヘッファーのことをすでによくわかっており、そうした折には、「自分自身に対する軽蔑が彼を捕えていた」と伝えている。彼は、内省の渦に飲み込まれ、「知性が信仰に対して邪悪な優位性を獲得した」のだと言う[14]。たとえどんなにボンヘッファーが、時としてそうした孤独に陥ったとしても——子どもたちが彼のところにやって来て、子どもたちの方を向いている時は、違っていたのである。

教授資格論文の「子ども」に関する一節では、子どもは「キリストにおける存在」と呼ばれ、「それは未来によって決定されている」ものとして、次のように説明されている。

> 外から来る「来たるべきもの」によって、真の未来が、ただキリストによってもたらされる……。未来による決定においては、人間はキリストを顧慮し、自分自身から完全に離れている。むろん神秘的な自己‐離脱的な観想を問題にしているのではなく、キリストを「わたしの主、わたしの神」[ヨハネ二〇・二八] として見るということである。だがこれは、もはや自己反省ではない……。未来によって自己を‐決定‐させることは、子どもの終末論的可能性である。……ここで、子どもは神学的な問題となる。直接的行為か反省的行為か、つまり幼児洗礼か宗教性か、という問いである。直接的行為は、ただキリストによってキリストに向けられ

た［信仰の］行為である。幼児洗礼は、意識による反省の応答をともなわない逆説的な啓示の出来事であり……終末論的な序曲であって、そこに人生が据え置かれる。どちらも［直接的な信仰行為と幼児洗礼］、最後のものとの関連においてのみ理解されうる。洗礼は、人間が子どもとして召し出される、終末論的にのみ理解されうる召命である。……子どもは終末の近くにいる。……その……孤独が自己の孤独に向かって発する反響なき叫び声は、予期せぬ応答を受け、子どもがイエス・キリストの御言葉にあって父と交わす静かな祈りの会話の中でしだいに鎮まっていく。(2, 157ff)

こうしてボンヘッファーは、一九三〇年までの生涯で子どもを神学的に理解することを学んだのである。教授資格論文の編者であるハンス＝リヒャルト・ロイターは、一九三〇年から一九四四年に至るボンヘッファーの思考の道筋を次のようにまとめている。

［自己の強大な］「私」は「子ども」になり、「子ども」は「弟子」になり、「弟子」は「成人性」へと解き放たれる経験をする。ボンヘッファーは、この近代的な自己認識の弁証法を……生きる中で、キリスト者として、また同時代人として実践した――ここに、彼の実存的な神学が持つ迫力のある真剣さが見られる。(2, 185)

一九三〇年九月から一九三一年六月まで、ボンヘッファーは奨学生としてニューヨークに留学した。帰国後はベルリンで大学講師、学生教会牧師、市教会会議の委任による牧師補を兼任した。このうち最後の身分では、彼には堅信礼クラスが割り当てられ、ベルリン北部にあるシオン教会の五〇人の少年を受け持った。彼らは、もはや牧師のマックス・ミュラーの手に負えなくなっていた。ミュラーがボンヘッファーを少年たちに引き合わせようとしたとき、子どもたちは階段の吹き抜けにいた大人たちにゴミを投げつけた。そのため力づくで大騒ぎの少年たちを教室に引っぱって行かねばならなかった。ミュラーがボンヘッファーの名前を口にするやいなや、少年たちは「ボン、ボン、ボン」と囃し立てた。ミュラーは諦め顔で部屋を退散した。ボンヘッファーはしばらく黙って壁際に立っていた。それから小声でニューヨーク・ハーレム地区の黒人について話し始めた。これには少年たちも聞き耳を立てた(15)。その後の堅信礼準備授業でボンヘッファーが「いたって平易に聖書を教材にしてたっぷりと、特に終末論的な箇所について語った」時には、しんと静まりかえっていた。しかし少年たちは「ミュラー牧師をほとんど文字通り、死ぬほど怒らせた」と、ボンヘッファーは一九三一年一二月二五日に、ニューヨークで友人になったエルヴィン・ズッツに宛てて書いている(11, 50)。ミュラーは一九三一年一二月七日に亡くなった。ボンヘッファーは受堅者たちと一緒に葬儀に参列した(11, 43f)。

一九三二年二月二八日、ボンヘッファーはズッツにこう報告している。

新年に入ってから、僕はここ北部［にあるパン屋の店主の家具付きの部屋］に住んでいる。子どもたちを毎晩ここに呼べるようにね。もちろん交替でだが（一度に五〇人全員は無理だ）。一緒に夕飯を食べた後は、何かして遊ぶ。チェスを教えてあげたら、今では夢中になってやっているよ。……毎晩、最後に僕が聖書から何か読んで、それからちょっとした教理問答をするんだが、たびたび真剣そのものになるんだ。授業自体がそんな感じだったから、僕はなかなか別れを告げることができない。むろん少年たちはあいかわらず間が抜けていて話が横にそれるんだが、それが時には素直に嬉しかったりもした。なぜなら一方で、彼らにその事柄について語ることが本当にできたと思うし、彼らはよく口をぽかんと開けて聞き入っていた。……ただ、たいていは少年たちが注意深く聞いてくれたこと以外は、おそらく特に予期せぬことは何も起こらなかった。でももしかすると、ゆっくりと何かが育っていく土台はできたのかもしれない。ひょっとしたらね！」(11, 64)

このプロレタリアートの子どもが集まる堅信礼準備授業によって、ボンヘッファーが学生教会の牧師をしていた時に説教の中で口にした希望が叶ったようである。

福音は、いともたやすく十分に理解したり説教したりできるものでは毛頭ない。真に福音に基づく説教というのは、子どもに美味しそうな赤いりんごを、あるいは喉が渇いた人にコップ一杯の水を差し出して、「要るかい？」と尋ねるようなものでなければならない。(11, 427)

当時ディートリヒ・ボンヘッファーは甥たちの洗礼式に招かれた。それは彼の両親のカールとパウラ、つまり受洗者の祖父母の家で行われた。一九三二年に彼が友人のフランツ・ヒルデブラントと共同で執筆した教理問答の草稿の中に、このような問いがある。「わたしはどのようにして神について知ることができますか」。答えは、「あなたの洗礼によってです。あなたが尋ねる前に、神があなたに語りかけられたからです」。(11, 229) トーマス・ボンヘッファーの洗礼の際に彼は、「神は愛です。愛にとどまる人は神の内にとどまり、神もその人の内にとどまってくださいます」(第一ヨハネ四・一六) という聖句について次のように語った。

この言葉は、神ご自身が、この子について、この時間に述べられた言葉なのです。……つまり、この子の始まりと終わりは、神のもとに保たれています。……しかし、ただ知らずに、愛にとどまることができるのです。目が目そのものを見ないように、愛が愛そのものを見ることはありません。(11, 423-425)

フリードリヒ・ボンヘッファーの洗礼の際の言葉は、「眠っている者よ、起きて、死者の中から立ち上がれ。そうすれば、キリストがあなたを照らされる」(エフェソ五・一四) であった。

そして今、キリストの教会は呼びかけ、この子に語りかけます。彼はその言葉をまだ理解していません。しかし教会は、永遠なる神の御心から生命に向かって語るのであり、それは理解するしないを超越しています。その前では、私たちは皆、等しく子どもです。……教会を通して

この子を目覚めさせ、神の前に生きるようにと呼びかけるのは、神ご自身が創造される言葉なのです。(11, 464)

一九三三年秋——今やドイツはヒトラー政権下にあった。ボンヘッファーは大学から休暇をもらい、二つの在外ドイツ人教会の牧師としてロンドンに赴いた。そこで彼は子ども礼拝を導入しようとした。これはバルセロナの時ほどはうまくいかなかった。そうは言っても、一九三三年のクリスマスイブ礼拝ではすでに子どもたちがキリスト降誕劇を演じた。ボンヘッファーは「子どもたちがそのように教会で奉仕しているのを見て」(13, 293f) 嬉しく思った。

一九三三年の永眠者記念日には、知恵の書三章三節の「……しかし彼らは平和の内にいる」について説教をした。

何を意味するでしょうか。もし(一人の死にゆく人が)……最後の瞬間に目をぱっと見開き、まるで何か輝かしいものを見たように、「神よ、これは美しい!」と叫んだとしたら……。そんなふうに私たちが話すと、子どもっぽく思われるかもしれません。しかしそのようなものを目の前にして、子どもじみたことを言うほかに、いったい何ができるでしょう。そのようなものを目の前にして、私たちは子ども、何もわからない子ども以外の何者かでいることが実際にできるのでしょうか……。子どもたちが喜ぶ姿をよく見て、想像してみてください。あなたたちはもっとよいものになりたいのか、私たちはこのことで恥じる必要があるのか、と。(13,

330f）

一九三四年の三位一体の日曜日〔聖霊降臨祭の次の日曜日〕にボンヘッファーは、第一コリントの信徒への手紙二章七―一〇節の秘義について説教を行った。

人は秘義を尊ぶのと同じだけ、自分の中に子どもを残しています。子どもたちは自分たちが秘義に包まれているのを知っているからこそ、あのように見開き、覚醒した目をしているのです。……私たち［大人］は秘義を破壊します。なぜなら、ここに私たちの存在の限界が引かれていると感じ、すべてを思うままにしたい、支配者でありたいと思うからです。しかしそれこそ、秘義ゆえにできないことです。……このナザレのイエスという大工が、栄光の主ご自身であること、それが神の秘義なのです。神の秘義であるのは、神がここで人間への愛のために貧しく、低く、小さく、弱くなられたからです。――神の栄光は、その低さと貧しさの中にあるのです。（13, 359ff）

自分を低くすること――マタイによる福音書の言葉（一八・四「自分を低くして、この子のようになる者が……」）――は、ルカによる福音書一章の聖母マリアの讃歌《マグニフィカト》（ルカ一・四六―五五）において際立った役割を果たしている。「権力ある者をその座から引きおろし、身分の低い者を高く上げられる」（五二節）。神は人の上に立つ者を低みに置かれる。このことについてボンヘッファーは一九三三年の待降節第三主日に説教をしている。

> 低くされた神――これは革命的で情熱的な待降節の言葉です。……神は人間の低さを恥じられることなく、その真っ只中に入って行かれます……。神がマリアを道具として選ばれるなら、……それが……この地上のあらゆる事柄の完全なる反転、つまり新しい秩序の始まりなのです。……世界の審判と世界の救済――まさにそれがここで起こっていることです。そして世界の審判と世界の救済を保持しているのは飼い葉桶の幼な子キリストなのです。（13, 339-341）

証明することはできないが、ボンヘッファーがルターによる聖母マリアの讃歌の講解（一五二一年）[16]を知っていた可能性は高い。彼はクリスマス礼拝のために第四八節に関して、「『謙虚さ』（Demut）ではなく、低さ（Niedrigkeit）」（14, 919）と書き留めていた。ルターは第四八節で用いられているそのギリシャ語の言葉を「謙虚さ」ではなく、「低さ」と翻訳することをはっきりと望んでいる。

> [どうしてマリアにそのような] 自分の謙虚さを神の御前に誇るといった高慢さを帰するのだろうか。この謙虚さはすべての徳の中でも最高のものである。――そして傲慢極まりない人間以外には、誰も自分を謙虚だと考えたり、自分の謙虚さを誇ったりしない。……真に謙虚な人たちは……純真な心で……低きものを仰ぎ見て、喜びをもってこれと交わり、自分自身が謙虚で

あることに気づくことはない。……人間の悪戯っぽい利己的な目、これは飽くことを知らない……［だから］、それは上座に着いて一番になろうとし、神を敬うのではなく、神から敬われることを望むのである。

天の国で誰が一番偉いのかを知りたがっている弟子たちの真ん中にイエスはその子を置かれる（マタイ一八・四）。大人の中で子どもはイエスの隣に立っている。その子は天の父を親しみのある日常の言葉で「アッバ」と呼ぶ。マタイによる福音書六章の主の祈りについて、ボンヘッファーは一九三七に出版された『服従』（*Nachfolge*）の中で次のように記している。

正しい祈りとは、業《わざ》、修行、敬虔な態度といったものではなく、父の心に向けて発せられた子どもの願いである。（4, 158）

一九三五年四月、ボンヘッファーは告白教会の牧師研修所の所長を引き受けた。シュテッティン近郊のフィンケンヴァルデで毎回半年間、牧師候補生たちに牧師職に就くための準備をさせた。しかし彼はこの間も子どもたちとの交流を保っていた。

牧師研修所の生徒の一人であるヴェルナー・コッホは、三〇年経ってもそのことを絶賛していた。

シュテッティンとペリッツァー通り一〇三番地の家——いかにこの家が精神的な中心となって

いたか、今日でも知る人がいるだろうか！　だがこの家には、当時最も重要な女性の一人が住んでいた。ルート・フォン・クライスト＝レッツォウである。［彼女を通して］私はポンメルンの気高さについて、最良の方法で実物教育を受けることになった。つまり、真実と正義のために責任を背負い抜くという気高さだ。そしてこれは多くの善意と知恵に結びついている。しかし、すべてが聖書という母なる大地からしだいに成長し、そこから繰り返し養分を得ている。(17)

フォン・クライスト女史は、中等教育を受けている男女の孫たちのために、シュテッティンで一種の家族合宿を行っていた。孫娘のシュペース・フォン・ビスマルクは一九九〇年に次のように説明している。

そしてある日、そこにフィンケンヴァルデがあった。三人の孫――マックス（フォン・ヴェーデマイアー）、ハンス＝フリードリヒ（フォン・クライスト）と私――が堅信礼準備授業を受ける必要があったが、それには最高の申し分ないものだった。……私たちは日曜日に研修所の礼拝に行き、ボンヘッファー牧師に私たち三人の孫の授業の申し込みがなされた。……確かにこの授業では一人一人が大人数の堅信礼クラスより多くのことを求められた。授業は詩編の輪読から始まった。私たちはたくさん歌い、それを丸暗記した。詩編、聖書の多くの箇所、イザヤ書――五三章すべて――、ルターの小教理問答書については主要な部分の最初と二番目（一〇のいましめと使徒信条）と解説だけを読んだ。……祖母は厳しく質問に答えさせせた。孫たちのことで恥ずかしい思いをしたくなかったのである。ボンヘッファーは私たちに授業ごとに記録のようなものを書かせた。あの三冊のノートがまだ残っていたらいいのだが。私たちは一度も「また授業か」などと呻いたことがない。ただ単純に喜んでフィンケンヴァルデに来ていた。もちろん、これは何か特別なものであり、この時間のことは誰にでも話してよいわけではないと私たちにははっきりとわかっていた。……一九三八年四月九日にキーコウの小さな村の教会で行われた私たちの堅信礼がこの期間のクライマックスであり閉幕であった。……私の心には、この二人が後に出会う他の誰よりも私たちの人生に強烈な影響を与えたという意識が残っている。この二人とは、祖母のルート・フォン・クライスト＝レッツォウとその友人ディートリヒ・ボンヘッファーのことである。彼らは神学的・政治的関心だけでなく、若者と接し、導き、進路を示すための類まれな才能でも結びついていた。(18)

孫たちの合宿で最年少だったのが、一二歳のマリーア・フォン・ヴェーデマイアーである。彼女も堅信礼準備授業に参加したかったことだろう。事前の面接で、彼女は初めてディートリヒ・ボンヘッファーと対面した。彼女自身の回想によれば、その面接で彼女は惨敗したのだった。このことは祖母をかんかんに怒らせたが、ボンヘッファーはむしろ楽しんでいた。(19) 六年後の一九四三年初めに、ディートリヒ・ボンヘッファーとマリーア・フォン・ヴェーデマイアーは婚約した。彼女の兄マックスと従兄弟のハンス＝フリードリヒ・フォン・クライストは、どちらもボンヘッファーが受け持った受堅者であったが、マックスは一九四二年に、ハンス＝フリードリヒは一九四一年に戦死した。ハンス＝フリードリヒのためにボンヘッファーは一九四一年八月三日にキーコウで葬儀を執り行い、次のように述べた。

「わが子よ、あなたの心をわたしにゆだねよ。喜んでわたしの道に目を向けよ」［箴言二三・二六］。三年余り前、ハンス＝フリードリヒ［フォン・クライスト＝レッツォウ］は、この地の教会の祭壇でこの箴言を受け取りました……。彼の死に面し、ハンス・フリードリヒが聖なる洗礼を受けたことは、私たちにとってまったく新しい形でふたたび重要な意味を持つことになります。あの時、神はハンス＝フリードリヒの生涯をご自分のものとされました。神は生まれたばかりの子どもを永遠の命に召され、またその子を抱きかかえて洗礼に連れて行った人たちは、信仰によって神の呼びかけを受け取り、その子を神に捧げたのです。「わが子よ、あなたの心をわたしにゆだねよ」――その幼な子は理解していませんでしたが、これは神ご自身が執り行われたのです。神はその子の心を、洗礼の秘跡において清め、聖別し、永遠にご自分のものとし、ご自分に仕えることができるようにされました。（16, 644f）

一九三七年九月二八日、フィンケンヴァルデ牧師研修所は「一九三七年八月二九日に出された親衛隊全国指導者兼全ドイツ警察長官［ハインリヒ・ヒムラー］の命令が遂行される過程で」閉鎖された（15, 13）。ボンヘッファーはヒンターポンメルンの森の中で秘密裏に研修を続けた。最後の避難所となったのはズィーグルツホーフと呼ばれる小さな家屋である。これはエーヴァルト・フォン・クライスト＝シュメンツィンの所有地にある分農場であったが、一九四〇年に国家警察によって閉鎖された。

その後、告白教会の指導部である兄弟評議会《ブルーダーラート》がディートリヒ・ボンヘッファーにさまざまな神学的な原稿の執筆を依頼した。彼の専門的な所見の一つに洗礼に関するものがある（16, 563-587）。一九四二年、東プロイセンの告白教会の牧師であるアルノルト・ヒッツァーは「幼児洗礼を中心とする洗礼の問題に関する論評」を書き、複写した。マタイによる福音書二八章一九節（「……すべての民に教え、洗礼を授け……」）に基づいてヒッツァーは、「まず教え、次に洗礼を授ける」という順序に賛成した。そのため彼は幼児洗礼の神学的正当化を「誤った教義」と呼んだ。福音の宣教を聞き、「自由な決断」ができる年齢になってから洗礼を受けるべきだと言う。マルコによる福音書一〇章一五節の「幼な子のように神の国を受け入れる人でなければ……」という箇所をヒッツァーはこう解釈している。「イエスは子どもの信じて疑うことのない明朗で謙虚な性質にあるイメージを見ておられ、それを通して大人たちに、どのような心ばえにおいて人は神に近づくべきであるかを明らかに示しておられる」。それに対してボンヘッファーは、「幼な子のように」ではなく、「子どもとして」という訳語が十分にありうる、いやむしろ最も自然な訳語であると反論した。神の国の約束は、「同様の人びとすべて、すなわちすべての子どもたち」のものである。マタイによる福音書五章三節の至福の教えで告げられるように、天の国は霊的に貧しい人たちすべてに約束されている。この至福の教えに関して、ルターはマリアの讃歌の解釈において次のように示唆している。「［神は］すべての人に対して慈悲深い……喜んで霊的に貧しいままでいる人すべてに対して」。

また「『低き者たち』とは、取るに足らない、見下された形態の人たちを意味するのではなく、むしろ喜びを持ってそうである人たち、あるいはそうあろうと望む人たちのことである」。ボンヘッファーはそのイエスの言葉を心理学的に捉えないように注意を促している。

［むしろイエスによって（マタイ一八・二以下）］子どもが弟子たちの手本とされたのは、その心ばえにおいてではなく、その存在においてである。……新約聖書のどこにも、救済、つまり神の国の到来という観点において子どもが差別されることはない。逆に弟子たちのそうした試み（！）は「不興」、つまりイエスの怒りを招いている。イエスによる子どもの受容は、子どもの何か自然の、心理学的に理解された純真さ——まったく近代的な［しかし誤解を招く］考え——に基づくのではない。むしろ、高き者を低くし、低き者を高く上げられる神の奇跡として行われるのである。（16, 567）

——これはマリアの讃歌に示されているように、ルカによる福音書一章五二節で説かれていることである。

一九四三年四月五日、マリーア・フォン・ヴェーデマイアーと婚約してまもなく、ボンヘッファーはベルリン・テーゲル国防軍未決監に送られた。それ以後は殺害されることを覚悟する必要があった。独房の中で彼はまず戯曲を手がけ、次に小説を書き始めた。このどちらの未完草稿でも子どもが登場する場面は死と、つまり「最後のもの」と関連がある。

戯曲では、祖母が一〇歳の孫息子に猟師と不思議な牝鹿の物語を読み聞かせる。猟師はその牝鹿をとても愛していた。だがある晩に撃ち殺してしまう。

「その後あらゆるものが静まりかえり、夕陽が放つ最後の光が野獣と猟師の上に穏やかに降り注いでいた」。(祖母は本を閉じて脇に置く)「今日はここまでにしておこうね、坊や。このお話の続きがどうなるかはもうこの本に書いていないの。でもきっと続いていくし、そう、今始まったばかりよ」。(7, 21)

坊やには、なぜその牝鹿が逃げなかったのか不思議でならない。すると祖母が言う。

「……猟師の大きな愛を感じて、猟師のことをほんのわずかでも愛していたのかもしれないね……。ねえ、誰にそんなことがわかるかしら?」――「そうだね、おばあちゃん。それを知ることができるのはたぶん動物たちと神様だけだと思う」。(7, 21ff)

〔未完の〕小説の一つの章「日曜日」の中で登場する坊やは八歳である。

ブラーケ夫人は、丈の高い草原や雑木林のすき間から末の孫息子の青いスモックが見え隠れするのを眺めていた。孫の傍らには、隣の門番の一〇歳になる息子のほっそりした姿があった。

(7, 94f) —— エーリヒである。

坊やの怒り叫ぶ声を聞いて夫人が駆け寄る。彼は駒鳥の雛を握りしめている。母鳥が巣から突き落としたのだ。

雛鳥は今一度ピクピク動いたかと思うと、少年の手の中で息絶えた。それは彼にとって、大きすぎる出来事だった。(7, 97)

少年はうろたえて鳥を地面に落としてしまい、恥じ入って、また拾い上げる。祖母が落ち着いた様子で、鳥を土に埋めるようにさとす。

「そこが一番、心地よいでしょうからね」。エーリヒが黙ったまま大きなスコップを手に取って地面を深く掘ると、坊やがその墓に小鳥を横たえ、ふたたび土をかぶせた。(7, 98)

なぜ母鳥はあんなことをしたのだろうか。

「たぶんあのひな鳥はからだが弱くて、病気だったんでしょう」。ブラーケ夫人が穏やかに答えた。……坊やにはこの冷静な答えが引っかかってしまい、考え込まずにはいられなかった。

(7, 98)

しかし弱者や病人はいたわるべきなのに。

「いいえ、坊や。動物の中で生きていけるのは強くて丈夫なものだけよ。人間だけが違うの」。……「おばあちゃん、神様はじつはこのことをすべてご存じなの?」「ええ、ご存じだわ。一羽の雀さえ、あなたがたの父のお許しがなければ地に落ちることはない、とイエス様が言っておられるもの［マタイ一〇・二九］」。「イエス様はそのことをちゃんとご存じなの?」「ええ、イエス様はちゃんとご存じよ」。「じゃあ、今さっき埋めた小鳥のこともご存じで、あの鳥は今、神様と一緒にいるんだね?」「ええ、神様は小鳥のことをご存じよ。一羽の雀さえ、神がお忘れになるようなことはない、とイエス様もおっしゃっているわ［ルカ一二・六］」。「それなら大丈夫だね」と坊やは言った。「ええ、神様の御心はいつも善きものですもの」と祖母は言った。坊やは考え込んだ。……「神様は、とても厳しい方?」「ええ、とても厳しい方だけど、同時にとても善い方よ」。(7, 98f)

一九四四年七月二〇日の暗殺未遂から一週間後、ボンヘッファーは獄中から友人のエーバーハルト・ベートゲに宛てた手紙の中で、ふたたび直接的な信仰と反省された信仰の区別について言及している。これについて引き続き神学的に取り組みたいと思っていたようである。

「自然的な」信心がどのようにして存在しうるのか、という問題は、同時に「無自覚のキリスト教」の問題であり、これはますます僕の関心事になっている。ルター派の教義学者たちは、直接的な信仰を反省された信仰から区別した。それを洗礼の際のいわゆる幼児の信仰と関連づけたのだ。ここで非常に広範におよぶ問題が切り出されているのではないかと、僕は思案している。(8, 545f)

一九四四年一〇月、ボンヘッファーはテーゲルからプリンツ・アルブレヒト通りの秘密国家警察《ゲシュタポ》地下牢に移送された。一九四四年一二月一九日、彼はマリーア・フォン・ヴェーデマイアーに一通の手紙を書き、それは刑事係警部のフランツ・クサーヴァ・ゾンダーエッガーによって彼女に届けられた。「最愛のマリーア、僕たちが互いを待ち望むようになって、もう二年近く経ちます。勇気を失わないでください！」。同封された詩の中でボンヘッファーは、「見えざる善き力」によって守られていることは、「子どもたちだけでなく、今日の僕たち大人にとっても少なからず必要なことです」と述べている。「善き力に揺るぎなく静かに囲まれ、不思議に守られ慰められ、――善き力に不思議に守られて、わたしたちは心静かに待ちます、何が来ようとも……」(8, 607f)[20]。

注

(1) Bethge, Eberhard (1967): *Dietrich Bonhoeffer, Theologe-Christ-Zeitgenosse. Eine Biographie*, München: Chr. Kaiser, 59.

(2) (4, 274) 他。第12章参照。ルターの「洗礼に関する小本」(Taufbüchlin) というのは次の著作〔『小教理問答書』(一五二九年)〕の一部である。Luther, Martin [1529]: *Der kleine Katechismus*, in: *Die Bekenntnisschriften der evangelisch-lutherischen Kirche*, Göttingen: Vandenhoeck & Ruprecht 1952, 501-541 (535-541).

(3) Bethge (1967), 61f.

(4) Ibid., 124.

(5) 一九二六年三月一三日付、リヒャルト・ヴィトマンからの手紙。

(6) Schönherr, Albrecht (1964): Die Einfalt des Provozierten, in: Zimmermann, Wolf-Dieter (Hrsg.): *Begegnungen mit Dietrich Bonhoeffer*, München: Kaiser, 119.

(7) 両親に宛てた一九二八年三月六日付の書簡および両親と祖母ユーリエ・ボンヘッファーに宛てた一九二八年三月一三日付の書簡。

(8) 兄カール・フリードリヒに宛てた一九二八年七月七日付の書簡。

(9) マックス・ディーステル教区長に宛てた一九二八年六月一八日付の書簡。

(10) 第1章参照。

(11) 第5章参照。

(12) 『行為と存在』第C部「『アダムにおける』人間と『キリストにおける』人間に関する具体的な教義

における行為と存在の問題」（2, 135-161）。

（13）エリーザベト・ツィンに宛てた一九三六年一月二七日付の書簡。

（14）Bethge (1967), 574.

（15）Ibid., 273.

（16）Luther, Martin, [1521]: *Das Magnificat verdeutscht und ausgelegt, in: D. Martin Luthers Werke. Kritische Gesamtausgabe*, Weimar: Hermann Böhlau, 1883ff. Band 7 (1897), Schriften der Jahre 1520/1521, 544-604. 続くルターの引用は次を参照。Ibid., 560, 562, 567.

（17）Koch, Werner (1964): Ein Westfale in Pommern, in: Zimmermann, Wolf-Dieter (Hrsg.): *Begegnungen mit Dietrich Bonhoeffer*, München: Kaiser, 105.

（18）Feil, Ernst/Tödt, Ilse (Hrsg.) (2001): Dietrich Bonhoeffer und der pommersche Adel. Symposion für Ulrich Kabitz April 1990, in: *ibg Bonhoeffer Rundbrief: Mitteilungen der Internationalen Bonhoeffer-Gesellschaft Sektion Bundesrepublik Deutschland* (Sonderausgabe Oktober 2001), 28-31. フィンケンヴァルデの告白教会の牧師研修は「非合法」であった。第1章（「『ドイツ福音主義教会』の保全に関する法」の第五次施行令）参照のこと。

（19）Wedemeyer-Weller, Maria von (1967): The Other Letters from Prison, in: *Union Seminary Quarterly Review*, vol. 23, 23-29.

（20）Bismarck, Ruth-Alice von/Kabitz, Ulrich (Hrsg.) (1992): *Brautbriefe Zelle 92. Dietrich Bonhoeffer – Maria von Wedemeyer 1943-1945*, München: Beck, 208.

第3章　ボンヘッファーの冒険──平和という神の戒めを知るために

あるドイツの事典に宮田光雄が寄稿した日本に関する記事はこう締め括られている。──日本国民の心には今日でも、一九四五年八月に広島と長崎に原子爆弾が投下された恐怖の記憶が生きており、そのため日本ではいかなる宗教も「世界平和という課題に立ち向かわない限り」耳を傾けてもらえない。(1)この記事が書かれたのは一九八九年である。一九八二年、地球上の東西陣営が核ミサイルで威嚇し合っていたその年に、ドイツ連邦共和国〔旧西ドイツ〕のボンヘッファー学会は、「平和──避けられない冒険」というテーマに取り組んだ。ハインツ・エドゥアルト・テートが「ディートリヒ・ボンヘッファーのエキュメニカルな平和倫理」という演題で講演を行った。それによれば、言うまでもなく、「戦争の勃発を阻止し、少なくとも対外的な平和を保障する」ような「新たな国際政治文化」を発展させることが必要であり、これについて考える上で「ボンヘッファーがキリスト者、神学者として生きた歩み」を知ることが助けになると言う。(2)ただしボンヘッファーの平和倫理は、国際平和という一側面だけを扱っている。平和というテーマはこうした側面だけでなく、より多面的なものである。

ディートリヒ・ボンヘッファー、一九〇六年二月四日生まれ――これはつまり、次のことを意味する。一九一四年に戦争が勃発し、子ども時代を飢えて過ごし、一九一八年四月にフランス戦線で兄ヴァルターが戦死。一九一九年のヴェルサイユ平和条約はドイツ国民に怨念を抱かせた。なぜならその第二三一条において開戦および戦時の責任を敗戦国ドイツだけに負わせたからである。国際的なプロテスタントのエキュメニカル運動に従事していた一人の思慮深いドイツ人〔フリードリヒ・ジークムント＝シュルツェ〕が、一九二九年に第一次世界大戦とヴェルサイユ条約についてこう語った。「この戦争はわれわれドイツ国民を平和へ向かうように教育したが、この平和はわれわれドイツ国民を戦争へ向かうように教育した[3]」。

他にもエキュメニカル運動に従事していたドイツ人に、マックス・ディーステル教区長がいる。ベルリンの教会でボンヘッファーの良き助言者《メンター》だった人物である。彼はこの若き神学者をスペインの在外ドイツ人教会に牧師補として派遣した。ボンヘッファーは二三歳の誕生日の四日後、一九二九年二月八日に、バルセロナで「キリスト教倫理の基本問題」について教会講演を行っている（10. 323-345）。彼は二つの異なる神の秩序を見きわめようとした。一方は歴史の生成のための秩序、もう一方は愛の秩序である。歴史の生成には、「国民・民族の《フェルキッシュ》〔「フェルキッシュ」（völkisch）という語は、ナチ政権下では往々にして「民族至上主義的・国粋的」といった意味でも用いられた〕拡張という問題、つまり発展、戦争の問題」（10. 334）が含まれる。戦時下において人間は、両方の秩序に対して具体的に行動せねばならない。ボンヘッファーが報告しているように、本来ならキリスト教界は戦争を阻止し、キリスト者は兵役を拒否すべきだったのに、との発言は「戦中も戦後も、そして今も繰り返し聞かれる」（10. 335）。聖書では、旧約の「十戒」と新約の「山上の説教」において、「汝、殺すなかれ」そして「汝の敵を愛せよ」と命じられている。それは自明である――が、「非具体的」である。自国民が攻撃されているのにもし戦争に行かないなら、私は自分の仲間を見捨てることになる。もし私が戦場に赴くのであれば、確かに、キリスト教の「普遍的な兄弟愛という強力な思想」（10. 336）は敵も同胞も分け隔てしないことを原則として知っておくことは可能である。しかし、次のような具体的な状況において決断せねばならないとしたらどうか。

母を攻撃者の手に渡すか、それとも敵に対して自らの手を振り上げる必要があるのか、その瞬間が必ずや私に、たとえ神の眼前であっても、二人の内のどちらが私の隣人であり、また隣人であるべきかを教えてくれるだろう。神は私を母に、自国民にお与えになった。私が持つものはこの国民に恩恵を受けている。私が何であるかは自国民によって決定する。だから私が持っているものは、当然また彼らのものである。これはまさに神的秩序である。なぜなら神が諸国民を創造されたからである。（10. 337）

ハインツ・エドゥアルト・テートは、「ここに論拠を貫くわずかな亀裂を認識することは、容易ではない」と気づいている。「私に何をすべきかを教えるのは、もはや瞬間では決してない」、むしろ同胞や母や国民への帰属意識である。テートは問う。「第二次世界大戦では、われわれの武器で母や国民を守ることができたのか。『第三次』世界大戦では、大量殺戮兵器で彼らを守ることができるのか」[4]。しかし実際には、ロシアで北部戦線を守備していたドイツ部隊は――テートは当地に配備されていた――「実際にはヒトラーの血なまぐさい支配を長引かせた」のだった[5]。

おそらくボンヘッファーは防衛戦争についてのみ語ろうとしたのだろう。通例では、戦争を遂行するのは攻撃者に対して自衛せざるをえないためだと主張される。しかしボンヘッファーは「フェルキッシュな拡張、発展」（10, 334）の歴史的秩序を見きわめようとした際に、侵略戦争についても口にしていた。

なぜなら、発展と拡張、つまり力の増大と他者の排除は結びついているからである。このことは個人としての生活でも、国民としての生活でも変わりない。しかしどの国民も、神の招きを受け入れ、歴史を形成するように、つまり苦心奮闘しながら共に諸国民の生活〔＝国際関係〕に参加するようにと呼びかけられている。それが神が見ておられる下で行われるように、この招きを発展と生成から聞き取ることが肝心である。（10, 339）

そのように「フェルキッシュ」ということが、この時代、ドイツのルター派では考えられていた。神による世俗的統治と霊的統治の区別を説くルターの教えから二－王国－分離が生じた。もし国民の生活が聖書の戒めと相容れない独自の法規範に従うことを要請されるなら、神の意志は自らの内に引き裂かれざるをえない。ボンヘッファーはバルセロナの講演でそうした内的分裂を浮き彫りにした。もちろん、そのような分裂はありえなかった。神は唯一の方であり、唯一の善だからである。

ディースステル教区長はボンヘッファーをエキュメニカル運動に引き入れた。一九三一年、彼は教会による国際友好の促進を目的とする世界連盟の青年部書記の一人に任命された。一九三二年夏にチェコスロヴァキアで開催された青年平和協議会では、七月二六日に「世界連盟の活動の神学的基礎づけ」(11. 327-344) という講演を行った。バルセロナの時と同様に、具体的な状況では原理原則を知ること以上に必要なことがある、と彼は主張している。しかし今や、教会の宣教に具体的であることを求めている。

教会は、今ここで、事柄に関する知識に基づいた最も具体的な方法で、神の言葉、すなわち全権を有する言葉を語ることができなければならない。さもなければ、何か別のこと、人間的なこと、つまり無力な言葉を語ることになる。だから教会は、常に正しいとされる原理原則ではなく、今日、真実である戒めだけを宣べ伝えることが許されている。……戦争の決定を下す場合、教会は、例えば、「本来なら戦争はあってはならないことだ」、「しかし避けられない戦争もある。だからこの原則の適用は各人に委ねられている」と言えるだけに留まる必要はない。むしろ教会は、「この戦争に行け」あるいは「この戦争に行くな」と、具体的に語ることができなければならない。(11. 332f)

したがって、神の戒めを伝えるために、教会は現状を知っている必要がある。こうした知識は、多くの人との協働があってこそ得られる。実際には、その知識もたいていの場合は不十分である。教会の人びとは、決断という戦いの前線に立たず、進んでその背後に回り、「原理原則という後方」(11, 333) へ引き下がった。そのような態度に代えて、あえて何か行動を起こす必要がある——もし教会が神の戒めを耳にしなかったのであれば、意識的に沈黙するか、そうでなければ、聞き知った戒めを「考えうる限りの具体性、徹底性、先鋭性をもって」宣教するかである。「よって教会は、あえて、例えばこう言う。この戦争に行くな、と」。教会は、神の戒めを確実に知っていると主張することは許されない。むしろ教会は、戒めを具体的に宣べ伝えるという冒険をせねばならないのである——次のことを承知の上で。

それによって教会は、神の名を冒瀆し、思い違いをし、罪を犯すかも知れない。しかし教会は、自らに対しても向けられた罪の赦しの言葉を信じて、神の戒めを語ることが許されている。(11, 334)

どこから私たちは、「その時々の神の戒めが何であるか」を聞き知るのか。「神の啓示という一つの行為によって神の戒めを認識する」とボンヘッファーは言う。彼はバルセロナでの講演と同様に、この世界連盟での講演においても、聖書の中の神の戒めでさえ、例えば山上の説教の戒めでさえ、「律法的《ゲゼッツリヒ》」に「私たちと神との間」に立つことは許されないと考えていた。「戒めは一度だけ到来するものではなく、常に新たに与えられる」(11, 335)。いわゆる創造の秩序から神の戒めを読み取ってはならない、と言うのである。これは、ボンヘッファー自身がバルセロナで犯した過ちであった。彼は当時、国民《フォルク》・民族を神が創造された一つの秩序であると見なし、この秩序によって具体的な行動が決定されると考えていたのである。人びとが、自らの国民・民族への帰属に基づいて決定的な神の戒めを期待するのであれば、結局のところ、常に「国民《フォルクリヒ》・民族の」(10, 339) 利益のほうが国際的な連帯よりも重要になる。エキュメニカル運動の推進者のような国際派は、当時多かれ少なかれ自覚の上で「フェルキッシュ」に思考していたドイツの神学者たちからは、祖国の裏切り者だと罵倒された。(6) その時にボンヘッファーは、国民・民族というものを介在なく神によって望まれた創造の秩序として見なすことは誤った理解に導くと認識したのである。

それでは、戒めはどこから来るのだろうか。「キリストからのみ、われわれが何をすべきか知るほかない」。なぜなら、キリストがわれわれの代わりに神の戒めを成就してくださったからである(11, 336)。この世の秩序すべては、「キリストにおける啓示を受け入れるために開かれたままであり続ける」(11, 337) 場合にのみ存続する。ボンヘッファーは、一九四〇年にも根拠を述べている。自然的な生《レーベン》において存続が許されているものは、「イエス・キリストの到来へと」方向づけられているはずである、と (6, 165)。これは何か具体的なことを意味するのだろうか。

ボンヘッファーは極めて具体的に語っている。

世界連盟に加盟している諸教会の考えでは、一つの明確な秩序が、神によって今日われわれに命じられている秩序として認識される。国際平和という秩序が今日われわれに与えられた神の戒めである。……今日の戦争は魂と肉体を破壊する。(11, 338)

戦争には「偶像化」が必要である。今日私たちは、「戦争は神の啓示に目を向けなくさせるがゆえに、戦争はもはや存在してはならない」という神の戒めに責任を負っている。したがって、「今日の戦争、すなわち次に迫り来る戦争は、教会の手で追放（Ächtung）しなければならない」（11. 341）。

国際的な平和秩序の確立と強化は、一九三二年当時、ハインツ・エドゥアルト・テートが強調したように、一九八二年と同様に急務となっていた。(7) そして二〇〇六年現在も、その状態は続いている。ボンヘッファーが自らの神学講義の中で、第一次世界大戦後に始まる国際法上の努力について言及したことはない。しかし、弁護士の兄クラウスが彼に国際連盟への注意を促していた。(8) 国際連盟は一九二〇年に設立され、一九四五年、世界平和の確保と国際協力の促進を目的とした平和を愛する諸国の連合、すなわち国際連合（UNO）に引き継がれた。一九二五年にはロカルノで、ヴァイマル共和国のドイツ代表も参加して、西ヨーロッパ諸国間の平和維持を目的とした協定が結ばれた。これによって、敗戦国ドイツが国際連盟に加盟することが可能になった。同じくヴァイマル共和国の参加のもと、一九二八年にケロッグ＝ブリアン条約が成立し、国際政治の手段としての戦争が放棄された。一九三三年、ナチス支配下のドイツと、軍部が主導権を握った日本が、(9) 国際連盟から脱退した。

一九三三年以前のある日、ボンヘッファーに何かが起こった。そのことについて彼は後に次のように記している。(10)

僕は初めて聖書に到達した。このことはまたもや語るに忍びない。僕はすでに何度も説教をし、教会の多くを見てきた。それについて語り、書きもした。――なのにまだキリスト者になっていなかったんだ。しかも完全に野放しの状態で、自由奔放に自分で自分の主になっていた。そこから僕を解放してくれたのが聖書だった。特に山上の説教だった。（14, 113）

聖書以外のどの場所も、僕には不確かなものになりました。（14, 147）

彼は自分の身に起こったことを通して、聖書の中に生ける福音の声を認識することを教わったのである。今や彼は、もし信じるのであれば、誰と、あるいは何と関わるべきかを知るのである。

信仰・確信・信頼《グラウベ》は、ギリシャ語の新約聖書では pistis と呼ばれている。ヨーロッパ哲学の初期、今からおよそ二四〇〇年前に、ソクラテスの弟子プラトンは、国家に関する対話（『国家《ポリテイア》』）の中で pistis という概念を他の三つの概念と共に一つの線上に並べている。ソクラテスの対話相手はグラウコンである。ソクラテスが次のように言う。――では、一つの線分を二分したかたちで思い描き、それぞれの部分をさらにもう一度、二分しなさい。それらはすなわち、「目で見られるもの」と「思惟によって知られるもの」を表している。「目で見られるもの」は、「似像《にすがた》」と「似像が似ている当のもの」に二分される。鹿が頭を下げて水を飲むとき、水面にうつる像は、一つの似像である。そして鹿は、似像が似ている当のものである。「思惟によって知られるもの」は、「科学的探究」と「弁証法」に二分される。――グラウコンは、自分には充分にはよくわからないと繰り返し認めている。ソクラテスは、産婆術〔と呼ばれる問答法〕を用いて、グラウコンの理解を徐々に引き出していく。そして最後にこう語る。

> あなたは申し分のないほどよく理解してくれた！　さて次に、これらの四つに分けられた線分のそれぞれの部分に魂《ゼーレ》に起こる状態が対応してあると受け取ってくれたまえ。最初の部分には理性《フェアヌンフト》による洞察《アインズィヒト》、二番目の部分には悟性による確証、しかし三番目の部分には確信《グラウベ》を、最後の部分には蓋然性を割り当ててくれたまえ……。

こうして似像から理性による洞察へと、それぞれの部分が真実性にあずかる程度に対応して、不確実性が減り、確実性が増すのである（11）。

この線分の譬えでは、確信《グラウベ》は、この世に実在するもの――例えば湖畔で水を飲む鹿――を知覚《ヴァールネーメン》する〔真実を（wahr《ヴァール》）つかむ（nehmen《ネーメン》）〕魂の状態だとされる。そのような知覚が、この線分では、不確実性が優位になる部分に当てはめられている。このことから、信仰《グラウベ》とは知る冒険をすることだと私は考えたのである。不確実性の中で確信することは、一つの冒険である。しかし、完全な確信を持ちえずとも、この世で魂が認識する現実の真っ只中で、まさにそこで生きなければならないのである。悟性による確証の部分では、科学的認識がより大きな確実性を獲得するが、それは現実の抽出された部分についてのみである。理性による洞察は、「弁証法的に」到達される。あるいは対話の中で、対談の中で、問答として、と言ってもよいだろうか。いずれにせよ、ここで最も高い確実性にある魂に相応しいのは、「位《ヴュルデ》」においても力においても、その実在《ザイン》をさらに超越する」何ものかである。理解がおぼつかないグラウコンは、この超越というものを奇妙に思う。しかし、ソクラテスはいたって真剣に話したのである。彼は神妙に、何を意味するのかをほのめかした。「唯一の善なるもの」であると[12]。

ボンヘッファーは聖書、とりわけ山上の説教によって、不確実性の中で確実性へと解放されるのを感じたのだった。こうして少し前にはまだ彼が格闘していた「キリスト教的平和主義」が、「一挙に自明のものとして」(14. 113)彼の前に立ち現れたのである。一九三四年八月にデンマークの北海に浮かぶ島フェーヌー(Fanø)で開催された世界連盟の集会で、「教会と諸国民の世界《フェルカーヴェルト》〔=国際世界〕」という演題で講演したとき、彼は全権をもって語り、その全権によって聴衆は感銘を受けた。

> 世界教会《エクメーネ》の一員として、諸教会の友好活動を目的とする世界連盟は、平和への神の呼びかけを聞き取り、この命令を諸国民の世界に告げ知らせる。……安全保障の道に平和に至る道はない。なぜなら平和は危険を承知であえて行うべきもの、一つの大きな冒険だからであり、みじんも我が身の安全は保障されえない。……もしもある国民が――武器を手に取らず――祈りながら無防備に、それゆえまさに善なる防具と武器だけを携えて攻撃者を迎えるとする。このことが世界にとってどんな意味を持ちうるかを知っているなどと、われわれのうちの誰が言えるだ

ろうか。……世界が聴き、聴かざるをえないような、平和への呼びかけを誰がするのか。……ただ一のもの、全世界から集結したキリストの聖なる教会の大いなる世界教会協議会だけが、そのように語ることができる。そうすれば、世界は歯ぎしりしながらその平和の言葉に耳を傾けざるをえなくなり、諸国民は胸をなでおろす。なぜならこのキリストの教会は、キリストの御名において彼らの息子たちの手から武器を取り去り、彼らに戦争を禁じ、荒れ狂う世界に対して平和を宣言するからである。……時は急を要する――世界は武器で身を固めて睨みをきかせ、すべての眼から恐ろしいまでに不信感がのぞいている。開戦のファンファーレが明日にでも鳴り響くだろう――われわれはまだ何を待っているのか。われわれはかつてないほどの罪に自ら加担するつもりなのか。(13, 298ff)

ボンヘッファー家の人たちには、一九三三年にナチスが政権を掌握した直後からわかっていた。ヒトラーは「戦争を意味する!」と。[13] フェーヌーでボンヘッファーは世界教会を説得して、戦争を追放するための一翼を担わせようとした。一九八〇年代にドイツの教会では、新たに平和協議会への呼びかけが始まった。しかし一九三四年当時も、東西冷戦の時代も、この呼びかけが「決定的な成功」を収めたわけではない。「歴史はボンヘッファーが予感した『必然的な』経過をたどった」と、テートは記している。[14]

ボンヘッファーは、一九三三年一〇月から一九三五年四月まで――つまりフェーヌー会議も開催された時期に――ロンドンの二つの在外ドイツ人教会で牧師をしていた。一九三五年四月末、彼はドイツのバルト海沿岸に開校された告白教会に属する牧師研修所の所長に就任した。新約聖書の講義では、彼はロンドンでマタイによる福音書の山上の説教の解釈を書いておいたテキストを用いた(4.8)[15]。五章三八―三九節にはこう書かれている。「あなたがたも聞いているとおり、『目には目を、歯には歯を』と言われている。しかし、わたしは言っておく。悪人に手向かってはならない」。ボンヘッファーは次のように解説を加えている。

> 正しい報復によって、不正は取り除かれねばならず、弟子はイエスに服従する中で、試練に耐えなければならない。こうした正しい報復は、イエスの言葉によれば、悪人に手向かわないということにおいてのみ成り立つ。(4.135)

依然としてボンヘッファーは、ただ原理原則にとらわれた態度に向かうことに対して警告を発している。「この世の生活の原理としての無防備は、神が慈悲深く保持されているこの世の秩序を、神を畏れず破壊するものである」。しかし山上の説教で語っておられるのは、一人の「教条主義者」ではなく、十字架上で悪による「苦しみを受ける《エアライデン》」ことを通して悪を克服した方である(4.138f)。マタイによる福音書五章四三―四四節にはこうある。「あなたがたも聞いているとおり、『隣人を愛し、敵を憎め』と言われている。しかし、わたしは言っておく。敵を愛しなさい」。――この言葉をボンヘッファーは次のように注釈している。「同胞への愛という戒めは、誤解を招きやすいものだろう」(4.140)。「自分の同胞、自国の民、自分の友を愛しなさい、とイエスが言う必要はない。それは自明のことである」(4. 147)。「イエスの意志に対して、キリスト教的従順の単純さのうちに」愛は行われるべきである(4. 148)。この行為が、また弟子たちを「苦しみを受ける」という道へと導くであろう。ボンヘッファーは、彼が養成した若い神学者たちを平和主義に引き込もうとはしなかった。しかし彼らはしだいに、「フェルキッシュな防衛意志[16]」が唯一のキリスト教的態度ではないだろうこと、兵役拒否は一つのキリスト教的態度であることを学んだのである。

告白教会の神学者養成は、「フェルキッシュ」に適合せず、ナチズムの強制的同一化《グライヒシャルトゥング》に屈しなかったため、すでに一九三五年一二月に「非合法」とされた。にもかかわらず、ボンヘッファーはシュテッティン近郊のフィンケンヴァルデで半年間のコースを五期にわたって実施し、神学者を教育した。一九三七年九月末、牧師研修所は国家警察によって閉鎖された。もう一度、五期間のコースをヒンターポンメルンの人里離れた土地で開講することができたが、一九四〇年三月に最後の隠れ家であった森の奥深くに立つ小屋が見つけ出され、閉鎖に追い込まれた。

その後ボンヘッファーは『倫理』(*Ethik*)〔『倫理』は戦後エーバーハルト・ベートゲがボンヘッファーの遺稿を出版する際につけた書名〕の原稿を書き始めた。一九四〇年八月、帝国保安本部は「民族破壊活動」を理由に、彼に講演禁止処分を下した。一九四一年三月には、帝国著作院から「著作家としての一切の活動」を禁じられた(16. 171)[17]。しかし物ともせず、ボンヘッファーは仕事の合間を縫って執筆を続けた。一〇〇枚以上の紙片に準備メモが書かれている。一三ないし一四のまとまった原稿のうち一部は完成、一部は未完、一部は草稿の段階である。一九四三年四月五日にボンヘッファーが逮捕されたとき、秘密国家警察《ゲシュタポ》は彼の書斎机から最後の原稿を持ち去った。それらは家族のもとに返却されている。推測するに、内容に不審な点はないと判断されたのだろう――そもそもボンヘッファーの筆跡を解読する忍耐を持ち合わせる人がいればの話だが。

最初の原稿は一九四〇年秋に書かれ、信仰においてこの世の現実を知覚《ヴァールネームング》することについて論じている。もし教会が、神の戒めを具体的に宣べ伝えるために精通した知識を得ようとするなら、「経験的な専門知識に基づく判断では十分とは言えない」とテートは書いている。そうではなく、「その知識をキリストに基づいて得られた現実認識に埋め込む[18]」のだと。一九七六年にボンヘッファー生誕七〇周年を機にジュネーブで開催されたシンポジウムのために、テートはボンヘッファーとバルトの啓示理解に関するテキスト[19]を作成し、その中でこの『倫理』の最初の原稿から次のような「キーセンテンス」を引用している。「神の現実は、それが私を完全にこの世の現実の中に立たせることによってのみ明らかにされる。しかし私は前々からすでに、この世の現実が神の現実において担われ、受け入れられ、和解されているのを目の当たりにしている」。なぜなら、ボンヘッファーはその理由をこう述べている。

> イエス・キリストにおいて、神の現実がこの世の現実の中に入って来た。……善に関する思考はすべて、当為が存在に対して、あるいは存在が当為に対して勝負を仕掛けるが、善が現実となったところでは克服されている。すなわち、イエス・キリストにおいては。(6, 39)

バルトとボンヘッファーのどちらか一人を選ぶ必要はない、とハインツ・エドゥアルト・テートも一九八二年に念を押している。一九三一年七月にボンヘッファーがバルトを訪ねたとき、二人は倫理について議論した。バルトが「一つの大きな光とは別に、夜の暗闇にはまだたくさんの小さな光、いわゆる『相対的な倫理基準』も存在するでしょう」(11, 20)と述べたことを、ボンヘッファーはエルヴィン・ズッツに報告している[20]。ボンヘッファーには、まだこの言葉の意味がわからなかった。二八年後にようやくバルトは「光の教説」を書き記した[21]。テートは次のように報告している。

バルトは一九五九年になってまさに、この世における天の国の似姿、つまりキリスト教会について恐縮ながら語り、ここにこの世の出来事におけるイエス・キリストの自由な表明を見い出すことができている。これはボンヘッファーの後のテーゼ、すなわち「キリストの現実はこの世の現実を包み込んでいる」[6, 43]に対応している[22]。

一九四〇年秋、ボンヘッファーは最初の原稿「キリスト、現実、善」を暫定的に書き上げ、第二の原稿「形成としての倫理」を完成し、さらに第三の原稿「遺産と没落」に着手した。一枚の準備メモには、「神話化のための神道」(6e, 51)と書き留められている。「遺産と没落」の第一段落には、数々の伝承されてきたものがアジア圏にも存在しているとして、次のように述べている。

しかしそれらは、アジア圏の実存の無時間性と結びついており、西洋世界と最も近しい関係を持つところ、すなわち日本でさえ歴史は神話的な性格を保持している。現在の日本国憲法〔大日本帝国憲法〕の第一条には、天皇が太陽神〔天照大神〕の末裔であることを信じる義務が謳われている。(6, 93)

宮田光雄がこの点やその他のディートリヒ・ボンヘッファーの著作における日本に関する言及を詳しく扱っておられ[23]、ドイツでの出版にご協力くださった。「遺産と没落」にはもう一箇所、次のような言及がある。

西洋的戦争は、「キリスト生誕以前の時代やアジア圏では今日でも起こりうるような、絶滅戦争や破壊戦争ではない。それが西洋的戦争であろうとする限り、決して総力戦にはならない。総力戦は、フェルキッシュな自己保存という目的の役に立ちうるなら、どんな手段でも用いる。……神へのキリスト教的信仰が失われて初めて、人間はみずから、自分の大義の勝利を力ずくで奪うために、あらゆる——たとえ犯罪的であれ——手段を用いるに違いない」(6, 99f)。そうなれば、「キリスト教の諸国民間の戦争は全面的な破壊戦争になる。その戦争ではあらゆることが——たとえ犯罪であれ——正当化され、自らの大義のために利用される。しかもそのような戦争では、敵ならば、武装した者も非武装の者も犯罪者と見なされる」(6, 100)[24]。

アジア圏の戦争はどうであったか。日本は一九三七年以降、中国大陸で戦争を続けていた。一九四〇年九月末には日独伊三国同盟が締結された。ヒトラーとゲッベルスは日本の状況を模範的だと考えた。宮田はゲッベルスが書いた新聞掲載記事から次のように引用している。日本という民族国家《ナツィオーン》では、「敬虔であることは、同時に日本人たることを意味している。国民的思考と感情が宗教的思考と感情と同質のものであることから、とてつもないダイナミズムを持つ愛国的力が生じる」。ゲッベルスは、「われわれは戦死した英雄たちのためにこうした宗教的とも言える義務を、残念ながらいまだ持ち合わせていない。それこそが彼らの英雄的行為を国民的神話へと拡大させるだろうに[25]」と遺憾に思っている。これをゲッベルスが書いたのは一九四二年一二月末である。その一カ月後、跡形もなく破壊されたヴォルガ河畔のスターリングラードで、包囲されたドイツ軍は降伏した。三三万人の兵士のうちまだ命があったのは九万人だった。一九四三年二月一八日にゲッベルスはベルリンで一大プロパガンダ演説を行い、「総力戦」を宣言した。ボンヘッファーはこうした事態が来ることを予見し、すでに一九四〇年に原稿に記していたのである。

西洋の戦争はどうであったか。この世界の「キリスト教」圏の諸国民・諸民族《フェルカー》は、本来、共通の主について知っていたはずであった。しかし天上のイエス・キリストの父は、第一次世界大戦の兵士たちにとっては、ドイツ特有の神に変わってしまったようである――「神と共に」祖国のために戦うようにと、彼らは言われていた。ボンヘッファーは一九四〇年に、「倫理」に関する彼の著作の題名として、最初は民族国家群包括的に《ナツィオーネンユーバーグライフェント》、「統一された西洋のための基礎と構築」を考えていた。後になって、彼は「神と和解した世界の基礎づけと構築」(6e. 47)に変更している。テーゲルの獄中で彼は熟考を重ねた。どうすればわれわれは、「宗教的特権」としてではなく、『神』について『この世的に』」語ることができるのか。「そうなるとき、キリストはもはや宗教の対象ではなく、何かまったく別のもの、つまり真にこの世の主なのである」(8, 405)、と。[26]

キリスト生誕以前の時代の戦争はどうだったのか。旧約聖書の士師記は、「以前に戦いを経験したことがない」(士師記三・二)というイスラエルの諸部族が、どのようにして戦いを学んだのかを伝えている。「そのころ、イスラエルには王がなく、おのおのが自分の目に正しいと思うことを行っていた」(士師記二一・二五)。ベニヤミン族の者たちがあるレビ人の側妻を辱め、死に至らせた。これに激しく怒り、他の諸部族が共にベニヤミン族を打ち倒し、逃亡した六〇〇人を除いてこの兄弟部族を根絶やしにした。イスラエルの男たちは、「人びとから家畜に至るまで、見つけたものすべてを剣の刃で撃ち砕き、見つけた町すべてに火を放った」(士師記二〇・四八)。正常な精神状態の人間が同じ種に属する仲間を殺害することにためらいを感じるのであれば、この殺害抑制は戦争遂行という目的のために心理操作によって取り除かれる。戦争における非人道的行為は、この事柄の本質に根ざすことである。戦争を追放する効力を有しない間は、少なくとも非人道的行為を阻止する試みがなされねばならない。赤十字組織は一八六三年以来、人道的な戦時国際法を確立しようと努め――目覚ましいとは言えないまでも、一定の成果をあげている。

ハインツ・エドゥアルト・テートは、五年間の戦争および五年間の戦争捕虜としての惨烈な体験を意識的に熟考し、戦争と罪責というテーマと学術的・神学的にも取り組むことができた。彼は大学教員という学究的な職務を通して出会った人たちと共に、平和の思想を展開していった。ボンヘッファーにとって明白だったのは、倫理はただ「純粋に検討して」語ることができるだけではなく、「具体的な判断と決断を下す冒険が必要とされる」(6, 89) ということである。テートは、認識とは「人間の一つの心の状態《ゲシュティムトハイト》と結びついた洞察であり、それが信仰と生活とを方向づける」[27]と表現している。テートの論文は次の言葉で締め括られている。

　行動を導く正しい認識に至るには——その認識は常に冒険であり続ける——、平和のための解放が必要となる。なぜなら平和は、あらゆる理性《フェアヌンフト》を超えるものだからである。[28]

テートはここで、パウロのフィリピの信徒への手紙から引用している。[29] 人間は平和《フリーデン》について知ることが許されている。それは——プラトンの線分の譬えと同様の表現をすれば——理性による洞察を超え出るものである。「だから僕は感謝して心平和《フリートリヒ》に、過去と現在のことを考えている」(8, 542) と、ボンヘッファーは一九四四年七月二一日に獄中で記している。七月二〇日にボンヘッファーが与する抵抗グループの暗殺計画が未遂に終わり、ヒトラーは生き延びた。一九四五年四月九日、ヒトラーの命令で他の共謀者たちと共に絞首刑に処された時でさえ、彼にはパウロがフィリピの教会に祈り求めた平和が働いていた。「そして、あらゆる人知《フェアヌンフト》を超えた神の平和が、あなたがたの心と考えをイエス・キリストにおいて守ってくださいますように」。

注

（1）Miyata, Mitsuo (2005): *Die Freiheit kommt von den Tosa-Bergen. Beiträge zur Überwindung des Nationalismus in Japan und Deutschland*, Frankfurt am Main: Otto Lembeck 13-19 (Zitat 19). この日本に関する記事は、次の事典に寄稿したものである。*Evangelisches Kirchenlexikon*, Göttingen: Vandenhoeck & Ruprecht, 1989.

（2）Tödt, Heinz Eduard [1982]: Dietrich Bonhoeffers ökumenische Friedensethik, in: Scharffenorth, Ernst Albert (Hrsg.): *Theologische Perspektiven nach Dietrich Bonhoeffer*, Gütersloh: Chr. Kaiser/Gütersloher Verlagshaus 1993, 112-137 (Zitat 112).

（3）Friedrich Siegmund-Schultze の発言。次の著から引用。Bethge (1967): *Dietrich Bonhoeffer; Theologe-Christ-Zeitgenosse. Eine Biographie*, München: Chr. Kaiser, 182.

（4）Tödt [1982], 115.

（5）Tödt, Heinz Eduard [1985]: Verdrängte Verantwortung. Evangelische Theologie und Kirche angesichts der vierzigsten Wiederkehr des Tages des Kriegsendes am 8. Mai 1945, in: Scharffenorth, Ernst Albert (Hrsg.): *Theologische Perspektiven nach Dietrich Bonhoeffer*, op. cit., 276-284 (Zitat 280).

（6）Bethge (1967), 238f; Tödt [1982], 117.

（7）Tödt [1982], 121.

（8）Bethge (1967), 131.

（9）Miyata (2005), 16.

（10）一つ目の引用は、エリーザベト・ツィン宛て一九三六年一月二七日付の書簡より。第2章、第5章および第9章を参照のこと。二つ目の引用は、リューディガー・シュライヒャー宛て一九三六年四月八日付の書簡より。

（11） Platon, Politeia, 509d 以下。引用部分（シュライアマハーのドイツ語訳からの引用）は511d-e。

（12） Ibid., 509b.

（13） Bethge (1967), 305.

（14） Tödt [1982], 128.

（15） 編者による序文より。第5章も参照のこと。

（16） 『キリスト者とフェルキッシュな防衛意志』（*Der Christ und der völkische Wehrwille*）は、ルター派の神学者ヴェルナー・エーレルトが一九三七年に出版した小冊子（Leipzig: Deichert-Verlag）の表題である。テートは、州教会が彼に教授した内容が先鋭化されたものとして、この作品に言及している（Tödt [1985], 279）。

（17） 第9章参照。

（18） Tödt [1982], 120.

（19） Tödt, Heinz Eduard [1976]: Glauben in einer religionslosen Welt. Muss man zwischen Barth und Bonhoeffer wählen?, in: Scharffenorth, Ernst Albert (Hrsg.): *Theologische Perspektiven nach Dietrich Bonhoeffer*, op. cit., 36-44.

（20） ズッツ宛て一九三一年七月二四日付の書簡。

（21） Barth, Karl (1959): *Kirchliche Dogmatik*, Die Lehre von der Versöhnung, Band IV/3, Zollikon-Zürich: Evangelischer Verlag, § 69.

（22） Tödt [1982], 131f.

（23） Miyata (2005), 41-106.

（24） 最後の文はわずかに語順に変更を加えた。

（25） Miyata (2005), 77. ゲッベルスの引用は、一九四二年一二月二七日発刊の週刊誌『帝国』（*Das Reich*）より。

（26） ベートゲ宛て一九四四年四月三〇日付の書簡。

（27） Tödt [1982], 132.

（28） Ibid., 133.

（29） フィリピの信徒への手紙四章七節（ルター訳聖書）。ここの「あらゆる人知を超えた神の平和」（Friede Gottes, der höher ist als alle Vernunft）は、チューリヒ聖書の翻訳では「あらゆる悟性（Verstand）を凌駕する神の平和」（Friede Gottes, der allen Verstand überragt）となっている。

第4章　ボンヘッファーの生涯における聖書

ディートリヒ・ボンヘッファーは、告白教会の活動に尽力した神学者であり、ヒトラーに対する政治的抵抗に積極的に関与した人物である。エキュメニカルなキリスト教界では、ドイツのナチス統治時代におけるイエス・キリストの証人として、彼は最も信頼に値する人物の一人と見なされている。その遺稿は、彼が教会とこの世の未来を指し示す神学の師であることを証ししている。

聖書はボンヘッファーにとって人生のある転機に重要な存在となった。その瞬間について、彼は生涯を通して節度ある沈黙を守り続けた。一通の手紙の中でだけ、比較的はっきりと口にしたことがある。その手紙を受け取ったのは、彼と懇意にしていた親戚のエリーザベト・ツィンで、彼女自身が博士号を持つ神学者であった(1)。彼女は手紙を受け取ってから三〇年後に初めて二つの箇所を公表した。

……その後、何か別のものがやって来た。何かが、今日までの僕の人生を変え(2)、ひっくり返した。僕は初めて聖書に到達した。……それは大きな解放だった。(14, 113)

ボンヘッファーの父方の祖先は、一六世紀以来シュヴェービッシュ・ハルで金細工師や聖職者、医師、市参事会員、市長といった職業に就いていた。公的な責任を負うことは一族の伝統の一つであった。ディートリヒの父カール・ボンヘッファーは、一九一二年からベルリンのシャリテー大学病院精神神経科長を務め、第三帝国においては、彼の息子が次のように記していたやり方で行動した人物である。

一人の医師として、自分の具体的な責任を、いつかもはや病床の傍らではなく、例えば医学や人命、あるいはそういった科学を脅かすような措置に反対する公的行動の場において認識し、果たすことが、不可欠となるであろう。(6, 294)

第三帝国でナチス体制にとって望ましからぬ生命を除去する断種や「安楽死」の措置に対して、そのような公的行動が必要になったのである。

母方の祖先の中には、画家のシュタニスラウス・カルクロイト伯爵(一八二〇―一八九四)とレーオポルト・カルクロイト伯爵(一八四四―一九二八)、そして神学者のカール・アウグスト・フォン・ハーゼ(一八〇〇―一八九〇)とカール・アルフレート・フォン・ハーゼ(一八四二―一九一四)がいる。最後に挙げた人物はディートリヒの祖父で、ポツダムでドイツ皇帝ヴィルヘルム二世(一八八八―一九一八)の宮殿付牧師をしていた。ディートリヒの母パウラ・フォン・ハーゼは、「一八八九年から一八九四年まで、両親と共にポツダム宮殿の雰囲気にすっぽり包まれて暮らしていた」[3]。二〇世紀への変わり目には、貴族と教養市民層は社会的な垣根を越えて交流し、政策に関わる公的機関に奉仕するという義務意識で結ばれていた。

今なおドイツの市民層の間では、教会に所属するのが当然のように思われていた。ベルリン大聖堂は、一八九四年から一九〇五年にかけて皇帝ヴィルヘルム二世の時代に建設されたものであるが、その栄光によって教会から遠のいた労働者層にも感銘を与え、ふたたび教会に引き寄せるはずであった。しかし教会から距離を置く傾向は全般に強まった。教養ある都市住民の間では、教会と疎遠な生活様式が発達した。ベルリンに住むボンヘッファー家は、地元の教会とほとんどつながりを持っていなかった。しかし教会から遠ざかっていても、ディートリヒの実家にはキリスト教的伝統が息づいていた。フォン・ハーゼ家出身で貴族の令嬢である母パウラは、学生時代の最後の数年をグナーデンフライのヘルンフート兄弟団で過ごした。それが慣例だったのである。「大学教授、貴族、地主たちは自分の子どもたちを最初から兄弟団の学校に通わせた」[4]。

一九〇六年、双子のディートリヒとザビーネが誕生したとき、ヘルンフート出身で二一歳のマリーア・ホルンがボンヘッファー家の家事に加わった。「ホルンちゃん」は母親の右腕となり、また全部で八人の子どもの教育係として慕われるようになった。双子が学齢に達すると、マリーアより一歳だけ年上の姉、ケーテ・ホルンが教えた。以前はパウラ・ボンヘッファーが一人で子どもたちに初歩的な授業を行っていた。当時〔の女性〕としては非常に珍しく、彼女は教員免許を持っていたのである[5]。宗教の授業はパウラ・ボンヘッファー自身が行い、「その際に、子どもたちに聖書の物語をそらで語った」[6]。食前や食後の祈りといった「キリスト教的な家庭習慣」に関する事柄は、ボンヘッファー家の母親が受け持った。父親の「批判的かつ冷静な感性」が影響し、敬虔さを表明することは奨励されず、それは距離を取った上でのみ尊重された。「それに関しては、私には何もわからない」という父親の言葉には、「宗教的」に高められたものすべてに抵抗する意志が込められていたが、そうしたものを拒絶するという点で、家族の意見は一致していた。同時に、自然科学的に仕事をする精神科医である彼には、「また常に、人間理性の不十分さの洞察に基づく何か」[7]が感じられた。

父親は息子が牧師という職業を志すことを容認してはいたが、「もの静かで動きのない牧師生活……おまえにはほとんど宝の持ち腐れだろう」と思っていた。[8] 後に彼は、「動きのないものという点では、はなはだ誤解していた」（13, 90）と、快く認めている。

ディートリヒ・ボンヘッファーは聖書に到達するまでに、すでに広く世界と神学界の方々を巡っていた。父カール・ボンヘッファーが医師として有名であったのと同様に、原子科学者として知られていた兄のカール＝フリードリヒへの手紙の中で、彼は回想的にこう記している。「神学を始めたとき、僕は別のものを想像していた——やはり、おそらくもっと学問的なものを想像していたのだろう。それが今では、それとは何か全く別のものに変わった」（13, 272）[9]。

ボンヘッファーは一九三一年一一月からベルリン大学で私講師として教えるようになり、一九三二—三三年冬学期の講義に向けて、旧約聖書の最初の三章を取り上げると予告した。講義の計画は学問的に行っていたようである。「文献学的・歴史学的研究のあらゆるメソッドを用いて」（3, 22）

テキストを精査することは、彼にとって必須であり、それは以後も変わることがなかった。しかし講義を行った際には、彼は言葉に耳を傾けることに集中した。「これは人間の言葉として語られ、そして聞かれる僕《しもべ》のかたちである。このかたちで神は最初からわれわれと出会われ、ただご自分だけを見出すようにされる」(3. 29)。聖書の創造と堕落の記述において、言葉はわれわれについて語っているのであり、ここで問題になっているのはわれわれなのである。つまり、「アダムは……われわれ自身である」(3. 93)。

この年の冬、アドルフ・ヒトラーが政権を握った。ディートリヒ・ボンヘッファーは、まもなく判明したナチス政権の破壊的傾向——総統原理、ユダヤ人差別——、そして「ドイツ的キリスト者信仰運動」の支配的イデオロギーへの同調に対して、今や公然と抗議するようになった。

一九三三年八月にボンヘッファーはロンドンの二つのドイツ人教会を担う機会を与えられた。彼は躊躇した。この大混乱期にドイツを離れるべきか。しかし一九三三年一〇月、彼は在外牧師の職に就いた。一九三四年にバルメンとダーレムで告白会議が開催され、告白教会が結成された。ボンヘッファーは告白教会を支持し、政権に同調した帝国教会に抗い立ち上がった。ロンドンで行った説教の原稿をボンヘッファーはエリーザベト・ツィンに送っている。そのうち四つは、第一コリントの信徒への手紙一三章、いわゆる「愛の賛歌」に関する内容である〔「愛の賛歌」については第5章、第6章、第11章でも言及されている〕。

ボンヘッファーは、古プロイセン合同福音主義教会において告白教会の指導的役割を担う兄弟評議会《ブルーダーラート》の委託を受け、一九三五年春に牧師候補生の養成を開始した。一九三五年九月六日、彼は兄弟評議会に「フィンケンヴァルデ牧師研修所における兄弟の家の設立」の申請を行った（14, 75ff）。六人ないしそれ以上の人数の牧師からなるグループが、研修生が入れ替わる半年の期間を超えて、フィンケンヴァルデに滞在することが求められた。

> 兄弟の家の兄弟たちは、日々厳格かつ礼拝のような秩序をもって、共に生活する。カルト的なかたちではなく、聖書の言葉と祈りが一日を通して彼らを導く。（14, 78）

この申請は承認された。兄弟の家の最初のメンバーには、アルブレヒト・シェーンヘルやエーバーハルト・ベートゲが含まれていた。

第二期コースの終了後にボンヘッファーとベートゲは、一九三六年四月の前半をハルツ山地のフリードリヒスブルンにあるボンヘッファー家の別荘で過ごすことにした。滞在先からボンヘッファーは四月八日に、義兄のリューディガー・シュライヒャー、つまり彼の長姉ウルズラの夫宛てに、聖書を読むことに関して次のように書いている。

> 聖書は、他の本のように単純には読むことができません。聖書に実際に問うという心構えが必要です。そうしてのみ、明かされるのです。僕たちが最終的な答えを待ち望む時にだけ、与えてくれます。それは、神が聖書の中で僕たちに語りかけてくださっているからです。そして神については、やはりそう単純におのずと熟考しうるものではありませんから、神に問うほかあ

りません。……僕たちは自分の愛する人の言葉を分析してから理解するのではありません。そうした言葉を、僕たちはただ受け入れ、何日も自分の中で余韻を響かせ、……マリアのように、僕たちがそれを「心に思い巡らせる」〔ルカ二・一九〕ほどに、この言葉のうちに、その言葉を発した人が、僕たちにはいっそう理解できるようになるのです。このように僕たちは聖書の言葉に接するべきです。僕たちを愛し、答えを求める僕たちを孤独にならさない神が、ここで実際に僕たちに語りかけてくださっているかのように、聖書に引き込まれる冒険をしてこそ、僕たちは聖書を喜ばしく思うようになるのです。……神は、いわゆる永遠の真理とは全く異なるものです。それはまだ、僕たちが自分で考え出し、望んだ永遠です。……聖書以外のどの場所も僕には不確かなものになりました。それ以外の場所では、神を装った僕自身のドッペルゲンガーに遭遇することを恐れるしかありません。ですから、知性の犠牲——まさにこのことにおいて、またこのことにおいてのみ、ようするに、真の神に目を向けるということにおいて！……というほうが僕にはより好ましく思えることが、義兄さんには何となくでも理解してもらえるのではないでしょうか——だからつまり、聖書のあちこちの箇所をまだ理解していないことを告白することです。それらもいつか神ご自身の言葉として明らかになるという確信をもって、自分の判断で「あれは神的、これは人間的!?」と語るよりも、そうしたいと思うのです。……そして今まだほかにも義兄さんに全く個人的に話したいことがあります。僕がそのように聖書を読むことを学んでからというもの——まだそれほど前のことではありませんが——聖書は僕にとって日ごとに素晴らしいものになっているということです。僕は朝晩、たびたび昼間にも聖書を読みます。毎日一つのテキストに取り組み、そのテキストを一週間手にとり、完全に読み耽り、それに真に耳を傾けようとしています。……義兄さんは思いもしないでしょうけれど、多くの神学が迷い込んだ道からふたたびこうした素朴な事柄に戻る道を見つけたとき、どれほど嬉しいことか。それに僕は、信仰の事柄においては、僕たちは決まって同じように素朴だと思うのです。(14, 144ff)

フリードリヒスブルンで過ごした日々にエーバーハルト・ベートゲは、ザクセン州兄弟評議会の依頼で「日々の黙想のための手引」を書き記した(14, 945-950)[10]。その手引書は、聖書の言葉を黙想する者にこう助言している。「『それをどのように人に伝えるか』ではなく、『それが自分に何を語っているか』を問いたまえ!」。「黙想は、私を聖書の中で自立させる。私は権威に頼らずにこれと関わることができねばならず、そのためには勇気が必要とされる」とベートゲは注釈している。日々の聖書黙想は説教の準備の場ではない。それは、とりなしの場であることが許される。「だがそのとりなしが、またもや最も重要なこと、つまり自分自身の魂の救済を願う気持ちからの逃避とならないよう気をつけよ」。たとえ個人的な救いの問いが現代人から「ほとんど消滅した」としても、この事柄は依然として重要であり続ける(8, 415)[11]。手引書には次のように書かれている。

あなたが何を願うことが許されるか、聖書の言葉に語らせよ。……一〇~一五節程度のテキストを一週間にわたって黙想するのが適当であると確認された。……黙想の時間は、朝に仕事を始める前がよい。正しい黙想を行うには、少なくとも三〇分を要するだろう。完全な外面の静けさと、いかに重要なことであろうと気を逸らされないという決意が、自明の前提となる。(14, 947ff)

フィンケンヴァルデの牧師候補生の一人が、「イグナチオ的」黙想というキーワードを書き留めている。[12]「イグナチオ的（ignatianische）がテキストに接続し、しっかりと結合している」(14, 487)。これは、なぜボンヘッファーが黙想の修練を行う気持ちになったのかを知るための一つの手がかりになるかもしれない。プロテスタントでは、黙想は長い間敬遠されてきたものであった。カトリックでは、イグナティウス・フォン・ロヨラ〔イグナチオ・デ・ロヨラ〕がその霊操[13]を用いて、方法論的に厳密に整えられた修練を要する沈思に新しい時代を開いた。イグナティウスの生涯にはモンセラートが関わっている。この山はバルセロナ北部のカタルーニャ地方にある巡礼地で、ボンヘッファーが牧師補時代に関心を寄せていた。そのモンセラートを眺めていることを、彼は一九二八年三月二〇日にバルセロナから、「ホルンちゃん」とその夫[14]に宛てた手紙の中で報告している。

いつも僕たちのいる山の尾根から、〔モンセラートが〕遠くの青紫色のかすみの中に、風変わりな輪郭をして横たわっているのを眺めているよ。復活祭休暇の二日目と三日目に、子ども礼拝の子どもたちと一緒に行くんだ。(10, 44)

ボンヘッファーは『霊操』の小型版を一冊フィンケンヴァルデに持って行っていた[15]。ボンヘッファーにカトリック的なものが見つかると、いつもそのことがドイツ教会闘争で彼のやり方に反対する理由にされた（15. 152）[16]。しかし宗派の境界に対して人びとがそれを心得ているようには、ボンヘッファーは尻込みしなかった。

フィンケンヴァルデ第四期コースに参加したオットー・ベレンツ[17]は、一九九八年に、一九三六―三七年冬学期の記憶を次のように書き記している。

私たち［新入生］は、三〇歳の牧師研修所所長であり責任者であるこの人物の前に立っていた……。私たち牧師候補生の大半より五、六歳だけ年上である。……彼からは、何か頼り甲斐のある雰囲気が漂い、信頼を呼び起こすものと同時に、距離を置くもの、また意図せずとも、エリート特有のものが感じられた。彼の一族の背景や伝統は、たとえ私たちが最初に知らなかったとしても、いとも自然に彼の身に備わっていた。私たちは宿舎に入り、私はヴィリー・ブランデンブルクと共に生活することになった。彼は牧師候補生の一人で、数カ月の獄中生活を終えたばかりだったため、まだ肉体的にも精神的にもかなり不安定だった[18]。私たちは二人で、一種の発破で掘った地下空洞のような私たちのための場所で眠った。そこはヴィリー・ブランデンブルクにとっては居心地のよい……、廊下のような通路空間だった……。その他にも、私たちは勉強や黙想用の小部屋を共同で使用した。最初の晩を過ごして……ようやく私は一種の常連が存在することに気づいた。その「中核」となる兄弟たちは一種の共同生活をしており、家をボンヘッファーと共同で使用していた。……彼らはようするに、日課や［朝の］沈黙とその意味［つまり、一日の最初の声として神の言葉を聞くために場所を与えること］を私たちに説明してくれた。共同生活のための素敵なルールに、その場に居ない人のことを決して話題にしないというのがあった。そのおかげで噂話を大いに防止できた。彼らは［毎朝毎晩の］共同礼拝や、黙想、聖書との取り組みについて話してくれた……。こうした準備の後、どちらかと言うと素早く、時には驚くほど新しい共同生活に馴染んでいった。(19)

朝の沈黙、兄弟の前での告解、黙想といったフィンケンヴァルデにおける実践の構成要素には、ごく少数の人間しか耐え通せなかったようだ。しかし、「それでも心に突き刺さったままだった」と、特に黙想の経験から、〔ベレンツは〕次のように述べている。

これこそが、千々の合図を含みもつ聖書に込められた神の福音に近づくための、本来の、唯一の道かもしれない。もしフィンケンヴァルデに他には何もなかったとしても、この経験のためにすでに、フィンケンヴァルデは人生の全体にとっていくらか価値のあるものになっていただろう。……黙想は、私たち全員にとって何かまったく新しいものであり、黙想するための一つのテキストは、私自身だけのためにあるのと同時に、他の人たちとの結びつきの中にある。テキストは私に個人的に何を語りかけるのか。そこに何が書かれているのか。そしてこれを一週間にわたって同じテキストで何度もくりかえす。それは私たち二人［ヴィリー・ブランデンブルクと私」に何を語っているのか。私たちは自分たちの書斎で黙ったまま向かい合わせに座り、この聖書を用いた霊操に際して、互いに何を話したらいいのか、よくわからずにいる。すべてが全く不慣れな、未知のものだった。時にはそれに対して、律法的で強制が過ぎると反抗する。またしかし、自分の意に反して、「何かをもたらしてくれる！」という経験もある。聖書を解釈するのは聖書自身だということ。このように一つのテキストを特定の意図を持たずに考察することが、突然、思いがけない発見をもたらすかも知れないこと。黙想に関しては、研修期間中に浮き沈みがあり、おそらく完全に成しとげた者はいなかっただろう。誰一人として、それをどのように行ったたか、他の人に示すことができなかった――ボンヘッファーでさえも。しかし黙想は、私たち自身には効果があった。[20]［引用部には軽微な変更を加えている］

日々の黙想は、ボンヘッファーがフィンケンヴァルデで与えた指示の中で最も不興を買った。牧師候補生の間では「抗議、不満、困惑」が沸き起こったが、ベートゲはこう伝えている。

しかしボンヘッファーは最初から、それは規律から逸脱するものではないだろうし、まさか多数決にかけられることもなかろうと、信じて疑わなかった。[21]

黙想に用いるテキストの箇所は兄弟の家のメンバーよって選び出され、フィンケンヴァルデの全員と、回状でつながりを保っていた元研修生たちに伝えられた。最終的には「約二〇〇人の牧師、つまりドイツ全体の半分以上に配布された」（14, 79）[22]と言う。このようにして聖書を読むことに関するボンヘッファーの経験が他の人たちに広まっていったのである。彼は一九三六年九月一九日付の手紙でカール・バルトに次のように報告している。「告白教会のある指導的人物」が彼に最近、「今私たちに黙想している暇はない。牧師候補生は説教や教理問答を学ぶべきだ」と言ったが、これは今日の若い神学者についての「無知」を物語っているだろう、と[23]。さらにこう述べている。

今日の若い神学者が私たちに真剣に問いかけるのは、どのように祈ることを学べばよいのか、どのように聖書を読むことを学べばよいのか、ということです。この場合、私たちは彼らを助けることができるか、まったく助けられないか、そのどちらかです。（14, 237）

フィンケンヴァルデの朝夕の礼拝は、詩編の連禱、旧約および新約聖書から選ばれた章の全体の朗読、歌と自由祈禱といった充実した内容であった。

研修所の礼拝での祈りは、ほとんど彼［ボンヘッファー］自身によって行われた。……この祈りとその内面的な秩序を整えるために、彼は時間と労力をかけた。彼の話はもっぱら事柄そのものに集中していた。あらゆる自己表現が消滅したかのようだった。理解、意志、心情が包含されていた[24]。

同じように、ボンヘッファーが説教者としてどのように聖書の言葉に接したかということも影響を及ぼした。オットー・ブレンツは六〇年経った今でもこう記憶している。「説教の後、ディートリヒ・ボンヘッファーのことはほとんど忘れたが、テキストは目の前から消えなかった」(25)。フィンケンヴァルデ牧師研修所における聖書黙想の「霊操」は、〔ベートゲによれば〕次のようであったと言う。

霊操は、日々冷静な神学的作業によって強力にバランスが保たれていた。それは精神修養と霊的欲求への配慮とを区別することを教えた(26)。

集中授業が午前九時から正午まで、時には晩の早い時間に追加開催された。そこでは新約聖書や信条書、教理問答学、説教学――草稿段階の説教は討議され、すでに行われた説教は聴くのみとされた――、牧会――兄弟と神について語るのではなく、神と兄弟のために語るのである――に関する共同学術研究が行われた。ベートゲは次のように補足している。

その他にも、くつろぎと団らんの時間が設けられ、ボンヘッファーは想像力と機知を用いて楽しませ、集中力を必要とする時間とのバランスが保たれていた。もし余暇を楽しむことを知らなければ、やはり少なからぬ教養の欠如であると、彼は感じていた。それはそうとして、日々の秩序はどれも、日々の教会政治上の決定からの乖離を助長するものではなく、むしろそうした決定をよりよく存続させるものであることは、みじんも疑う余地がなかった。[27]

カール・フリードリヒ・フォン・ヴァイツゼッカーは、一九七六年にジュネーブで行われたボンヘッファー生誕七〇周年の記念講演で、フィンケンヴァルデ時代をこう総括している。[28]

> ボンヘッファーは躊躇することなく、彼とほぼ同年齢の牧師候補生たちの生活共同体に、修道院の規則のいくつかを提供、いや実際に課した。そうした規則は、大変古く、また常に新しく、真摯な努力に役立つものである。規則正しい一日のリズム、祈りの典礼《ゲベーツリトゥアギー》、そして黙想という計り知れない経験の領域への扉を開く控えめなノック。もし彼が、すり込まれたプロテスタント的偏見と向き合ってこれを貫徹したのであれば、私はここに、外見上は真逆な、この世に開かれた彼の最晩年の神学とまさに同様の、現実と向き合う勇気を見出す。彼の生涯は、キリスト者の生活というものは、より霊的になって初めてよりこの世的になることができ、よりこの世的になって初めてより霊的になる、という経験を踏破する運命にあった。どちらの歩みも、自分自身に対して自分が抱く恐れに対する一種の防御を払いのけるものであった。

自分自身に対する恐れ（Angst vor sich selbst）からの解放が、つまりは、天国における彼自身のドッペルゲンガーとしての自分をいたって気楽に唯一の世界支配者に任命してしまう自分自身に対して抱く恐れからの解放が、ボンヘッファーにもたらされ、彼に聖書を読むことを教えてくれたのである。

〔一九三七年の〕秋に国家警察がフィンケンヴァルデ牧師研修所を閉鎖した。ボンヘッファーによる神学者養成は、「牧師補の集い」を装って、ヒンターポンメルンで継続された。この時期（一九三七―一九四〇年）の一九三八年一一月九日にポグロムの夜が起こった。ナチスが仕組んだ「民族の怒り」はユダヤ人に対して残虐な戦闘を開始した。牧師候補生の一部が住んでいたケスリーンでも、シナゴーグが炎上した。[29] ボンヘッファーが黙想に用いた聖書には、詩編七四編八節b「彼らはこの地にある神の家をすべて焼き払いました」に下線が引かれている。その横に、このボンヘッファーの聖書に書き込まれた唯一の日付、「三八年一一月九日」を見つけることができる。

戦争勃発が近づくと、ヒトラーの戦争に徴兵されることを避忌したボンヘッファーは、アメリカの友人たちの助けを得て合衆国に一種の逃避行を図った。旅の間、ボンヘッファーはヘルンフート兄弟団の『日々の聖句《ローズンゲン》』〔日ごとに選び出された旧新約聖書の一節を組みあわせた小型の聖句集。最初に籤引きで旧約からの聖句（ローズング）が決められ、それに対応する新約の聖句（教えのテキスト）が選ばれる〕に導かれていた。彼はパウロの「冬になる前に来てください」（第二テモテ四・二一）という「テモテへの願い」を、自分をドイツでの生活に呼び戻す声として受け取った（15, 234）[30]。

まだ一九三九―四〇年の冬学期は、凍てつくように寒いヒンターポンメルンの森の中で実施することができた。ボンヘッファーは牧師候補生たちと詩編第一一九編を精読した。それは彼の「最もお気に入りの詩編」で、「始まりも終わりもない、戒めという主題で紡がれた詩の編み細工」[31]である。彼が黙想に用いた聖書には、その一七六の詩行に無数のしるしが左右や上下にふられている。ボンヘッファーは今やこの詩編を手に、旧約聖書において神に服従することは何を意味するのか、黙想したのである。彼の書き込みは二一節で途切れている（15, 499-535）。一九四〇年の春以降、彼は神学者養成を継続することができなくなった。若い男たち、特に告白教会のメンバーが兵役に召集されたのだ。多くの者が前線で戦死してしまった。

ボンヘッファーの確信によれば、神学者たちはさまざまな章、本、聖書の部分の全体の馴染み《フレムトハイト》のなさに身をさらすべきであった。彼はテキストの比較的長い一節を用いて黙想することを勧め、それを戦時中も実践した。回状で彼は次のように書いている。

一九四〇年五月

今回の黙想テキストは、特に戦地の兄弟たちのことを考慮して、複数の週の言葉に関連するものが選ばれています。比較的長い期間を想定してのことです。（16, 32）

一九四一年一一月

前線から届いたこれほど多くの手紙に、いかに聖書や、黙想さえもが、榴弾孔の中でも君たちに寄り添っているかを読み、僕は心を捕えられました。（16, 227）

一九四二年三月一日

僕は思いがけない経験をしました。ここ最近、前線や故郷から黙想に関して新たな助言を求める声が増えてきたのです。正直に言うと、僕のほうから君たちに今あえてこの話を持ち出すことはしなかったでしょう。誰にも今以上の日々の負担をかけたくなかったからです。ですから今日も、もう一度われわれに与えられた黙想という貴重な贈り物について、今日のわれわれにとって特に重要になる観点から、二言三言述べるにとどめたいと思います。自分に向けられている神の言葉を日々静かに沈思することは――それがたとえ数分間であっても――僕にとって、自分の生活に内面と外面の秩序をもたらすものすべてが結晶化される地点になろうとしています。これまでの秩序ある生活が中断と解消を余儀なくされる中で、こうした時間が秩序を必然的に伴うように、……黙想は、われわれの生活に恒久性《シュテーティヒカイト》のようなものを与えてくれます。(16, 241)

その間、ボンヘッファーは抵抗運動の仕事にしっかりと携わっていた。軍の対外情報機関の任務を隠れ蓑に、スイスに三回、ローマに一回、スカンジナビアに二回、渡航した。一九四二年五月三一日から六月二日にかけて特使としてスウェーデンを訪れた折には、チチェスター司教のジョージ・ベルと会っている。ベルは彼にとって、一九三三年から一九三五年にかけてロンドンに在外牧師として滞在した時に父のような友人となった人物である。彼はベルに打倒計画の詳細を打ち明け、ヒトラー亡き後の政権を引き継ぐ予定者の名前も含めて、このことをイギリス外務省に伝えるように頼んだ。ベルは綿密な覚え書を作成し、アンソニー・イーデン外務大臣(32)に届けた。しかし省内の外交官たちはこの情報をナチスの偽装工作と見なした。イーデンはベルのことを、そうでなくとも平和主義者として胡散臭く思っていたのだった(16, 326, Note 6)。こうしてドイツの抵抗運動が西側の連合国と接触を持つ試みは失敗に終わった。

この政治的使命の直後、ボンヘッファーは一九四二年六月二五日にベートゲに手紙を書いている。

最近、しかしこの世的な領域に大きく関わる自分の活動を通して、僕はくりかえし考えさせられる。不思議なことに、僕は何日も聖書なしで生きており、また生きることができている(33)——もしそうすることを自分に強いるなら、従順というよりも、むしろ自己暗示のように感じるだろう。こうした自己暗示が大きな助けになりうることは理解できる。でもこのやり方では、真の経験を偽り、結局のところ、真の助けを経験しないことにならないだろうか。その後にふたたび聖書を開くと、それは僕にとって、かつてないほどに新しく、大いなる喜びとなり、一度でも説教ができたなら、と思う。……「霊的に」は、僕がはるかに豊かな時間を過ごしていたことに気づかされる。だが僕の中であらゆる「宗教的」なものに対する抵抗が大きくなっているのを感じる。たびたび本能的な嫌悪感に至るほどだ——これも確かに良いことではない。僕は宗教的な質《たち》ではない。けれども神のこと、キリストのことは、いつも頭から離れないでいるし、真実性、いのち、自由、そして慈悲については、とても心にかかっている。ただ、数々の宗教的な粉飾はたいそう不快に思う。わかるかい？　どれも新しい考えや洞察といったものとはかけ離れている。しかし、ここでやっと自分が引っかかっていたものが飲み込めそうな気がするから、事柄を成り行きにまかせ、反撃を企てずにいる。こうした意味で、この世的な領域での僕の現在の活動も同じように理解している。(16, 325)

――つまり、政治的抵抗のことである。

神学者の兄弟たちとは次の点でとっくに合意していた。ようするに、もし非常事態が発生し、もはや回状が郵便検閲を通過できず、そのため黙想のテキストを連絡することができなくなっても、黙想を続けている人の誰もが、日々の共同の黙想ととりなしの祈りが常に『日々の聖句』の小本のテキストに沿って行われるだろうことを了解していたという。ボンヘッファーの実家では、ヘルンフートの『日々の聖句』を日々朗読するという日課はなかったが、告白教会の人たちにとってそれは、概して普通のことであった。ボンヘッファーがフィンケンヴァルデ時代を回顧して一九三八年に執筆した『共に生きる生活』(*Gemeinsames Leben*)では、その日の聖句《ターゲスローズング》のために「礼拝の最初や他のところで」(5, 49) 時間をとったと、次のように強調している。

例えば〔ヘルンフート〕兄弟団の『日々の聖句』には、現在に至るまで、それを用いるすべての人にとって真の祝福があることは、今や疑いようがない。まさに教会闘争の時代に、多くの人が大いなる感謝に満ちた驚きをもってこのことを理解したのである。しかし同様に疑いえないのは、短い標語や日々の聖句の言葉が聖書朗読の代わりをするのは不可能であり、またそれは許されないということである。その日のための聖書の一節はまだ聖書ではない。聖書は、あらゆる時代を貫いて最後の審判の時まで存続するものである。……それはあらゆる人間、あらゆる時代のための、神の啓示の言葉である。聖書は、個々の金言から成るのではなく、一つの全体であり、そのようなものとして力を発揮する。全体のものとして、聖書は神の啓示の言葉なのである。それらの内的関連の無限性において、つまり旧約聖書と新約聖書、約束と成就、犠牲と律法、律法と福音、十字架と復活、信仰と従順、持つことと望むこととの関連において初めて、主イエス・キリストについての完全な証がはっきりと聞き取れるようになるのである。(5, 43f)

エーバーハルト・ベートゲとディートリヒ・ボンヘッファーは戦時中、いつも『日々の聖句』の小本を贈り合っていた。一九四三年のクリスマスイブにボンヘッファーは、レナーテとエーバーハルト・ベートゲ宛てに手紙を書いている。[34]

僕たちが今年も『日々の聖句』を交換できたことは、僕にとって最大のクリスマスの喜びの一つだ。(8, 254)

〔『日々の聖句』の〕一九四四年版にボンヘッファーはいろいろと書き留めている。彼が高く評価していた刑務官の死(「エンゲル†」[35])、刑務所で「話をする許可」を得て彼と面会した人たち(「ヴェーデマイアーの母－マリーア短時間／警報」[36])、爆撃(「第一回目の昼間攻撃」[37])、彼が受けた帝国軍事裁判での尋問(「RKG」[38])、といった事柄である。

ベルリン・テーゲル国防軍未決監でボンヘッファーは、黙想に用いる聖書を入手するとすぐに、これに関連の大きい書物をたくさん読んだ。一九四三年四月五日にその聖書が届けられた後、「僕がのこぎりやかみそり等をこっそり入手していないかどうか調べられた」(8, 381) という。検閲をくぐり抜けて密かに運び出されたベートゲへの最初の手紙の中で、ボンヘッファーは一九四三年一一月一八日に「日々の聖書研究」について報告し、投獄されて七カ月の間に「僕は他にも、旧約聖書を二回半読み、多くのことを学んだ」(8, 188) と述べている。

獄中でボンヘッファーは、その友人に「ひょっとすると心配すらかけるかもしれない」未知の領域に踏み入る「神学的思索」を手探りで行っていた。どうすればわれわれは「無宗教的な世界で……『無宗教的に―この世的に』キリスト者であることができるのか」(8, 402, 405)[39] と。同時に彼は、聖書に見出される「キリスト教信仰の秘義」は「秘義規律《アルカーンディスツィプリーン》［規律ある秘義保持］」によって「世俗化から守られる」必要があることに、はっきりと気づいていた。エーバーハルト・ベートゲと彼の妻レナーテが別れの心の準備をしなくてはならなかったとき――エーバーハルト・ベートゲは兵士としてイタリア戦線に赴任した――、ボンヘッファーは彼らに次のように書き送っている。

> 君たちのために、『日々の聖句』に関して二言三言書いてみた。今日もまだ警報の時間帯ということもあって、部分的にいくぶん不十分だし、必要だと思われるほどには考え抜かれていない。しかし君たちが朝それを一緒に読んだり、少しなりとも、おそらく開催されないだろう［聖霊降臨祭の］礼拝の代わりになればと思う。(8, 448)[40]

他にもエーバーハルト・ベートゲ宛てに、旧約聖書の雅歌について書いている。

実は、地上の恋の歌として読んでみたいと思っているんだ。だぶんそれが最も「キリスト論的な」解釈だろう。(8. 460)[41]

一九四四年八月二八日、ベートゲの三五歳の誕生日にボンヘッファーは、今まさに連合軍が進攻しつつあるイタリアの戦闘地帯の真っ只中にいる彼に、ヘルンフートの〔『日々の聖句』の〕教えのテキスト《レーアテクスト》として示された第二コリントの信徒への手紙一章二〇節に出てくる「神の約束はことごとく彼にあって然りとなり、彼にあってアーメンとなる」という言葉について黙想したことを書き送っている。

一切は「彼にあって」ということにかかっているように思う。……確かに、われわれは常に神の近くで神の臨在のもとに生きることを許されており、この生はわれわれにとってまったく新しい生である。神に不可能なことは何もないのだから、われわれに不可能なことはもはや何も存在せず、神の意志なしには地上のいかなる力もわれわれに手出しすることができないし、危険や困窮はわれわれをいっそう神に近づけるだけである。確かに、われわれは何も求める必要はないが、あらゆることを請い願うのは許されており、苦しみの中にはわれわれの喜びが、われわれの死には生が隠されている。確かに、われわれはこのすべてにおいて、一つの交わり《ゲマインシャフト》の中にいるのであり、それがわれわれを支えている。その一切に対して、神はイエスにおいて然りとアーメンとを言われた。この然りとアーメンこそが、われわれが拠って立つ揺るぎない地盤なのだ。(8, 572f)

第四期コースの牧師候補生オットー・ベレンツは、フィンケンヴァルデ時代にボンヘッファーが述べた「復活ほど確かなものはない。自分自身の死でさえ及ばない[42]」という言葉が、人生の教えとして心に残ったという。ボンヘッファーはそのような落ち着きのもとに、自らの死に臨んでも解放されていた。もはや自分に対する恐れ(Angst *vor* sich)を抱く必要がなかったから、もはや自分自身について思い煩う心(Angst *um* sich selbst)に支配されることもなかったのである。バイエルンの森のシェーンベルクに立つフロッセンビュルク強制収容所で殺害される前日、一九四五年四月八日の白い日曜日〔復活祭の次の日曜日〕に、彼は他の囚人たちの求めによって、朝の礼拝で、次のその日の聖句《ローズング》と教えのテキストについて解釈した。イザヤ書五三章五節「彼の受けた傷によって、わたしたちは癒された」。第一ペトロの手紙一章三節「わたしたちの主イエス・キリストの父なる神が、ほめたたえられますように。神は豊かな憐れみにより、死者の中からのイエス・キリストの復活を通して、わたしたちを新たに生まれさせ、生き生きとした希望を与えてくださいました」。一九四四年の復活祭にボンヘッファーはベートゲに手紙を書いていた。

……キリストの復活によって、新しい清めの風が、今この世界に吹き込むことが可能になる。……もし一握りの人間であれ、このことを本当に信じ、これに突き動かされて自分がいるこの地上で行動するなら、いろんなことが変わっていくだろう。復活から生きる――これが、復活祭の意味なのだ。(8, 368f)[43]

注

(1) エリーザベト・ツィン(一九〇八―一九九五)は、一九三八年に新約聖書学者ギュンター・ボルンカムと結婚した。
(2) エリーザベト・ツィン宛て一九三六年一月二七日付の書簡(第2章および第3章を参照のこと)。
(3) Bethge, Eberhard (1967): *Dietrich Bonhoeffer, Theologe-Christ-Zeitgenosse. Eine Biographie*, München: Chr. Kaiser, 24. パウラ(一八七六―一九五一)とカール・ボンヘッファー(一八六八―一九四八)は、一八九八年に結婚した。
(4) Günther, Walter (1980): Dietrich Bonhoeffer und die Brüdergemeine, in: *Unitas Fratrum. Zeitschrift für Geschichte und Gegenwartsfragen der Brüdergemeine*, Jahrgang 1980 Heft 7, 62-71 (Zitat 62).
(5) Bethge (1967), 38.
(6) Ibid., 59.
(7) Ibid., 60.
(8) ロンドンのディートリヒに宛てた一九三四年四月二日付の書簡。
(9) ロンドン発一九三五年一月一四日付の書簡。

（10）一九三六年五月二二日付の第八回フィンケンヴァルデ回状の付録として複写された。
（11）ボンヘッファーが獄中からベートゲに宛てた一九四四年五月五日付の書簡。
（12）ボンヘッファーによる説教学の講義（一九三五年一一月一八日）より。
（13）一五二二年、出版は一五四七年（初版）。
（14）ボンヘッファー家のきょうだいたちの教育係を長年つとめたマリーア・ホルンは、ボンヘッファーの古典語学の教師であった高等学校一級教諭リヒャルト・ツェッパンと一九二三年に結婚した。
（15）Ignatius von Loyola［1547］, *Geistliche Übungen*, 5. Auflage Regensburg: Verlagsanstalt Manz, 1932.
（16）ゲルハルト・クラウゼからボンヘッファーに宛てた一九三九年二月一八日付の書簡。
（17）一九一一年生まれ、一九三八年告白教会牧師、一九四五年以降ベルリンで監督、一九六九―一九七六年ドイツ・プロテスタント教会外務省教会上級参事官、デトモルトで引退、二〇〇九年没。
（18）第5章で後述しているので参照のこと。
（19）個人の伝記、タイプライターによる複製。Berendts, Otto (1998): Aus 4 Jahrzehnten dieses Jahrhunderts: 1911-1949, Hiddesen, Juni 1998, 72-75.
（20）Berendts (1998), 77.
（21）Bethge (1967), 530.
（22）〔『ボンヘッファー全集』一四巻の〕編者オットー・ドゥトッス（一九一二―二〇〇〇）による注六の記述より。彼はフィンケンヴァルデ第五期生（一九三七年夏）である。
（23）第11参参照。
（24）Bethge (1967), 531.
（25）Berendts (1998), 77.

（26）Bethge (1967), 531.

（27）Ibid.

（28）Weizsäcker, Carl Friedrich von (1977): Gedanken eines Nichttheologen zur theologischen Entwicklung Dietrich Bonhoeffers, in: id.: *Der Garten des Menschlichen*, München/Wien: Hanser, 454-478 (Zitat 468). 第5章も参照のこと。

（29）Bethge (1967), 684.

（30）第1章も参照のこと。

（31）Bethge (1967), 698.

（32）一九三五年に外務大臣、一九三八年に辞任、再度一九四〇年にはウィンストン・チャーチルのイギリス戦時内閣で外務大臣および陸軍大臣を歴任。

（33）これによって彼は友人に、互いに約束したものの、黙想を毎日は行っていないことを告白した。

（34）レナーテ、つまりディートリヒの長姉ウルズラとその夫リューディガー・シュライヒャーの娘は、エーバーハルト・ベートゲと一九四三年五月一五日に結婚していた。

（35）一九四四年一月二七日（8, 301 Note 7）。

（36）一九四四年二月一五日他（8, 342 Note 2）。

（37）一九四四年三月六日他（8, 355 Note 19）。

（38）一九四四年五月三日および四日（8, 414 Note 5）。

（39）一九四四年四月三〇日付の書簡。

（40）一九四四年五月二四日付の書簡。

（41）一九四四年六月二日付の書簡。

（42）Berendts (1998), 89f.

(43) 一九四四年三月二七日付の書簡。

第5章　ボンヘッファーの『服従』におけるイエスの山上の説教

ボンヘッファーが『服従』（*Nachfolge*）を手がけたのは、一九三五年の春からフィンケンヴァルデ牧師研修所で半年コースを五期にわたって実施した時である。そこで彼は告白教会の牧師候補生たちと共に新約聖書のテキスト、より詳しく言えば、イエスの服従への呼びかけに関する福音書テキストと、これに対応する新約聖書の他のテキストの解釈を行っていた。この本の中心は山上の説教の解釈である。アルブレヒト・シェーンヘルやエーバーハルト・ベートゲといった牧師候補生たちは、それをフィンケンヴァルデの教えの中心として理解していた。突如として、彼らは自分が将来担うことになる説教や授業に必要な「画期的に新しい前提」を感じ取ったのである(1)。この書は一九三七年の待降節に出版された。その時フィンケンヴァルデ牧師研修所はすでに国家警察によって閉鎖されていた。

『服従』の新版がディートリヒ・ボンヘッファー全集の第四巻として出版されることになったとき、マルティン・クスケ牧師と私はこの本の編集を依頼された。クスケ牧師はドイツ民主共和国のメクレンブルク州テテロウの出身である。旧東独でボンヘッファーは非常に尊敬されていたため、彼を理由に旧東西ドイツ間の国境を越えることが可能だった。私たちは一九八八年にこの新版を完成させ、一九八九年にそれがドイツ全土で出版された。こうしてさらに新たな読者が、ボンヘッファーが山上の説教をどのように、つまり「どこまでも単純明快に」(13, 129)解釈しようとしたかを知ることができるようになった。[2]

一九三九年夏にアメリカに向かう「ブレーメン号」のデッキチェアに座ったディートリヒ・ボンヘッファーの写真が残っている。隣のデッキチェアには、別の乗客が腰掛けて読書をしている。[3]私は一九五五年に大西洋を横断したとき、小さな黒い本を手にして一方のデッキチェアに腰掛けていた。もう一方のデッキチェアにはドイツ系アメリカ人のユダヤ男性が座っていた。その隣人が「いったい何を読んでいるのですか」と尋ねた。「新約聖書です」と私は答えた。するとさらに彼は興奮気味に早口でこう言った。「その中に山上の説教は載っていますか」。

その後どんな会話をしたのか、もう覚えていない。彼が急に関心を示したことだけが記憶に残っている。おそらく彼にその小さな本を手渡し、どこを見れば山上の説教が載っているのか教えたように思う。新約聖書第一巻、マタイによる福音書の第五章から七章である。

この三つの章を締め括るのは、家を建てることの譬え話である。「わたしのこれらの言葉を聞いて行う者は、岩の上に、揺るがない土台の上に、自分の家を建てた賢い人に似ている。わたしのこれらの言葉を聞くだけで行わない者は、砂の上に家を建てた愚かな人に似ている。すると洪水が押し寄せてその家に襲い掛かると、倒れて、その倒れ方がひどかった」(マタイ七・二四―二七、ルカ六・四七―四九)。それが起こったのは、イエスがこれらの言葉を語り終えられた後であった――

言葉は途切れ、それから、「群衆はその教えに我を忘れた。彼らの律法学者のようにではなく、権威ある者としてお教えになったからである」（マタイ七・二八―二九）。

マタイによる福音書でイエスの山上の説教として伝えられていることは、人びとの心をかき乱す。「悪人に手向かってはならない」、「敵を愛しなさい」、「人を裁くな」（マタイ五・三九、四四、七・一）――それは無責任だ！　もし私たちが悪に立ち向かわず、おまけに敵を手助けし、自分なりに考えて判断しないならば、私たちはどうなってしまうのか。

〔ボンヘッファーの生誕七〇年にあたる〕一九七六年が近づくと、国際ボンヘッファー学会は彼の七〇歳の誕生日を祝うことを決めた。カール・フリードリヒ・フォン・ヴァイツゼッカーに記念講演を依頼した。彼は承諾してくださり、講演準備のためにボンヘッファーの著作に目を通された。『服従』の中で山上の説教の解釈が出てくると、彼はさらに曾祖父カール・ヴァイツゼッカーが記した解釈を入手して、それも勉強された。カール・フリードリヒ・フォン・ヴァイツゼッカーは一一歳の子どもの時に小型の新約聖書をプレゼントされ、山上の説教と出会ったという。彼は次のように記憶している。

山上の説教の真実性が私の心を射抜き、深く悩ませた。もしこれが真実であるなら、私の人生は間違っていたことになる。おそらく私たち全員の人生がそうなる。……そこに書かれていることは深く納得できた。殺すな、と命じられていることだ。「しかし、わたしは言っておく。兄弟に腹をたてる者は、誰でも裁きを受ける」……将校の家に生まれた私の母は……はっきりと私にこう分からせようとした。しかしながら兵士として祖国を――当時はまだ祖国と言っていた――守ることは、仲間を救うことなのだと。私は大きな葛藤に陥った。母と言い争いたくなかったからである。しかしそうした事態になった。私はあのとき、兵役は拒否せねばならないと、涙ながらに弁明した。確かに一つのテキストに対する子どもっぽい反応ではあった。しかしそのテキストは、なにしろ誰にでも遂行可能なことの枠を超え出ているのだから。……当時も、これまでのいずれかの時も、そして今も、このテキストが真実ではないという口実を選び出すことなど私にはできない。このテキストは明らかに真実である。(4)

ジュネーブの世界教会協議会で開催されたボンヘッファー生誕祭でヴァイツゼッカーはこう語った。

ボンヘッファーは教会神学の多勢とは異なり、福音の中心的なテキストを直接的な理解に基づいて解釈することを恐れなかった。彼は高い教養を身につけた知的な人物であったが、彼にとってより重要であったのは、真実を単純に見つめ、そして語り、それが拘束力を持つようになることである。このようにして、彼が聖書に到達するための突破口が開かれた……山上の説教の耐えがたいほど恵み深い単純さの中で。(5)

この突破は、一九三三年以前のある時に起こったことを、数年後にボンヘッファーは交友のあった神学者の女性に報告している。山上の説教によって、彼が少し前にはまだ「情熱的に闘っていた」はずの「キリスト教平和主義」が「突如として自明のことに思われた」という(14, 113)[6]。マタイによる福音書五章九節で「幸いなるかな、平和を実現する人びとは」と言われているのは、pacifici――「平和主義者」のことである。この手紙を受け取った女性にとって、ボンヘッファーのこうした発言は衝撃的であり――「極めて危険な考え」に思え、「大きな不安」を呼び起こした(4, 310)[7]。良心的兵役拒否は、伝統的に、キリスト教的な行動として可能であると考えられていなかっただけでなく、第三帝国でそれをすれば死刑が言い渡された。良心的兵役拒否者のヘルマン・シュテーアは一九四〇年に断頭台で処刑されている[8]。

マタイによる福音書五章三九節には、「悪人に手向かってはならない」とある。敵意に満ちた暴力に対して暴力的にではなく、むしろ知的な愛敵〔敵を愛しなさいというイエスの教え〕をもって応じるべきである。このことをボンヘッファーはインドでガンディーに学びたいと思っていた。ヒンドゥー教徒であるガンディーは、弁護士として南アフリカに暮らしていた折に、当地のインド人たちと交流する中で山上の説教と出会った。その後、彼は権利を奪う法律や外国の支配に対して非暴力の抵抗運動を組織した。〔ボンヘッファーの希望に応えて〕ガンディーは一九三四年一一月一日付の手紙でボンヘッファーを招待し、もっとも私が獄中にいなければの話ですがと付け加えた上で、インド北西部のアシュラム〔ヒンドゥー教の修行道場〕の一つで日々の生活を共にすることを承諾していた(13, 213f)。インドにボンヘッファーはやって来なかった。それどころか彼自身が一九四三年に投獄されてしまった。

「わたしのこれらの言葉を聞いて行う者は」、そう山上の説教の結びの部分で言われている（マタイ七・二四、ルカ六・四七）。山上の説教――それはイエスの言葉である。新約聖書の福音書を読むと、イエスの言葉が集められており、おそらく最初は口伝され、後に書き記されたのだろうと気づく。このイエスの語録集は、ギリシャ語でロゴスの複数形を表すロゴイ（logoi）にちなみ、神学ではローギエンクヴェレ（Logienquelle）〔独語の Logien（希 logoi）と Quelle（典拠）の複合語。日本で言う「Q資料」〕と呼ばれている。ロゴイは主の言葉、権威ある人物の発言内容である。そうした言葉に民衆は我を忘れる。一人の権力者、権威を持つ誰かが、前代未聞の発言をするからである（マタイ七・二八―二九）。

Q資料《ローギエンクヴェレ》の中には山上の説教の言葉に続けて一つの物語が置かれている。これはロゴイと共に伝えられた唯一の物語である。すなわち、カファルナウムの百人隊長の物語（マタイ八・五―一三、ルカ七・一―一〇、ヨハネ四・四六―五三）である。それは権威に満ちた言葉を聞き、行うことがどのように起こるかを伝えている。占領国ローマの百人隊長であるケントゥリオが、彼の僕《しもべ》（Knecht）が半身不随でひどく苦しんでいるのを案じて、イエスに癒して欲しいと懇願する。イエスは聞き入れ、病人のところに一緒に行くと告げる。すると百人隊長はこう答える。「それは身に過ぎた望みでしょう。わたしには部下がおります。わたしが一人に『行け』と言えば行きますし、『来い』と言えば来ます。また『これをしろ！』と言えばそのとおりにします。だから、ただ一言おっしゃって下さい。そうすれば、わたしの僕《しもべ》（Junge）は癒されます」。イエスはこれを聞いて感心し、従っていた人びとに言われた。「これほどの信仰を、わたしはイスラエルの中でさえ見たことがない」。そして百人隊長にこう言われた。「あなたが信じたとおりになるように」。ちょうどそのとき、僕《しもべ》の病は癒された。(9)

全権をもって命じられたことは現実に起こる。イエスが百人隊長に見て取られたこの期待は、ギリシャ語で pistis と呼ばれ、この語をルターは Glaube（信仰）というドイツ語に翻訳している。かつてボンヘッファーは彼のギリシャ語―ルタードイツ語〔標準ドイツ語〕新約聖書の中に出てくるこの訳語に取り消し線を引き、Treue（忠実）に訂正した。私は、以前からプラトンのギリシャ語を読んで、こう考えていた。信じることは、「知る冒険をすること」だと。百人隊長は知る冒険をしたのである。全権をもって命じられる言葉には行為がともなう。彼に、その言葉に、付き従うのである。(10)

命令するという出来事を表現するために、ボンヘッファーはたびたび「要請（Inanspruchnahme）」という言葉を用いているが、それはつまり、神のためにイエス・キリストによってなされる要請である（8. 504. 548）。その表現には「語りかけること（Ansprechen）」という響きが混じっている。ある人が語りかけられる――ある言葉がその人に向けられる――。そしてこのことを、語りかけつつ要請がなされること、喜ばしい関係を築くことであると、その人は感じることができるのである。

山上の説教の最後には、家を建てることについての譬え話の前に、「かの日」という言葉が出てくる。かの日には、大勢の者が自分自身のために要請し、「『主よ、わたしたちは御名によって預言し、悪霊を追い出し、奇跡をいろいろ行ったではありませんか』と言うであろう。そのとき、わたしはきっぱりとこう言おう。『わたしはあなたがたのことは全然知らない……！』」（マタイ七・二二―一二三)。

ボンヘッファーは、こうした「不法を働く者ども」を拒絶する言葉を、独自にこう解釈している。

最後に永劫の罰を下された者たちに対するイエスの応答がすべてを物語っている。「わたしはあなたがたのことは全然知らない」。これこそが、山上の説教の初めからこの終わりに至るまで保持されている秘義である。われわれがイエスに知られているかいないか、それだけが問われている。……これこそ、彼の永遠の言葉であり、永遠の呼びかけである。ここで山上の説教の最後と最初の言葉とが結びつく。最後の審判のイエスの言葉――それは服従への呼びかけにおいて、われわれに向けられている。服従において、この言葉以外の何ものにも寄りかからず、しがみつかず、他のすべてを手放す者は、この言葉によって最後の審判の間ずっと支えられるだろう。イエスの言葉はイエスの恵みなのである。(4, 189f)

ボンヘッファーは「全然……ない」という表現にはまるで注意を払わず、「知られて」ということだけに耳を傾けている。そしてこれを、パウロの愛の賛歌で言われている「……わたしが知られているように」(第一コリント一三・一二)の「知られて」と同じように聞いている。この聖書の一節について、彼はロンドンの教会で牧師をしていた一九三四年に次のように解釈している。

「わたしは、今は一部しか知らない。しかしそのときには、わたしが知られているように、わたしは知ることになる」――これが解決です。「わたしが知られているように」――これが理由です。なぜ自分だけが、そのように知ること、またそのように完全さを経験したいと望むことが許されるのか――それは、神によって、愛によって、知られているからなのです……。(11)(13, 398)

このように彼の留意点は、知られて－いる、呼び出されて－いる、愛によって、神によって、要請されて－いる、ということである。

山上の説教の最初の言葉は、ボンヘッファーの解釈によれば、山上の説教のこの最後の言葉とつながっている。その最初の言葉とは、ギリシャ語ではmakárioi、ラテン語訳ではbeati、ルタードイツ語ではselig〔天国の喜びにあずかっている〕である。「幸いなるかな……」(マタイ五・三)というう至福の教えで山上の説教は始まる。ボンヘッファーはマタイによる福音書五章八節の「幸いなるかな、心の清い人びとは、その人たちは神を見る」という言葉を、「心がイエス・キリストの像《ビルト》を映す鏡になった人は、神を見る」と言い換えて解釈している。この一文においてボンヘッファーは、その至福の教えと第二コリントの信徒への手紙三章一八節のパウロの言葉とを結びつけており、『服従』の最終章でこの言葉を引用している。

われわれは皆しかし、顔の覆いが取り除かれて、主の栄光そのものを自分の中に映し出すことによって、栄光から栄光へと主の似姿に形成し直されるのである。(4, 302f)

ここで「形成（Gestaltung）」というキーワードが登場しているが、この語を後にボンヘッファーが使用したのは、『服従』に続けて「『具体的なプロテスタント倫理』の叙述」（16, 410）に取り掛かった時である。[12] 一九四〇年に書かれた一つの原稿には「形成としての倫理学」（6, 62-90）という表題がつけられていた。

山上の説教において問題になっているのは、独自の倫理、つまり「言葉」〔御言葉〕に従順に耳を傾ける人間の振る舞いである（4, 51ff）。山上の説教に出てくる「言葉」は、「『わたしはあなたを知っている』ということに由来し、私を直ちに行動へと、服従へと向かわせるものであり、私がその上に家を建てることのできる岩なのである」（4, 191）。

フィンケンヴァルデの牧師候補生によるノートや報告には、彼らが、服従への呼びかけや山上の説教に関するボンヘッファーの解釈によって、過大な要求を突きつけられていると感じていることをほのめかすような記述は、何一つ見当たらない。逆に――彼らは魅了されていたのである。さらに、彼らにとってこうした高揚感は、ナチズムの第三帝国で有効な合法性からはみ出た不確実性の中にあっては、一つの強みとなった。普通の生活に慣れていた比較的若い人たちに関しては、『服従』という本は反発を感じさせたことだろう、と私は耳にした。マルティン・クスケのようにボンヘッファーの旧約聖書釈義に関する博士論文を執筆した人でさえ、[13] 躊躇しながらやっとの思いでこの新約聖書釈義に慣れたという。

ボンヘッファー自身がこの本の中で、熱狂的な心酔に対して警告を発している。行動を「自分自身の力や熱狂から起こすなら……服従と言えようか！」（4, 215）[14]。弟子として要請される栄光といった事柄は、細心の注意を払わずして語ってはならないと彼は自覚していた。ボンヘッファーの表現で言うと、「究極以前のもの」において「秘義保持の規律が守られて」いなければならない[15]。ボンヘッファーはエーバーハルト・ベートゲ宛てにテーゲル刑務所から一九四三年の待降節第二主日に手紙を書いている。

究極的な言葉を、究極以前の言葉の前に語ることはできないし、また許されない。『服従』では僕はこの考えをほのめかしただけで……その後も徹底して考え抜かなかった。これは今後やる必要がある。……その帰結は非常に広範囲に及ぶ。……とりわけ、まさに倫理にとっては。
（8, 226f）

ボンヘッファーの獄中書簡がベートゲによって一九五一年に出版されると、元フィンケンヴァルデ研修所のメンバーたちは、「何度も不安になった」（4, 327）という[16]。『服従』に感銘を受けた人たちを心配させ、しかしまた少し安心させるのは、とりわけ一九四四年七月二一日にベートゲに宛てた手紙の中で『服従』に関して述べられた次の文である。「今日《こんにち》、僕はこの本にさまざまな危険を見ているよ、はっきりと。もっとも、今でもこの本に対して責任を持つけれど」（8, 542）。ボンヘッファーは彼の山上の説教の解釈に影響を受けることをいさめはしない。しかし――慎重に！危険もある。

私はボンヘッファーの解釈を選り抜きつつ、後ろから前へとたどり、マタイによる福音書の七章から始めて、六章、五章と順に見ていくことにする。

ボンヘッファーは第七章に「弟子の群れ《ユンガーゲマインデ》の選別」という表題をつけた。第一節から一二節に、一九三六年秋までは「隣人に至る正しい道」(4, 176) という見出しがつけられていた[17]。人から人に至ることが唯一可能な道は、「キリストを通して至る」(4, 91) 道である。それゆえに、「人を裁くな」(一節) と言われている。服従する者は、

イエスご自身が、その人のもとにやって来られる者としてのみ、他者と出会うことができる。……もし弟子たちが裁くのであれば、それによって彼らは善悪の基準を打ち立てることになる。イエス・キリストはしかし、私が他者に適用することができるような基準ではない。(4, 178)

六節「あなたがたは神聖なものを犬に与えてはならず、また、真珠を豚に投げてはならない。それを足で踏みにじり、向き直ってあなたがたにかみついてくるだろう」。ボンヘッファーはこの節を、「秘義保持の規律《アルカーンディスツィプリーン》」[18]というキーワードで捉えている。キリスト教信仰の秘義が「冒瀆・世俗化《プロファニールング》から守られる」(8, 415) ために、規律のある接し方が必要である。用心せよ——不注意な者は、真珠をたやすく踏みにじってしまうか、それを誤解して憤慨する。彼らは「言葉」を理解したと思っても、それを「理念」と取り違え、おそらくそういう時に限って危険な存在になる。

理念が求めるのは狂信者であり、その人たちは抵抗することを露も知らず、気に留めもしない。……神の言葉はしかし、あまりにも弱いため、人びとに軽んじられ、はねつけられてしまう。(4, 180)[19]

「言葉」が要求するのは貫徹する狂信者ではない。証人を呼び求める。証人たちは、この御言葉と共にあるのだが、一つの理念を宣伝する者よりは弱いのである。しかしこの弱さにおいてこそ、彼らは狂信者が抱く病的な不安から解放されている。彼らは喜んで御言葉と苦しみを共にする。(4, 181)

「言葉」は敵意にさらされ、服従する者はそれと共に苦しむのである。

一九三七年に『服従』の印刷準備を完了したとき、どうやらボンヘッファーは、こうして苦しんでいる人たちの中には告白教会のメンバーも含まれるだろうと考えたようだ。導入章「高価な恵み」の終わりに彼はこう書いている。

幸いなるかな、われわれが進もうとする道の終着点にすでに立ち、実に理解しがたいと思われること、すなわち恵みが高価であることを驚きつつ理解する人びとは……その人たちはそのような恵みを認識してこの世で生きることができ、ここで自分を見失うことがない……その人た

ちにとって、恵みとは服従にほかならない。(4, 42f)

告白教会の相当数の人が投獄されるという高い代償を払うことになった。ナチスに同調せず、「教会管理上および教会当局に関わる権限」を行使して、例えば、帝国教会省が禁じた献金の徴収を行ったからである。[20]

オーダー河畔のフランクフルトにある警察の刑務所から、告白教会牧師補のヴィリー・ブランデンブルクがボンヘッファーに次のような手紙を出している。

ヘブライ人への手紙に関する朝の黙想を通して、私は自分があなたと非常に近いということに気がつきました……。ヘブライ人への手紙一三章一二―一四節から、私は初めて聖金曜日〔キリストの受難の日を記念する復活祭直前の金曜日〕が何を意味するか、本当にわかったのです。イエスの辱め、それはわれわれの辱めでもあります。何がわれわれをいまだに――とりわけこのような時代に――宿営の外に出て主の御もとに赴き、主の辱めを身に負うことから遠ざけるのを許しているのでしょうか。……究極的なものの前では、何もかもがまるで取るに足らない、無意味で、希望なきものです。しかし、主キリストは！　それは命であり、それは祝福です。なぜならそれは罪の赦しだからです。このことを優れた神学者は知っていますが、このことを経験するのはそうした状況においてなのです。(14, 202)[21]

この手紙のコピーをボンヘッファーは刷り上がった第一〇回フィンケンヴァルデ回状に添付して、一九三六年七月二二日に元牧師候補生たちに送った。その手紙に関して彼は次のように書いている。「そのような状態から発せられる言葉の一つ一つがいかに重みを持つかは、まさに独特である」(14. 199)。

ナチス政権は、「『ドイツ福音主義教会』の保全(22)」にますます躍起になり、告白教会を排除しようとした。一九三七年だけでも元フィンケンヴァルデ研修所のメンバーのうち二七人が投獄され、ボンヘッファーは一二月二〇日の年次報告で検証を行い、「反キリスト教勢力の性急さを増す攻撃」(15. 14) について記している。一九三七年には〔『服従』の中の〕マタイによる福音書七章一節から一二節に別の見出しがつけられた。それはもはや「隣人」ではなく、むしろ対決している。すなわち、「弟子と信じない者たち」(4. 176) という見出しに変更されたのである。

しかし一九四四年三月九日、ボンヘッファー自身が投獄されてすでに一一カ月経ったとき、彼はエーバーハルト・ベートゲに宛てた手紙の中で、「苦しみ」について語る傾向について考えを巡らせていた。

　ひょっとすると僕《ぼく》たちはこの点で、そもそもいろんなことを重大かつ厳粛に受け止め過ぎていたのかもしれない。……「教会が苦しむ」のと、その僕《しもべ》の一人の身にあれこれ降りかかるのとでは、何といっても大きな違いがある。ここで、幾つかの修正が必要になる。いや正直なところ、僕《ぼく》は時々、ほとんど恥ずかしくなるんだ。どれほど僕《ぼく》たちが自分自身の苦しみにつ

いて語ってきたかを考えるとね。(8, 356f)

ボンヘッファー〔の『服従』〕において、マタイによる福音書六章には、「キリスト教的生活の秘匿性について」(4, 150)という見出しがつけられている。「見てもらおうとして、人の前であなたがたの正義《ゲレヒティヒカイト》を行わないように注意しなさい」(一節)、「右の手のすることを左の手に知らせてはならない」(三節)、「隠れたことを見ておられる父が、あなたに報いてくださる」(四、六、一八節)。その韻を踏むようにくりかえされる「……隠れたことを見ておられる父が……」という節の中ほどに、山上の説教で祈りについて語られた部分がある。ボンヘッファーの解釈によれば、「祈りとは、まさしく隠されたものである……示威的でない行いの最たるものである」(4, 158)。しかし、次のようにも述べている。

私は自分の小さな部屋の中でも、自分自身に対して立派な示威行為をやってみせることができる。……私が自分に対して求める公開性は、私が祈る者であると同時に、聞く者であるということにその本質がある。私は自分自身の声に耳を傾け、自分自身の声を聞き入れる。……どうすれば私自身から、私の反省から、私を守ればよいのだろうか。(4, 158f)

エーバーハルト・ベートゲは、どのようにディートリヒ・ボンヘッファーが「反省という、彼が少なからず有能であった行為を」、気を滅入らせる誘惑・試練《アンフェヒトゥング》として体験したのか注意深く見守り、

「……知性が信仰に対して邪悪な優位性を獲得した」[23]と述べている。ボンヘッファーは次のように記している。

どうすれば私は、私が反省することによって反省を殺すことができるのか。答えはこうである。私の祈りによってどうにかして自分を押し通そうとする私自身の意志は死ななければならない、殺されなければならない。私の中でイエスの意志だけが支配するところ、……すなわち服従において私の意志は死ぬ。そうすれば、私が求める前に、すでに私に必要なものをご存知の方の意志が行われますようにと、私は祈ることができる。そうすれば、祈ることは、実際にまた、願うこととなる。子どもは自分が知っている父に願いごとをする。(4, 159)

正しい祈りとは、業《わざ》でも、修行でも、敬虔な態度でもなく、父の心に向けて発する子どもの願いである。(4, 158)

ボンヘッファーは山上の説教の最初と中間の章との対比を強調している。マタイによる福音書六章は、服従における生活を隠匿するように教え、マタイによる福音書五章は、服従する者たちの共同体の可視性について語っている。「あなたがたは地の塩である。……あなたがたは世の光である。山の上にある町は、隠れることができない。……そのように、あなたがたの光を人びとの前に輝かせなさい」(マタイ五・一三、一四、一六)。人目を引くもの、普通を凌駕するものがこの地上における現実なのである。ボンヘッファーはマタイによる福音書五章に、「キリスト教的生活の『特異なもの』について」(4.99)という見出しをつけている。

「あなたがたも聞いているとおり、昔の人は『……』と言われている。しかし、わたしは言っておく[24]……」。この導入の言葉は、ボンヘッファーの理解によれば、反対命題《アンティテーゼ》、つまり旧約聖書の律法に対する反論ではない。ボンヘッファーは、二〇節の「あなたがたの義が律法学者やファリサイ派の人びとの義にまさっていなければ」という言葉を次のように解釈している。

> 律法は、旧約の律法であり、一つの新しい律法ではなく、唯一の、古き律法である……。キリストが彼に服従する者たちをこの律法に結びつけ給うことによってのみ、この律法は新しい戒めになるのである。したがって問題になっているのは、「より優れた律法」ではない……。しかし、「より優れた義」の問題ではある。より優れた義の条件とは、キリストの招きであり、キリストご自身である。(4.117)

この「より優れた《ベッサー》」という表現には、ギリシャ語のperissónという言葉が潜んでいる。このギリシャ語を、ボンヘッファーは„Außerordentliches“(並外れたこと)、ルターは„Sonderliches“(格別なこと)というドイツ語を用いて翻訳している。

三八節「あなたがたも聞いているとおり、『目には目を、歯には歯を』と言われている」。イスラエルの民の法〔ハムラビ法典〕には、報復は均衡が回復する同程度までに限られることが定められていた。三九節「しかし、わたしは言っておく。悪人に手向かってはならない」。これについて、ボンヘッファーは次のように述べている。

正当な報復によって、不正は取り除かれるべきである……。そうした正当な報復とは、イエスの言葉によれば、悪人に手向かわないことによってのみ成立するものである。(4, 135)

しかし、注意が必要である。

もしわれわれが、これらの文を一般的な倫理プログラムとして理解する必要があるとしたら、イエスが彼に服従する者たちに語られたことは、実際には、すべてが純然たる狂信に過ぎないことになる……。それは、実際には、世界が決して従わないような法規範について無責任に夢想するだけとなる。……しかしここで語っておられるのは一介のプログラム作成者ではない。ここでは、十字架上でご自身が悪によって打ち負かされた方、またこの敗北から克服者かつ勝利者となって立ち現れた方が、苦しみによって悪に打ち勝つことについて語っておられるのである。(4, 138f)

四四節「しかし、わたしは言っておく。敵を愛し、あなたがたを呪う者を祝福し、憎む者に親切をほどこし、侮り、迫害する者のために祈りなさい。天におられるあなたがたの父の子となるためである」。四七節「自分の兄弟にだけ挨拶したところで、どんな優れたことをしたことになろうか」。四八節「だから、天の父が完全であられるように、あなたがたも完全な者となりなさい」。ボンヘッファーは、「完全な《フォルコメン》」という言葉をギリシャ語の téleios から理解しており、これを dípsychos（内的に分裂した《ツヴィーシュペルティヒ》[25]）という語と区別した上で、「一つの目標に向かって行きなさい」と述べたという[26]。敵か味方かによって二通りの行動があってはならない。「分け隔てのない愛において」（4, 149）、完全でありなさい、と。

ボンヘッファーはマタイによる福音書五章四三―四八節を取り上げた部分に、「敵――『特異なもの』」という見出しをつけた。ここでボンヘッファーは長い引用文を挿入している。この引用文は一枚の紙にタイプしてあった。それがコピーされ、一九三七年八月二六日の第二三回フィンケンヴァルデ回状に添付された。この回状の中で『服従』の印刷準備が整ったことが報告された。一九三七年の待降節第一主日にエーバーハルト・ベートゲは、ボンヘッファーから刷り上がったばかりの本を一冊受け取った。そのベートゲの本には、〔その引用文のコピーの〕原本として使用された紙が挟んであった。〔そこに書かれていたのは、〕ヘッセンの神学者、アウグスト・フリードリヒ・クリスティアン・フィルマーのエッセイ「憎悪と愛」の一部である[27]。このエッセイが書かれたのは一八五〇年、つまり、一八四八年五月にフランクフルトのパウロ教会に招集された国民議会が一八四九年六月に武力解散された後である。このフィルマーのテキストは、来るべき「一般的なキリスト教徒迫害（allgemeine Christenverfolgung）」（4, 145）によって待ち受ける苦難について語っている。

ディートリヒ・ボンヘッファー全集第四巻として『服従』を出版するにあたって、私はベートゲが所持していた〔その引用文の〕原本を手に取って、次のように書かれているのを読んだ。

隣人愛と非報復を願う祈り（Gebete）は、われわれが直面している神の戦いにおいて……とりわけ顕著になるであろう。そこでは、一方では憎しみが、他方では愛が戦っている。すべてのキリスト者の魂は、この戦いのために真剣にそなえることが非常に必要である。

このように、そのテキストは一九八九年に〔全集第四巻の『服従』の中に〕印刷され〔4, 145〕、また二〇〇一年にはディートリヒ・ボンヘッファー全集の英語版にも収録されたのである――戒め（Gebote）から祈り（Gebete）に修正されて。ボンヘッファーの『創造と堕落』（*Schöpfung und Fall*）の英語版で翻訳に携わった南アフリカの神学者ダグラス・バックスは、論理的に考えれば一九三七年の初版と同様に戒め（Gebote）と読むべきでしょう、と後にコメントしている。

当時のタイプライターでoとeが重ねて打たれると、たとえそのoがタイプミスの訂正であったとしても、まだeの真ん中の線が見えてしまう。だがしかし、「祈り」という言葉の選択は、ボンヘッファーが後にテーゲルに拘留されたとき、「あなたがたの敵を愛しなさい」（マタイ五・四四）という山上の説教の言葉について述べることを先取りしているのではないだろうか。

ボンヘッファーがベルリン・テーゲル国防軍未決監から検閲を通過させて密かに持ち出してもらうことができたエーバーハルト・ベートゲ宛ての最初の手紙の中で、彼は一九四三年一一月一八日に、「旧約聖書を二回半読み、多くのことを学んだ」(8, 188)と報告している。そして一九四三年の待降節第二主日にあたる一二月五日には次のように書いている。

ところで僕は、いかに自分が旧約聖書的に考えたり感じたりしているか、しだいに気づくようになった。それにこの数カ月間、実際に、新約聖書よりも旧約聖書の方をずっと多く読んだ。

その後に旧約聖書で学んだいろんな例が続き、最後にこう書かれている。

……ご自分の敵に対する神の怒りと報復がさまざまな現実として効力を持ち続ける場合にのみ、赦しや敵を愛するということに関して何かがわれわれの心にふれることができる。あまりにも性急かつ一直線に、新約聖書的に考えたり感じようとしたりする人は、僕が思うに、キリスト者ではない。このことについて僕たちはもう幾度となく話してきたが、日々僕はそれが正しいことを確信させられている。究極的な言葉を、究極以前の言葉の前に語ることはできないし、また許されない。われわれは究極以前のものの中で生き、そして究極的なものを信じているる。そう思わないか。ルター主義者(いわゆる!)や敬虔主義者ならこうした考えに鳥肌が立つだろうが、だからこそ、それは正しいのだ。(8, 226)

敵への愛――に関して、「何かがわれわれの心にふれる」ことができる。敵への愛とは、人間的に遂行するといった服従を意味しない。むしろ、聞き、従うことができるように願うことであり、「この世を超えて存在し」、「この世のために存在する」(8, 415)[28] ことを望むものから一つの贈り物を受け取ることである。ボンヘッファーは『服従』を書いたとき、すでにこのことがわかっていた。獄中でこの書を顧みて、自分がまだそれを実行に移せていないことに気づいた。本の中でも（8, 226)[29]、生活においても（8, 542)[30]。しかし彼には、マタイによる福音書七章一―二節の教え――人を裁くな！　あなたがたの裁きの正義を、わがもの顔に振り回してはならない――が自己判断というものにも当てはまることは明らかであった。「最後の審判」は「自己審判《ゼルブストゲリヒト》」によって先取りされてはならない。それは「イエスの手」(6, 322) から受け取るものである。

マタイによる福音書七章一四節――「……命に通じる門は狭い」――の解釈において、ボンヘッファーは次のようにまとめている。

> 服従する者の道は狭い。たとえすでに歩んだことのある道でも、簡単に通り過ぎ、簡単に見逃し、簡単に見失ってしまう。見つけるのは難しい。この道は実に狭く、両側に転落する脅威にさらされている。特異なことへと呼び出され、それを行うが、しかしそれがなされるのを見ることもなければ、知ることもない。
>
> ――それは狭い道である。
>
> イエスの真理を証しし、告白しつつ、しかもこの真理の敵、イエスとわれわれの敵を、イエス・キリストの無条件の愛で愛する。

——それは狭い道である。

服従するものは、地上の国を受け継ぐというイエスの約束を信じ、しかも敵に無防備に接し、不正を行うよりも、むしろ不正に苦しむことを望む。

——それは狭い道である。

他者が自らの弱さの中に、不正の中にいるのを見て取れば、その人を決して裁かず、福音を伝えねばならないが、決して真珠を豚の前に投げたりしない。

——それは狭い道である。

それは耐え難い道である。常に背徳に陥る脅威がつきまとう。私がこの道を進むように命じられた道と認識し、自分自身を恐れながら歩むあいだは、それは実際には、不可能な道である。しかし、もしイエス・キリストが一歩一歩、先に立って行かれるのを見るなら、もし彼だけを見つめ、一歩一歩、彼に従って行くなら、私はこの途上で守られるのである。(4, 184f)

注

（1） Bethge, Eberhard (1967): *Dietrich Bonhoeffer, Theologe-Christ-Zeitgenosse. Eine Biographie*, München: Chr. Kaiser, 515.
（2） ボンヘッファーがロンドンからエルヴィン・ズッツに宛てた一九三四年四月二八日付の手紙。
（3） Bethge, Eberhard/Bethge, Renate/Gremmels, Christian (Hrsg.) (1986): *Dietrich Bonhoeffer - Bilder aus seinem Leben*, München: Kaiser, 175.

（4）Weizsäcker, Carl Friedrich von (1977): *Der Garten des Menschlichen*, München/Wien: Hanser, 554, cf.488f.
（5）Ibid., 467f.
（6）一九三六年一月二七日、エリーザベト・ツィンへの書簡、第9章参照。
（7）編集後記、エリーザベト・ボルンカム（旧姓ツィン）が一九八三年に書いた手紙。
（8）Bethge (1967), 495.
（9）ヨハネによる福音書では、主人がJunge〔「少年」や「息子」を意味するドイツ語〕と呼んでいた僕がカファルナウムの百人隊長の息子になっている。小さな誤解である。この物語はヨハネの言葉で書き直される以前からずっと語り継がれてきたものである。
（10）プラトンの対話篇『国家』における線分の譬え（509d-511c）および第3章を参照のこと。
（11）一九三四年一〇月二八日、第一コリント一三・八－一二に関する説教。
（12）テーゲル収容所で一九四三年夏に書き留められたもの。第9章も参照のこと。
（13）Kuske, Martin (1970): *Das Alte Testament als Buch von Christus - Dietrich Bonhoeffers Wertung und Auslegung des Alten Testaments*, [Ost-] Berlin 1970, Göttingen 1971. クスケは一九四〇年生まれ、一九九五年逝去。
（14）「熱狂（Schwärmerei）」はボンヘッファー自身による『服従』の事項索引のキーワードの一つである（4, 386）。
（15）「秘義保持の規律（Arkandisziplin）」という表現は、例えば一九三六年二月五日のフィンケンヴァルデのカテケーシス講義（14, 549f）、マタイによる福音書七章六節への言及（14, 550）で用いられている。「究極的なものと究極以前のもの（die letzten und die vorletzten Dinge）」は、『倫理』の中の一九四〇年一一月から一二月にかけて書かれた章の表題である（6, 137-162）。

（16）編者後書き、ハインツ・フライッシュハックからの一九八三年三月一一日付書簡。
（17）編者注一。
（18）一九四四年五月五日付ベートゲ宛て書簡。
（19）（宗教的な）「理念」というのは、「神にはご自分の敵が我慢ならない」といった形のものだろう。
（20）Bethge (1967), 565. 第1章も参照のこと。
（21）第4章参照。日々の聖書黙想に用いられたテキストは、フィンケンヴァルデによって提案されていた。ヘブライ人への手紙一三章一二節および一三節にはこう記されている。イエスは「門の外で苦難を受けられたのです。ですから、わたしたちも、イエスの受けられた辱めを身に負い、宿営の外に出て、その御もとに赴こうではありませんか」。
（22）一九三五年九月二四日に出された法律。次を参照のこと。Bethge (1967), 483f.
（23）Bethge (1967), 574. 第2章も参照のこと。
（24）マタイによる福音書五章二一—二二節、二七—二八節、三一—三二節、三三—三四節、三八—三九節、四三—四四節。
（25）ヤコブの手紙一章八節の「二心（ふたごころ）ある人」(6, 321）で用いられるこのギリシャ語は、ボンヘッファーの独語・希語新約聖書に下線が引かれている。
（26）フィンケンヴァルデ研修（一九三六—三七年）でエーリヒ・クラップロートは次のようにノートを取っている。「dipsychos（内的に分裂した）... téleios（完全な）——『目標』に邁進、二つの目標にではなく、一つの目標に向かって」(14, 614)。
（27）Vilmar, August Friedrich Christian, *Zur neuesten Culturgeschichte Deutschlands, zerstreute Blätter*, vol.1: Politisches und Sociales, Frankfurt am Main/Erlangen, 1858, 353f, 357f.
（28）一九四四年五月五日付ベートゲ宛て書簡。

(29)　一九四三年一二月五日付ベートゲ宛て書簡。

(30)　一九四四年七月二一日付ベートゲ宛て書簡。

第6章　ボンヘッファーとテモテ

使徒パウロとディートリヒ・ボンヘッファーの思想と認識を携えて旅に出よう。

リストラ……フリギア……ガラテヤ……ミシア……トロアス……エフェソ(1)――これらは、イエスが公活動の時期に伝道者としてガリラヤとユダヤを巡られたのと同様に、パウロが伝道者として旅した小アジアの都市や地域である。そしてイエスに共に旅する同伴者がいたように、パウロにも旅の同伴者がいた。その一人を彼はリストラの町で見つけた。テモテである。父はギリシャ人だが、母と祖母の教育によってユダヤ的敬虔を身につけた。トロアスの港から、パウロとシラス、そしておそらくはテモテも、エーゲ海を渡ってマケドニアに向かった。彼らの働きによって、マケドニアの都市フィリピとテサロニケに、またさらに南のギリシャではコリントに教会が設立された。旅を先に進めていたとき、パウロはテモテを遣わして、その設立された教会を見に行かせた。このことは、パウロの筆によるテサロニケの信徒への手紙や、コリントの信徒への手紙、フィリピの信徒への手紙に記されている。

テモテが教会を訪れるために旅立つ様子をモチーフとしたレリーフが、芸術家のインゲボルク・

シュタインオートによって作成され、ハノーファーのテモテ教会の扉の上に飾られている。パウロが旅用の杖を手にした青年テモテを送り出す場面である。もしこの芸術家が、テモテ自身に宛てられた二つの手紙の内容に即して彫っていたら、杖を手にしていたのはパウロのほうだったろうし、テモテはすでに四〇歳だから、それほど若くはなかったと思う――それに、悲しげな様子だったことだろう。テモテへの手紙で想い起こされるのは、テモテが派遣されることではなく、むしろエフェソの町にとどまることである。テモテへの最初の手紙には、「わたしがマケドニアに出発するときに頼んでおいたように、あなたはエフェソにとどまるように」（第一テモテへの手紙一章三節）と書かれており、二通目の手紙には、テモテはエフェソでパウロと別れねばならなかったとき、目に涙を浮かべていたと伝えられている（第二テモテへの手紙一章四節）。

ブレスラウ……テュービンゲン……バルセロナ……ニューヨーク……ロンドン……フィンケンヴァルデ……ベルリン――これらはディートリヒ・ボンヘッファーが生きた場所である。一九〇六年、ブレスラウに生まれる。一九二三年の夏から二学期間、テュービンゲン大学に通う。特に彼が関心を寄せたのは、スイス人のアードルフ・シュラッターによる新約聖書講義だった。シュラッターは強いシュヴィーツ訛りで話したが、ボンヘッファーにはよく理解できたようだ。ボンヘッファーがテュービンゲンで学び始めた一九二三年に出版されたシュラッターの著書の中で、テモテへの手紙を使徒の名前で書いたのはパウロ自身ではなく、パウロの後継者の一人であっただろう、というテーゼについて考察が行われている。シュラッターの考えでは、このテーゼを証明するものはいくつかあると思われるが、やはり「手紙の持つ力」が、使徒パウロ自身によって書かれた印象を与えるという。(2) ボンヘッファーはシュテッティン近郊のフィンケンヴァルデ〔牧師研修所〕で一九三六―三七年に告白教会の牧師候補生たちのためにテモテへの手紙を解釈したとき、この手紙の作者がパウロかどうかという問題については、一顧だにしなかった。

バルセロナでは、ボンヘッファーは一九二八年から二九年にかけて在外ドイツ人教会（deutsche Auslandsgemeinde）の牧師補を務めた。ロンドンでは、一九三三年秋から一九三五年春まで二つの海外在留ドイツ人教会（auslandsdeutsche Gemeinde）で牧師として任務にあたった。ニューヨークのユニオン神学校では、一九三〇年から三一年に奨学生として一学年留学し、さらに一九三九年にニューヨークで一カ月過ごしている。最も長く暮らしたベルリンでは、生徒、学生、私講師、そして最後に一九四三年四月以降は囚人として生きた。

ハノーファーのテモテ教会は、一九五四年に建設された。この教会にテモテという名前を選択したのは誰なのだろうか――すぐれた説教者かつ文学者だったハンス・ユルゲン・バーデン牧師だろうか。そもそも、私たちの教会以外にこの名前のついた教会は存在するのだろうか。いくつかあったしても、おそらくごく少数だろう。二〇〇四年に開催された教会創立五〇周年記念式典で述べられた挨拶の言葉が記念誌に掲載されている。それによると、教会の守護聖人は非常に重要な人物であるべきだという前提があったようである。この挨拶でテモテは、「使徒パウロの最も重要で有能な協力者」、「エフェソの監督《ビッショフ》」、また「拷問を受けた」際に「天使に慰められ、天が開いている」という「幻」を見て亡くなった人物として語られている。その「幻」について、ルカは使徒言行録の中で、テモテではなく助祭のステファノが見たものとして伝えている。ステファノが律法を冒瀆した罪で石打の刑に処せられたとき、「天が開いて、人の子が神の右に立っておられる」のを見た。「そして証人たちは、自分の着ている物を脱いでサウロという若者の足もとに置いた。……しかしサウロは、ステファノの殺害に賛成していた」（使徒言行録七・五六―五八、八・一）。テモテはエフェソの「監督《ビッショフ》」であった。しかしepiscopos〔ここで「監督」にあたるギリシャ語〕という言葉は、新約聖書においては〔ドイツ語の〕„Presbyter"、つまり長老や教会指導者という言葉と同じ職務を表している。このことをボンヘッファーは、牧師候補生を養成するとき、まさに自分の現在を見据えつつはっきりと強調していた。

「今日よく耳にする『監督像』を求める願望は……多くの場合、人間を賛美したいという、霊的に病んだ欲求から生じている……。新約聖書自身の監督に関する記述〔第一テモテへの手紙三・一―七〕ほど、そうした願望と鋭く対立するものはない。……監督は、素朴で、信仰と生活において健全な人であり、教会への奉仕を忠実に果たす」（5, 91）。「それは、力と愛と思慮深さをそなえた霊《ガイスト》を持つ者であり、人びとの賞賛を自分に引き寄せるといった危険に陥る者ではない」（14, 963）。

テモテは、もっと自分に自信を持っている人からすれば、取るに足らない、見下されかねない人物だったようである。パウロは、コリントの信徒たちにテモテの来訪について知らせるとき、こう書いている。「だれも彼をないがしろにしてはなりません！」（第一コリント一六・一一）。

ボンヘッファーは、しかも繰り返し「エレミヤ書第四五章」を開いている。この章では〔エレミヤの預言を筆記した〕書記のバルクがたしなめられているが、この部分をボンヘッファーは、一九四三年と翌年にテーゲル刑務所で書いた手紙の中で四回引用している。(3)〔四節〕「主はこう言われる。見よ、わたしが建てたものを破壊し、わたしが植えたものを引き抜く。このわたしの全地をこのようにする」。〔五節〕「また、何か大きなことをあなたは自分のために求めているのか。求めてはならない！」(4)。はっきりと彼は、重要な人物、偉大な人物、著名な人物、また「いわゆる司祭的な人物」(5)であっても、こうした者になりたいと望むのは人間的によいことではないと気づいていた。そしてまた、ボンヘッファーの友人エーバーハルト・ベートゲがボンヘッファーの書いたテキストを一九四九年以降出版したのも、それによって特筆すべき重要人物に世間の関心を集めようとしたわけではない。ただ、ボンヘッファーから学ぶべき思想や認識を伝えたいと思ったのである。

一九三五年の春以降、ボンヘッファーは告白教会の指導部、すなわち兄弟評議会《ブルーダーラート》の神学者の養成にあたった。この養成はナチスに「非合法」と見なされ、一九三五年一二月から禁止されていた(6)。禁令が出されても、ベルリンの兄弟評議会は、半年間のコースごとに最大二四人の〔牧師〕候補生をボンヘッファーが長を務める牧師研修所に送った。ボンヘッファーは、この半年コースの修了生を毎年、ふたたびフィンケンヴァルデに呼び集め、四、五日間の休暇研修会《フライツァイト》を実施した。一九三六年一〇月と一九三七年四月および六月初旬の休暇研修会では、「神の家に奉仕するテモテ」と題する聖書研究を行った。一九三六―三七年冬期コースと一九三七年夏期コースの参加者は、その聖書研究を一緒に聞いた。

ディートリヒ・ボンヘッファー全集第一四巻、この一二五三頁の大著は、一九三五年から一九三七年にフィンケンヴァルデで実施された非合法の神学者養成から生み出されたテキストを収録している。この巻の編集で牧会神学のテキストを担当したのはユルゲン・ヘンキュスである(7)。彼は編者後書きで、「聖書研究」と「休暇研修会」について次のように説明している。

> 「聖書研究」という新しい表現を用いて、福音主義青年団の伝統が第一次世界大戦後に受け継がれ、フィンケンヴァルデの環境に適合された。青年団では「休暇研修会」、つまり合宿や施設でのキリスト者の交わり《ゲマインシャフト》でも、聖書研究の時間が確保されていた……それは朝に行われた。……協働の始めに置かれ、聖書のテキストのみとの関連において、……開かれた聖書に参加者が耳を傾けることによって、聖書研究は、講義に慣れている神学者の間でも、独自の輪郭を獲得した。(14, 1033)

テモテに関する聖書研究について、ヘンキュスはこう述べている。

> ボンヘッファーは牧会書簡をとても愛していたに違いない。その中に、純粋な教義や、健全な信仰、牧会の知恵に関して〔牧師〕候補生たちに伝えようとしたものすべてを、彼は見出したのである。(14, 1033f)

ボンヘッファーが書いた原稿は現存していない。しかしフィンケンヴァルデに集う人の多くがノートを取っていた。一つの速記録が全集第一四巻に印刷され、他の口述筆記録をもとに注釈が補足されている（14, 954-969）。そのテキストに沿って、以下にいくつか取り出してみよう。

パウロはテモテへの手紙の目的を、「あなたが神の家でどのように生活すべきかを知ってもらうこと」だと述べている。「神の家」とは教会であり、その中で正しく生活することがテモテの務めである。教会が存在するのは、「真理の光を燃え立たせることのできる土台」（第一テモテ三・一五）であるためである。真理――それは宣べ伝えることができるような教義ではなく、「秘義、神秘」であり、それは「敬虔さ《フレミヒカイト》」、「敬神の念《ゴットゼーリヒカイト》」、すなわち神への畏敬の念《エーアエアビートゥング》(8)のうちに保たれるものである。テモテは、この真理に照らして慎み深い生活を送るように促されている。「信仰に立ち、外に向けて刺激を与えないこと」、これで十分である。それゆえに、きらびやかな雄弁家や改革推進者ではない。「信仰に立ち、刺激しない！」。われわれは――そのようにエーバーハルト・ベートゲは当時フィンケンヴァルデでノートを取っている――最初はここに「牧師に必要な『極めて素朴な前提条件』」を見るが、もっと厳しいものを期待するようになるだろう。「だがパウロが言うには、それがすべてである！」。（14, 956-958）

「このテモテという人物は、使徒以外の何か特別な存在になりたいとは思っていなかった……。彼はパウロと共に使徒的な生活を送っていた」――「彼にはそれで十分であった」（14, 958）。しかし今、パウロは彼にエフェソに留まるように頼む。自分一人の足で立ち、小アジア最大の教会を担うよう任されたのである。彼はこの職務にふさわしい人物なのだろうか。パウロは彼を神の家に奉仕させるために、例えば「あなたの豊かな経験、あなたの成功を見なさい！」などと誤った励ましの言葉をかけはしないだろう。むしろこう言う。教会の中で預言の賜物を持つ人たちがあなたをこの任務に選んだのだ。イエス・キリストの使徒があなたに手を置き、あなたが職務を行うために聖霊の賜物が与えられるように祈った。あなたがこの職務に召されていることを確信するがよい、と。「『なぜなら神はわたしたちに臆病の霊をお与えにならず』――自分を役立たずと臆する霊も――『むしろ力と愛と規律《ツフト》』の霊をくださった〔第二テモテ一・七〕」(14, 960)。ルターの「規律」という言葉は、最近の改訂では「思慮分別《ベゾネンハイト》」に置き換えられているが、ボンヘッファーは「……思慮深い判断と正しい状況判断の霊、自分自身の安楽を放棄する霊」(15, 318) と説明している。

パウロはテモテを勇気づけるために、彼がその職務に召されていること、つまり彼の叙任を指し示した。按手による叙任は旧約聖書に起源がある。モーセはヨシュアに手を置いて共同体全体の前で職に任じる必要があった。なぜなら、「イスラエルの人びとの共同体全体を彼に従わせるためである」（民数記〔モーセ第四書〕二七・一八、二〇）。ヨシュアは「知恵の霊に満ちていた。モーセが彼の上に手を置いたからである」（申命記〔モーセ第五書〕三四・九）。ボンヘッファーが養成した神学者たちにとって、正しい秩序による召命――rite vocatus――は人生を決定づけるものだった (14, 112)[9]。告白教会で叙任されることは、第三帝国において「非合法」に牧師になることを意味する。聖職において将来に何の保証も、ましてや特権など存在しないことを意味した。しかしこれらの牧師たちは、「合法的」な帝国教会に干渉を行うナチスの体制に順応することを拒んだ。この道を進んだ若い神学者の半数以上が第二次世界大戦で亡くなった。目をつけられた彼らは戦時の兵役に召集され、危険な場所に配属された。

ボンヘッファーはパウロを引き合いに出してこれほど「叙任、すなわち按手の力」を強調しているのだが、にもかかわらず、次のように念を押している。

> 「任務のための」賜物は……私たちの中に安住しているわけではない。むしろ賜物は、言葉があなたに出会い、この使命に任じられたと、あなたに告げるところに存在する。だからそれは、状態ではなく、その語りかけの言葉であって、これがここですべてを行うのである。（14, 960f）

彼は司祭叙階によって一人の人間に「不滅の」刻印が与えられるというカトリックの教義――character indelebilis（不滅の刻印）――に対して距離を置いている。このことは獄中でも彼の心にかかっていた。一九四三年七月二日付の手紙の中で友人エーバーハルト・ベートゲに、「われわれは究極以前のものの中で生き、そして究極的なものを信じている。そうだと思わないか」と問いかけ、この文脈で「カトリックの問題」と「職務《アムト》の概念」（8, 226f）について言及している。

一九三七年九月二八日に国家警察がフィンケンヴァルデ牧師研修所を閉鎖し、牧師候補生の「非合法の」養成は終止符が打たれるはずであった。しかし、告白教会には知謀にたけた頭脳の持ち主がそろっていた。ボンヘッファーはヒンターポンメルンで「牧師補の集い」として教育を続けた。一九三八年の夏期コースでは、七人の候補生がケスリーンに、八人の候補生がグロース＝シュレンヴィッツに集まった。両グループの候補生たちと共に、ボンヘッファーは牧会書簡について演習を実施した。

ボンヘッファーの遺稿には、この演習用のオリジナル原稿が残されている。五六頁、横長、ほとんどが濃色のインクで書かれており、行間に鉛筆の書き込みがある。ディートリヒ・ボンヘッファー全集第一五巻『非合法の神学者養成――牧師補の集い 一九三七―一九四〇』の編者ディルク・シュルツは、ディートリヒ・ボンヘッファーの手書きは判読不可能な箇所があると打ち明けた。そこで、私は彼のために原稿を解読した。

ボンヘッファーはギリシャ語の原文から出発している。テモテは、エフェソで「何人かの者が異なる教えを説かないようにと」命じて、間違った教えが広まらないようにする必要があった。とりわけ律法は、「異なる」教えが説かれてはならない。ボンヘッファーは、パウロが第一テモテへの手紙の中で、十戒、すなわち旧約聖書の道徳律に依拠して悪徳を書き並べていることに（第一テモテ一・九―一〇）、注意深く目を向けている（15, 306）。彼は律法、すなわち「先祖からの伝承」（ガラテヤ一・一四）に熱心であった。その熱意ゆえに、ステファノが石打ちで刑死することに彼は賛成していた。なぜなら、彼にはステファノが律法を冒瀆しているように見えたからである。パウロは、サウロという名前の青年であった。彼は、旧約聖書の司法法に従って石打ちによる死刑を執行する者たちの衣服の番をしていた[10]。しかし彼に、キリストの迫害者であるその彼に、憐れみが与えられたとき、彼は認識したのである。律法は、律法にふさわしく用いるならば良いものであるが（第一テモテ一・八）、神の代わりになるものではない、と（4, 118）[11]。ボンヘッファーは、こう解釈している。

一つの教えが病むのは、律法を含まない時であるが、……律法が正義のさらに上位に立てられているときも、同様である。……健やかな教えは、神の自然の賜物を敬い、しかも創造主だけを崇めることを教え、病んだ教えは、自然的なものを否定する。健やかな教えは、疚《やま》しさのない良心を生み出し――病んだ教えは、良心に押された烙印から生じる。(15, 306)

あることを真実だと知りながら、故意に、思い上がって、意図的に、それに反する行いをし、自分の良心を火にかけ、「信仰を妨げる」ような「赦されない罪」を、そこでとろとろ煮溶かすのである(15, 314)。パウロは、感謝して自分自身についてこう述べている。「信じていない時に知らずに行ったことなので、憐れみを受けました。……しかし、わたしが憐れみを受けたのは、キリスト・イエスがまずそのわたしに限りない寛容をお示しになり、わたしが将来この方を信じる人びとの手本となるためでした」(第一テモテ一・一三、一六)。

さらに、パウロは祈りについて語っている。教会の祈りは、「すべての人のものであり、信心深い人が信仰のない人に、友が敵に、優先されるという特権はない」のだから、「権力をもつ」すべての人、あらゆる権威《オープリヒカイト》のものでもある(15, 310)。もし、権威者がその任務を正しく果たすならば、教会は「あらゆる限りの信心と品位をもって、平穏で落ち着いた生活を送る」(第一テモテ二・二)ことができる。教会は闘争の時代を求めてはいない。確かに、闘争の時代が祝福されることもありうる――すでに一九三八年には、教会闘争において「ドイツ教《ゲルマニスムス》かキリスト教か」(12. 118)[12]をかけて決然と戦ってきたことが振り返られた――しかし闘争の時代は同時に、戦いの熱気の中で、もはや尊敬に値するような、つまり、もはや品位のある振る舞いをしないという、そうした誘惑が大きくなる時代でもある(15. 311)。ボンヘッファーは、一九四一年一一月、戦争の最中に、元牧師候補生に宛てた手紙でこう引用している。

> ……世界の争いのただ中で、あらゆる限りの「信心と品位をもって、平穏で落ち着いた生活を送ること」は……神の奇跡である。(16. 226f)

私たちの救い主である神は、「すべての人びとが救われて真理を認識するようになることを望んでおられます」(第一テモテ二・四)。この節は、ルター訳聖書では文字が強調されている。これに関してボンヘッファーはこう述べている。「教会はすべての人に救いと真理の認識が与えられるように願っている。つまり、回心を「教会は願っている」」(15. 311f)。回心とは、ある人が回心して自分の宗教に対する自己理解が変わるといった、心の中の経過ではない。むしろ救い――例えば、誤った律法の解釈から救い出すこと――は、真理の認識へと解放する。真理とは、ボンヘッファーが一九三六―三七年の聖書研究で解釈したように、教えではなく、神の「秘義、神秘」(14. 956)である。サウロ青年は、自分の宗教に関する自己理解では、ユダヤ的に敬虔な一人の人間であった。「サウロがパウロに変わる」は一つの慣用句となった。ダマスコでの出来事について、私たちは、ユダヤ人のサウロがキリスト者のパウロへと回心し、キリスト教的に――宗教的な自己理解を身につけたと、考えがちである。しかし、ルカが使徒言行録（九・三―五）で語っているのは別のことである。天からの光、「サウル、サウル、なぜ、わたしを迫害するのか」という呼びかけ、「主よ、あなたはどなたですか」という問い、「わたしは、あなたが迫害しているイエスである」という答え。これこそが、ボンヘッファーの解釈によれば、回心である。すなわち、真理を知るための救いであり、復活した方がなされる要請なのである(13)。

ボンヘッファーは、次のように感じている。

> ほとんど奇異に感じる、パウロがテモテに……彼の個人的な生活に対して諸々の注意を与えているのは。もし、「自分のこととと教えに気を配りなさい……！」［第一テモテ四・一六］と言われたら、今日［一九三八年］の高位にある教会人だったら、どのように謝絶するだろうか。
> (14, 968)

前進するように、気を配りなさい――「役職にある者も、さらに成長せねばならない！」(15, 317)。パウロはその助けを、テモテが幼い日から親しんできた聖書に求めるように勧めている（第二テモテ三・一五）。もちろんこれはキリスト教の聖書のことではなく――それが閲覧に供されることは皆無か、ほとんどなかった――、旧約聖書、つまりヘブライ語聖書のことである。祖母ロイスと母エウニケはテモテを信仰に基づいて育てたが、彼女たちが「キリスト者であったとは言われていない」ことを、ボンヘッファーはとりわけ強調している(15, 317)。「信じている者にとって救いとなるのは、旧約聖書である！」(15, 323)。これはユダヤ的に敬虔な人にとって、という意味だろう。パウロは、「先祖に倣い清い良心をもって仕えている神に感謝しています」(第二テモテ一・三)と言っている。彼は自分の人生を、ユダヤ人としての過去と結びついた統一体として捉えており、「そこに断絶と赦しが同時に組み込まれている」(15, 317)こと、つまり憐れみを見ている。その憐れみによって、パウロはキリスト・イエスの迫害者から使徒へ、イエス・キリストの真理の証人となったのである。ユダヤ的なものとキリスト教的なものは、断絶なくつながっている。

第一テモテへの手紙を書いていたとき、パウロは自由であるように見える。しかし第二テモテへの手紙で、パウロが囚われの身であることが明らかになる。パウロは犯罪者のように鎖につながれている。ダビデの子孫で、死者の中から復活されたイエス・キリストについて福音を宣べ伝えたからである。(第二テモテ二・九、八)。真理の道を踏み外した人たちは、復活はもう起こったと言っている(第二テモテ二・一八)。ボンヘッファーの「究極的なもの／究極以前のもの」[14]という一対の概念を用いれば、こう表現できる。これらの誤った教えを説く師たちは、究極的なものを究極以前のものの中に消滅させる。しかし、堅固な基礎は、土台を据えることは——旧約聖書において——、存在し続けている。「『神はご自分の者たちを知っておられる』……『わたしはあなたを知っている』」(15, 321)。このテモテへの手紙の言葉(第二テモテ二・一九)には、モーセ第四書(民数記)一六章五節の一部が引用されているが、異なった訳が付けられ、「主は、主に属する者を示され」となっている。〔上述の引用の後半の〕「わたしはあなたを知っている」という言葉は、ボンヘッファーが付け加えたものである。この言葉を、彼はフィンケンヴァルデでマタイによる福音書の七章二三節を解釈する際に用いていた。

これこそが、山上の説教の初めからこの終わりに至るまで保持されている秘義である。われわれがイエスに知られているかいないか、それだけが問われている。……その時になお残されているのは、「わたしはあなたを知っている」というイエスの言葉だけである。(4, 189f)

一九三四年にロンドンで行った説教で、彼は第一コリントの信徒への手紙一三章の最終節（一二節）に出てくる「知られている《エアカント》」という言葉を特に強調していた。

これが解決です。「わたしが知られているように」……もし彼「イエス」が私を知っておられなかったなら、私は彼を知ることができないでしょう。(13, 398)

第一コリントの信徒への手紙一三章は、ルター聖書では「愛の賛歌」と呼ばれており、つまりは、愛において「……知られている」のである。真理―秘義。「究極的なもの」。パウロは――そしてボンヘッファーも――その証人である。

第二テモテへの手紙の終わりごろにパウロは、自分はすでに生贄のように扱われている、と書いている。それは――旧約聖書の儀式律法に従って――祭壇に注がれるものである。[15] こうした生贄として献じられる状況に、彼はテモテを呼び寄せたのである。「急いで、わたしのところへ来てください」！（第二テモテ四・六、九）。テモテがやって来ることは、パウロにはわかっている。「急いで、冬になる前に来てください」（第二テモテ四・二一）。

アメリカの友人たちがボンヘッファーを一九三九年にドイツから救出しようとした。彼らはニューヨークに招待する手はずを整えた。彼はそれを受け入れた。大西洋を航行中、彼は日記をつけ始めた。それは必要不可欠な道だったのか、それとも逃避行であって、告白教会の兄弟たちやヒトラー政権に抗う共謀者たちを置き去りにしたのだろうか(16)。ニューヨークで一九三九年六月二六日に書いた手紙には、こう書かれている。

今日、偶然に第二テモテへの手紙四章に出てくる「冬になる前に来てください」という言葉を読んだ。――パウロがテモテに頼んだものだ。テモテが使徒の苦難を共にし、自分を恥じることがないように。……これを僕が自分に言われていることとして受け取ったとしても、聖書の乱用ではない。神がそのことをおゆるし下さるなら。(15, 234)

そして彼はニューヨークにわずか一カ月滞在しただけで帰国し、祖国と運命を共にした――最期の時まで。

ボンヘッファーは一九四五年四月九日、フロッセンビュルク強制収容所で絞首刑に処された。このパウロとボンヘッファーの思想と認識を携えた旅〔に見立てた講演〕にハノーファーのテモテ教会を招待して下さった〔主催者の〕インゲボルク・ヴォルスキーは、旅の訪問地リストにフロッセンビュルクを挙げていらっしゃらなかった。これは全くもって事柄に即している。使徒言行録も、パウロやテモテの死について何も語っていない。それほど重要ではない。重要なのは、彼らが証しする福音なのである。

注

(1) ルカの使徒言行録にはこう書かれている(一六・一、三、六、八。ルター訳、一九八四年改訂版)。パウロはリストラにやって来た。「そこにテモテという弟子がいた。彼は信者のユダヤ婦人の子で、ギリシア人を父親に持つ。……この男〔テモテ〕をパウロは一緒に連れて行きたいと思っていた……。しかし、彼らはフリギアとガラテヤ地方を通って……〔さらに〕ミシアを経て、トロアスに下った」。その後、マケドニアに向かい、フィリピとテサロニケに滞在した。パウロは五〇年頃ギリシャのコリントにいたとき、テサロニケの信徒たちに宛ててこう書いている。「わたしたちの兄弟で、キリストの福音のために働く神の協力者」であるテモテをアテネから派遣したのは、「あなたがたの信仰の様子を知るためである」。今テモテが帰って来て、うれしい知らせを伝えてくれた、と(第一テサロニケ三・二、五、六)。数年経ってパウロはコリントの信徒たちに、「主にあってわたしの愛する忠実な子」であるテモテを遣わしたのは、「至るところのすべての教会でわたしが教えているとおりに、キリスト・イエスに結ばれたわたしの生き方を、あなたがたに思い起こさせるため」だと告げ、また「あなたがたのところで心配なく過ごせるようお世話ください。わたしと同様、彼は主の仕事をしている」と促した(第一コリント四・一七、一六・一〇―一一)。フィリピの信徒に宛てて、パウロは六〇年ごろに、おそらくローマから、こう書いている。「まもなくテモテをあなたがたのところに遣わします。……わたしには、あなたがたのことをこれほど親身になって心にかけてくれる、これほど完全に心を通わせた者はほかにいないからです。……テモテは、子どもが父に仕えるように、わたしと共に福音に仕えました」（フィリピ二・一九、二〇、二二）。

（2）Schlatter, Adolf (1923): *Einleitung in die Bibel*, vierte durchgesehene Auflage, Stuttgart: Calwer Vereinsbuchhandlung, 426, 340. シュラッターは使徒言行録の呼称としては、「使徒ペトロとパウロの言行録の歴史（Geschichte der Handlungen (acta) der Apostel Petrus und Paulus）」のほうが好ましいと考えている。シュラッターは一八五二年に生まれ、一九三八年に逝去した。

（3）（8, 152, 336, 432, 542）。類似の内容は（5, 25）に見られる。

（4）傍点を打ったところはすべて、ボンヘッファーが黙想に用いた聖書に下線を引いたところである。第五節の続き「わたしはすべての［その横にボンヘッファーは、『正しくても正しくなくても』と書き加えている］肉なる者に災いをくだそうとしているからだ、と主は言われる。しかしあなたの命は、あなたがどこへ行っても守り、あなたの戦利品とする」。エレミヤ書四五章の最後である。ボンヘッファーが黙想に用いた聖書でこれを読んでいたとき、連合軍の爆弾がベルリンに降り注ぎ、そのうちの幾つかはテーゲル刑務所の近くに落とされた。

（5）一九四四年七月二一日、ヒトラー暗殺が未遂に終わった翌日の獄中書簡（8, 542）。

（6）第1章参照。

（7）ヘンキュスは福音主義讃美歌集で他言語からの翻訳を担当している。例えば、„Morgenlicht leuchtet, rein wie am Anfang ...（朝の光が輝く、初めのように清らかに……）"

（8）Schlatter (1923), 424. このようにシュラッターは、ルターが „Gottseligkeit"（敬神の念）というドイツ語に翻訳したギリシャ語の eusêbeia という言葉を訳している。

（9）　ボンヘッファーが一九三六年一月二五日にフィンケンヴァルデからシュテッティンのフリードリヒ・シャウアー牧師に宛てた手紙にはこう書かれていた。「もしrite vocatus（正しい秩序による召命）でなければ、私は兄弟評議会［告白教会指導部］に対する従順を直ちに解消しなければならないだろう」。

（10）　使徒言行録七・五八、八・一。

（11）　山上の説教におけるマタイによる福音書五章一七―二〇節の解釈（4, 118）。「ユダヤ人が神と律法を同一視したとすれば、それは律法によって、神ご自身を支配するためであった。神は律法の中に消滅し、もはや律法を支配する主ではなくなっていた。［イエスの］弟子たちが、神をその律法から切り離すことが許されると誤って思い込んだとすれば、それは自分たちの救いを手にして、神を支配するためである。いずれの場合も、賜物とそれを授ける方が混同され、律法や救いの約束を利用して神が否定されたのである」。第5章の「『より優れた律法』ではなく、『より優れた義』」を参照のこと。

（12）　第1章参照。

（13）　一九四二年にボンヘッファーは予定されていた『倫理』の原稿の一つ（6, 351）の中で、彼のテュービンゲン時代の師アドルフ・シュラッターに言及して、「善良な人のキリストへの回心については、（宗教改革期の教会において）ほとんど語られていなかった」という文を記している。これに対してボンヘッファーは注釈をつけている。「アドルフ・シュラッターの大きな功績の一つは……繰り返しこの問題を提起したことである。しかし彼はこの点について理解されないままであり、またおそらくそのままでなければならなかったのだろう」。良心的かつユダヤ的に敬虔な人として、サウロは人間的に善良な人であった。

（14）　ボンヘッファーはこの一対の概念を『倫理』のために一九四〇年に展開した（6, 137-162）。

（15）　第12章参照。

（16）　第1章参照。

（17）　Schlatter (1923), 340.「パウロの個人的な運命」は、使徒言行録の「主要な主題を形成していない」。「それが使徒の最期の前に不意に途切れていることが、それを鮮明に示している。使徒という人物ではなく、彼らが神に与えられた任務と力によって教会の設立と発展のために行ったことに、焦点が当てられている」。

（18）　ボンヘッファーが一九四四年三月九日にエーバーハルト・ベートゲに宛てた手紙（8, 356f）。「『教会が苦しむ』のと、その僕の身にあれこれ降りかかるのとでは、大きな違いがある。ここで修正しなければならないことが幾つかあると思う」（第5章参照）。また、ギリシャ語で「証」を意味する martyrion（第二テモテ一・八）を、即座に殉教（Märtyrertod）の意味で理解する傾向も改める必要があるだろう。

第7章　世界におけるキリスト者の責任

私たちはボンヘッファーから何を新たに学べるのか

ディートリヒ・ボンヘッファーは一九三五年から一九三七年までシュテッティン近郊のフィンケンヴァルデにある牧師研修所の所長を務めていた。そこでは古プロイセン合同福音主義教会の神学者たちが告白教会の牧師になるべく養成されていた。一九三五年一一月一八日の新約聖書講義で、ボンヘッファーは使徒言行録二章四二節の「彼らは使徒たちの教えに変わらず留まり続けた」という聖句を取り上げている。

「彼ら」――これは、聖霊降臨の出来事によって設立された教会の人たちを意味する。

聖霊降臨に際して、

「新しい宗教が起こるというのではなく、世界の一部が新たに創造されるのである――これが教会の設立である。……これは生活の全体を支配するものであって」、単なる「一領域、つまり宗教のための領域」〔14, 430 Note 45〕ではない。「教会にとって重要なのは、神と聖霊と御言葉である。それゆえ特別に宗教が重要というわけではなく、御言葉への従順、御父の行為、すなわち聖霊によって新たな創造を行われたことが重要である。……いかに最初の創造が『宗教的』な事柄とは言いがたく、むしろ神の現実であったように、第二の創造も同様にそうしたものではなく、それは、聖霊においてキリストを通して行われる神の創造である」。(14, 429f)

彼らは教えに留まり続けた。

あらゆる宗教的な語りとは対照的に、ここで教えを授けるというのは、起こった事実を伝えることを意味している。何かが起こったということ、それを証し、教えること、――さらには、何かが起こり来るということを伝えるのである。(14, 431)

教えによって伝えるのは、

しかしその本質に即せば[1]、未知のものに限られる。いったん知ったのであれば、さらに伝える意味はない。(4, 242)

事実が知られている場合、教えは余計なものではないのか?

この問いは、ボンヘッファーが一九三五年にフィンケンヴァルデで牧師の卵たちに投げかけたものである。その八年後の一九四三年、彼がベルリンのテーゲル刑務所にカナーリスの部局で違法な任務――ドイツ国外での軍の防諜活動――を実行した疑いで未決拘留されていたとき、この問いについて、彼の〔未完の〕小説の「日曜日」という章の中で、祖母と孫に意見を述べ合わせた。その孫はギムナジウムの生徒だが、祖母と一緒に日曜礼拝に行くのをやめてしまった。

「あのね、おばあさま、この牧師の知恵を僕たちは基本的に卒業したんです。ラテン語の先生たちのオースターマンの知恵〔〔ドイツの古典文献学者・ギムナジウム教員のクリスチャン・オースターマン（1822-1890）の有名なラテン語の〕初心者向け練習帳〕と同じように。よくまあ、おばあさまは、あれを日曜ごとに聴いておられると思います」。「ねえおまえ、大切なのは、何かが新しいということではなく、それが正しいということよ。そして正しいことは、何度もくりかえして聴かなくてはいけないの。悲しいことに、いつだって忘れてしまうから」。「そうでしょうか」と孫は言う。「僕はぜんぜん忘れませんし、それどころか、もうこれらの格言をまる暗記しています」。「そうね、たしかに頭と口ではね。でも心と手は、もっと長い時間をかけて学ぶのよ」。(7, 76)

一九三五年のフィンケンヴァルデに戻ろう。「彼らは教えに変わらず留まり続けた」、つまり彼らは教えに固着し、離れない。永続性には「事実に基づく必要性」がある (14, 431f)。証しされたことを教えるのは「神の、聖霊ご自身の業《わざ》（Werk）」（4, 242）である——したがって元来、例えば牧師研修所で学ぶことが可能な一つの技能のようなものではない。

「彼らは使徒たちの教えに変わらず留まり続けた」。

「使徒は、三位一体の神によって選ばれた事実の証人であって、目撃証言者ではない……」（14, 432）。「……彼らは、聖霊なる神がご自分の道具とされ、御言葉を伝える者たちである。……使徒の説教は、イエス・キリストにおける神の啓示が顕現した出来事を証しするものである。……他のいかなる説教もそれ自身が使徒的な説教として、この礎に基づかねばならない」（4, 243）。

ボンヘッファーから何を新たに学ぶことができるだろうか。私たちが学ぶのは、あの退屈した孫が祖母に期待したような意味であれば、必ずしも新しいものである必要はない。事実の証人たちのおかげでもたらされた宝物から取り出して、古いものからも、新たに学ぶことができる。誰かから新たに学ぶのは、使徒が教えを宣べ伝えるのと同様に、その人の教えを通して、聖霊がご自身を「表明される《ベクンデット》」（14, 432）時である。それによって、あの祖母が願ったように、「心と手」に新たな創造が起こるのである。ディートリヒ・ボンヘッファー、人類としてのきょうだいにおけるイエス・キリストの証人——そのように書かれた記念銘板を、ボンヘッファーが一九四五年四月九日に絞首刑に処された、バイエルンの森のフロッセンビュルクで目にすることができる。

世界におけるキリスト者の責任について、私たちはボンヘッファーから何を新たに学ぶことができるだろうか。世界におけるキリスト者の責任とは、全世界に対して責任を負うことだろうか。むろんそうではない。むしろ、この世において責任を担うことである。しかしそうは言っても、何もかもに責任を負うという意味ではない。

世界におけるキリスト者としての責任――事態状況からして、キリスト者の言葉が諸国民の世界《フェルカーヴェルト》(2)〔＝国際世界〕で関心を持って聞かれることが、もはや自明のように期待することができない場合、いかにして教会は責任をもって事柄について語るのか、このことを突き詰めて考えるほうが、より重要になる。

教会は、行動、とりわけ公的な態度表明において、常に誤りを犯す危険にさらされており、神の前ではひたすら恵みを願っている。このことをボンヘッファーは、すでに一九三二年七月二六日にチェコスロヴァキアのチェルノホルスケ・クペレで開催された青年平和協議会で発言していた。教会は、「神の言葉を最も具体的な方法で」語るという冒険をする必要がある。

> したがって教会は、例えば「この戦争に参加するな」、「今日、社会主義者であれ」というこの戒めを、明らかな認識から、神の戒めとして語る冒険をする。それによって、教会は神の名を冒瀆し、誤り、罪を犯すかもしれない。しかし、自らにも及ぶ罪の赦しの御言葉への信仰に基づき、それを語ることが許されているという曇りのない認識に立って、危険を冒すのである。（11, 334）

第二次世界大戦のさなか、世界教会協議会がジュネーブで設立準備を進めており、一冊のパンフレット『教会が世界に向けて語ること』の作成に取り組んでいた（6, 354 Note 1）。終戦後の時代を見据えた将来設計が、西側諸国における教会の委員会によって行われた。ボンヘッファーはカナーリスの部局の任務で一九四一年と翌年に三回、中立国スイスを訪問したとき、ジュネーブでこれに関連するいくつかの文献を詳しく調べた。ドイツ国内でヒトラー政権崩壊後の再建について考えることは、極秘の仲間内で行う必要があった。一九四二年一一月一七日と一八日のフライブルク・サークルでの討議では、特に国民経済学者や法学者を将来設計に引き入れる計画が立てられた。ボンヘッファーはその討議のための準備メモに、「世界に教会が宣べ伝えること――神の言葉と提言」（16, 362）と記していた。どうやらこの年の暮れに、明らかに急いで、「世界に向けて語る教会の言葉の可能性について」（6, 354-364）の大まかな構想を紙に書きつけたようである。この素描では、教会も次のような関心を持っていることが確認されている。

〔教会の関心は〕この世の諸問題においてしかるべき思想的立場を形成することや、この世の一定の諸状況にも向けられている。例えば、ある種の経済的ないし社会的な思想的立場や状況が存在し、キリストへの信仰を妨げ、またそれが人間と世界の本質を破壊することにもなる。例えば、資本主義や社会主義、集団主義が、そうした信仰を妨げる経済形態なのかどうか、という問題である。教会には二重の態度がある。一方では、限定しつつ消極的に、神の言葉の権威において、そうした経済的態度や形態がキリストへの信仰を明らかに妨げるものなら、非難に値すると宣言する必要がある。他方では、教会は積極的に、神の言葉の権威によってではなく、ただキリスト教の専門家が責任をもって行う助言の権威によって、新しい秩序の建設に貢献することができるだろう。(6, 363f)

国家が教会に干渉しようとすることは許しがたく、ナチス政権の干渉に対して告白教会は断固とした態度で抵抗した。しかし教会もまた、地上の秩序に対して命令権を要求できるなどと考えてはならなかった。教会ができること、なすべきことは、「経済や国家において責任を持って働く人たち」(6, 364)に、全力で助言することである。これは可能な限り、情報を集め、正確かつ冷静に行わねばならない。

ボンヘッファーは責任について、その範囲と限界を含めて、とりわけ『倫理』(*Ethik*)を書いていた時期に思索を深めていった。一九四〇年に彼が行っていた若い神学者たちの養成がナチス警察によって完全に差し止められた後に、彼は『倫理』の原稿の執筆に取り組んだ。紙片に書き留められた準備メモが残っている。その一つに、「誰が全体に対して責任を負うのか。各自がそれぞれの場所に対してのみ」(6e, 100)と書かれている。なぜなら、責任は具体的に知覚される必要があるからである。そして具体的な現実の中で、人間は限界に突き当たる。抽象的、つまり非具体的であれば、自分の知性で全体を見通しているかのように自分で思い込む。人間の精神が全能であるというこうした夢に酔いしれる者は、「自分を主人とする孤立存在」(2, 137)が立つ不毛な虚空の中で、現実の世界から切り離された自分をふたたび見出すであろう。ボンヘッファーは、極めて知的な学究の徒として過ごした年月の間に、このことを徹底的に考え抜いていた――にもかかわらず、彼自身がこの抽象に陥ってしまっていた。その後、彼はいっそう突き詰めて、「一人一人が、自分の置かれた環境の中で、その環境に対して責任を負っている」(6e. 98) と知ることになったのである。「キリストは現実において生き、現実の人間を愛された」(6e. 99)。神はイエス・キリストにおいて人間の現実を受け入れられた。責任ある行動は、この世における神の受肉にその根拠を見出す。

この世的な行動であるがゆえに、その責任は限定的である。……世界を根本からひっくり返すことではなく、与えられた場所で、事実関係に即して――現実から目を離さず――不可欠なことを行うこと、これを現実に行うことが、使命だと言える。……神が人となられたのだから、人間的な事柄の領域での責任ある行動は、慎重に考量し、判断し、評価する必要がある。したがって、その行動の結果についても真剣に考えた上で、最も近い将来に目を向けるという冒険をしなくてはならず、――責任ある行動は、闇雲であってはならない――、しかし神が人となられたのだから、責任ある行動は、さまざまな決定に際して人間であることを自覚し、この行動の判断ならびにその結果を完全に神にゆだねなければならない。(6, 223f)

このように、ボンヘッファーは「歴史と善」という表題の原稿の中で述べた。この原稿を、この一つだけを、彼はもう一度書き直した。第二稿では次のように加筆されている。

われわれは自分の行動の条件を自分自身で作り出しているのではない。むしろわれわれは、すでにその条件の中に、自分自身が置かれているのを発見する。われわれは飛び越えることのできない一定の諸限界の中に立ち、にっちもさっちも行かずにいる。われわれの責任は、無制限なものではなく、限定的なものである。しかしこの限界の中にあっても、むろん責任は現実の全体に及ぶ。責任は意志の善良さだけでなく、行為の成功の見込みを問い、動機だけでなく、その対象についても問う。責任は与えられた現実の全体を、その起源、本質、目的に基づいて認識しようとし、責任は神の然りと否の下にそれを見る。何か無制限の原則を貫き通すことが問題ではないのだから、与えられた状況の中で、観察し、慎重に考量し、評価し、決断して、しかもそれらすべてを人間的認識一般の制限の下に行わねばならない。……そのようにわれわれが責任に基づく行為の限界を、神の恵みと裁きへと流れ出す河口で、また隣人に対する責任において認識するとき、また同時に、これらの限界こそが、そもそも行為を責任あるものにするということが明らかになる。イエス・キリストにおいて出会う神と隣人は、単に限界であるだけでなく――すでに見たように――責任ある行動の起源でもある。無責任な行動とは、定義すればまさしく、神と隣人、つまりこれらの限界を無視するものである。責任ある行動は、その統一性と、最終的にはその確実性を、神と隣人による限界が引かれることによって、獲得するのである。(6, 267, 269)

ここで「……すでに見たように」とボンヘッファーが言っているのは、「歴史と善」の第一稿を中断した後に第二稿の冒頭で展開した責任概念を参照するように指示しているのである。ハインツ・エドゥアルト・テートは、このボンヘッファーの責任概念を「応答的」(3)と呼んでいる。つまり、呼びかけに応えながら、という意味である。ボンヘッファーは次のように記している。

> われわれの生は、イエス・キリストにおいて自分に向けられた神の言葉に対する応答である。それがわれわれの生全体に向けられた言葉であるからこそ、その応答は、全体的な、御言葉が実現されるようにそのつど、生の全体をかけて、為されたものでなければならない。その生は、イエス・キリストにおけるわれわれの生に対する然りと否としてわれわれと出会い、この然りと否を受け取って統一するような生き方を通して応答されることを望んでいる。この生は、イエス・キリストの生命への応答（私たちの生に対する然りと否）であり、それをわれわれは「責任」と呼ぶのである。(6, 253f)

責任とは、限定的であると同時に全体的なものである。責任を負う生においては、全体としての現実の人間が、われわれ人間に向けられた神の、イエス・キリストの呼びかけの言葉に応答し、この言葉に耳を傾けながら、世界の中で具体的に行動する。

この世で責任を知覚《ヴァールネーメン》し引き受けることには、「何が神の意志であるかを『見きわめる（prüfen《プリューフェン》）』」ことが含まれると、ボンヘッファーは『倫理』のためにメモしていた（6e, 86）。そのような見きわめについて、彼は「神の愛と世界の堕落」と題する原稿の中で、新約聖書のいくつかの箇所、例えば「心を新たにして自分を造り変えていただき、何が神の御心であるかを、わきまえ知る《ブリューフェン》ようになりなさい」（ローマの信徒への手紙一二・二）の解釈において考察している。なぜなら「具体的に生き、行動する」（6, 326）必要があるため、

> 神が何を望んでおられるのか、所与の状況において何が正しいのか、実際に見きわめねばならない。……悟性、認識する能力、所与の物事に対する注意深い知覚が、ここで生き生きと働き始める。……これまでの経験が、裏付けや警告を与えてくれる。どのような状況であれ、容易に自己欺瞞に陥らないように、即座の霊感をあてにしたり、期待したりしてはならない。問題になっている事柄に直面して統治するのは、高度に冷静な精神にほかならないだろう。（6, 326）

このことには、自分自身を冷静に見つめることも含まれている。

> ……自分の性格に、改革者のようなところや、何でも自分の方がよく知っていると思い込むところ、あるいは狂信的で、見境がないといった傾向を認める場合は、自分の責任を恣意的に拡大して、自分の自然な衝動をイエスの呼びかけと取り違えてしまう危険がある。一方で、自分のことを、用心深く、臆病で、自信がなく、杓子定規であると認識する場合は、自分の責任を

狭い範囲に限定して、それをイエス・キリストの呼びかけと称しないように用心する必要がある。(6, 295)

このことはしかし、ただ事柄のためにのみ生起することが許される。なぜなら、最終的には、自分自身を見ることでは決してなく、ただキリストの呼びかけに心を向けることだけが、真の責任を担うために私を解き放つことができるからである。(6, 295)

見きわめは、責任ある行動をとるために、何が正しい行動か明白でない場合、避けて通ることができない。境涯に強い変化があった場合がこれに当てはまる。ハインツ・エドゥアルト・テートは、ボンヘッファー研究を徹底して行うようになる以前から、ボンヘッファーと共通した考えを持っており、同様に、「現代世界の転換の危機における神学的方向づけ(4)」を模索していた。テートは、「道徳的判断への到達に向けた倫理的理論の試み」(Versuch einer ethischen Theorie sittlicher Urteilsfindung)の中で、考慮すべき「事柄の瞬間《ザッハモメンテ》」として、次のものを挙げている。問題の定義、状況分析、行動の選択肢に関わる判断――今ここに浮上する問題に対していかなる行動が可能か、またいかなる行動が責任を負うものとして判断されうるのか――、規範、財貨、展望の見きわめ、そして行動の選択肢のコミュニケーション上の制約の見きわめ――責任を負うと判断された行動を、他の人たちが自分にとっても拘束力があるものとして認識することができるか――、さらに、最終段階には、判断の決定が不可欠となる。[5] これらの「事柄の瞬間」は、一つの見きわめがどのようにして具体的に行われるのかを描き出す。[6]

「何が神の意志であるか『見きわめる』」と書かれた紙片には、「手の前に現れたことを、行いなさい」という言葉も書き留められている。これは伝道の書（コヘレトの言葉）九章一〇節aに由来する。ルター訳では、「どのようなことでも、なされるためにあなたの手の前に現れたことは、生き生きと行いなさい」である。ボンヘッファーは、彼が黙想に用いた聖書のこの部分にしるしをつけている。チューリヒ聖書では、「どのようなことでも、あなたがなしうることは、あなたの能力に応じて行いなさい」とされ、またサムエル記上一〇章七節には、「……あなたの手もとに現れたことは、行いなさい」とある。責任は、その担い手を求めている。[7] もしあなたの手の前に、責任ある行動を求めて何かが現れたなら、そしてもしあなたが、自分の目で見てここで必要だと見きわめた事を行う能力をそなえ、またその行為の責任を引き受けることができるなら、これを行いなさい。責任の範囲と限界に関するボンヘッファーの考察は、このようにまとめることができる。

ボンヘッファーの手の前に現れ、参与を要請したのが、ヒトラー暗殺計画だったのである。宗教改革の伝統には暴君殺しの教義があり、場合によってはそれが必要に（notwendig）なる、つまり苦境を一転ずる（Not-wendend）ということがありうる。しかし殺人が第五戒「殺してはならない」〔ルター訳やチューリヒ訳聖書では第五戒〕の違反であることに変わりはない。この行動目的に向かって、「ここでは法規範が傷つけられ、破られていること、つまりここでは緊急を要して戒めが破られていることを公然と認めた上で」（6, 274）誰もが邁進する気持ちになれるわけではない。

またボンヘッファーは、こうした行動の選択肢は元来すべての人に対して拘束力を持つべきだろう、とも言っていない。「責任を負う行動でそのつど必要になる罪の引き受け」（6, 281）に求められる力は、個々の人間が際限なく自由に行使できるようなものではない。

身も心もぼろぼろにならずには担うことができないような、さまざまな責任が存在する。宣戦布告や、政治的な条約違反、革命、またそれによって失業を余儀なくされる一家の唯一の働き手である父親の解雇でさえ、あるいは詰まるところ、個人的な人生の決断に関する助言でさえもが、ここでは問題となる。（6, 282）

言うまでもなく、ボンヘッファーは自分が与するカナーリス提督が率いる抵抗グループを、責任を負う決意をしていた例として挙げることはできなかった。すでに、ヒトラーがまだ国際的に高い評価を得ていた時期に——一九三八年、ヒトラーと九月二九日に締結したミュンヘン協定はイギリスとフランスから平和への貢献として称賛された——、そしてまさに開戦初期にヒトラーが勝利を重ねていた時期になって、カナーリスの部局の抵抗運動の闘士たちは、次のような結論に達した。不正な体制は打倒されなければならない。なぜならそれは西洋文明の破壊を招き[8]、何百万もの人間に死をもたらす恐れがあるからである。打倒には軍事的手段を用いる必要があるが、軍事的な権力を有する者たちは、暴君ヒトラーの殺害後でなければクーデターを起こす気持ちにならないだろう、と。この抵抗グループの判断形成はそうした様相を呈していた[9]。

そのような状況判断とそのような一つの決断、まさにヒトラー殺害の決断は、危険をともなう冒険を具現するものだった。ボンヘッファーが責任を負う行動の冒険的性格をいかにはっきりと見抜いていたかは、『倫理』のための一枚のメモ書きから特に読み取ることができる。

> 歴史は、人間共同体に対する責任を知覚し引き受けることによって生じる……責任は、全体を見通すことができないがゆえに、冒険である。力の欠如は罪責ともなる。……歴史的行動の特徴である「責任を負う行動」は、最終的なことはわからないことを冷静に自覚する必要がある。その行為を神にゆだねるのである！　自分自身の善あるいは悪、起源あるいは行き先に対する無知が、歴史的行動の本質を成す。[10] 思い違い、[11] 歴史と戒め。歴史は、さまざまな絶対的な理想《イデアーレ》を実現しようとする試み――革命[12]――を正しく向け直す。「既成事実《ファクトゥム》に対する奴隷根性」（ニーチェ）。(6e, 99)

現実を根本からひっくり返し、思い描いた理想に一致させようとすることも、ことごとく所与の状況をただ受け入れることも――どちらも責任ある行動ではない。

カナーリスを中心とする抵抗グループで下された大胆な決断が、一般的な拘束力を要求することなど許されなかった。「歴史的な生の経過と人間の赤裸々な生の必然性とが衝突する」(6, 272) ような、限界状況における行動が問題なのである。「事柄に即した責任ある行動が……もはやいかなる法規範によっても規制できないような、究極的必然性をともなう非常事態に直面する」(6, 272)。

そうした行動は、「決して法則と化してはならない」(6, 273)。それは自由な、何の保証もない冒険であり続ける。行動する者は、自分が責任を負う行為を理由とした正当化、すなわち業（Werk）による義認を、神の前で主張することはできない。むしろ、恵みによる義認の教義が真理であることを認識しなければならない。ボンヘッファーにはわかっていた。

> 責任において罪を引き受ける者は――責任を負う者は誰しも、その罪の責任を我が身に負わせ、決して他の人には負わせず、その罪を代わって担い、責任を負うのであり、このことから免れることはできない。自分の力を不遜にも過信して行動するというのではなく、この自由を――必要不可欠とし、その中で神の恵みに頼まざるをえないことを――認識した上で行うのである。他の人の前では、その不可避性が自由な責任を負う人間を正当化し、自分自身の前では、良心が自分に無罪を言い渡す。しかし神の前では、ただ恵みのみを願うのである。(6, 283)

一九四〇年末、ボンヘッファーは『倫理』の「究極的なものと究極以前のもの」という表題の原稿を執筆した。その冒頭には次のように書かれている。

> ……その出来事を、宗教改革は、恵みのみによる罪人の義認と呼んだ。……ここでは、人間の生の奥行きと広がりが、ある瞬間、ある一点に集約され、生の全体がこの出来事に包まれてい

る。ここで何が起こるのか。ある究極的なこと、どんな人間的な存在、行い、苦しみによっても捉えられないことが起こる。内からも外からも閉ざされ、暗く、いっそう深みに沈み、耐えがたい溝と逃げ道のない絶望の中で自分を見失いつつある人間の生の空洞が、勢いよく引き開けられ、神の言葉が入ってくる。人間は初めて、救いの光の中で神と隣人とを認識する。それまでの自分の生の迷路が崩れ落ちる。人間は神と兄弟のために自由になる。自分を愛し、受け入れてくださる神がおられること、神が自分を愛してくださるのと同じように愛しておられる兄弟がそばにいること、一つの未来が三位一体の神とその教会のもとに存在することに気づく。信じ、愛し、そして希望を持つ。過去と未来の生のすべてが流れ出し、神の現在において合流する。過去の全体が赦しの言葉に包まれ、未来の全体が神の誠実において保たれる。……このすべてが起こるのは、キリストが人間のもとに来られる時である。キリストにおいて、これらすべてが真理であり、現実であり、まさに夢ではないからこそ、キリストの現在が訪れた人間の生は、もはや失われた生ではなく、義とされた生となる。ただ恵みによって義とされるのである。(6, 137f)

注

(1) 〈4, 241-268〉は、「目に見える教会」という章である。
(2) ボンヘッファーは一九三四年八月二八日に〔デンマークの〕フェーヌー(Fanø)で行った平和講演

「教会と諸国民の世界」においてはまだ、一つのキリストの教会の世界教会協議会が発する「平和への呼びかけ」に、「世界」は「歯ぎしりしながら」耳を傾ける可能性を考えていた（13, 301）。第３章参照。

（３）編者による注二五（6, 254）。

（４）次の論文集の副題である。*Das Angebot des Lebens. Theologische Orientierung in den Umstellungskrisen der modernen Welt*, 1978, Gütersloh: Gütersloher Verlagshaus Gerd Mohn. および *Der Spielraum des Menschen. Theologische Orientierung in den Umstellungskrisen der modernen Welt*, 1979, Gütersloh: Gütersloher Verlagshaus Gerd Mohn.

（５）Tödt, Heinz Eduard (1988): *Perspektiven theologischer Ethik*, München: Chr. Kaiser, 29-42.

（６）テートのシェーマは次の論文の中でも取り上げられている。Sinemus, Kristina; Platzer (1995): Vom wertfreien Raum zur verantworteten Wissenschaft. T. 5: Eine ethische Theorie sittlicher Urteilsfindung nach Heinz Eduard Tödt am Beispiel der gentechnischen Herstellung rizomaniaresistenter Zuckerrüben. In: *BIOforum*. 18 (1995), H. 3, 66-75.

（７）一九五八年から一九八二年までハイデルベルクの福音主義学術研究所（ＦＥＳＴ）の所長を務めたゲオルク・ピヒトがよく口にした言葉である。

（８）ボンヘッファーは一九三九年六月から七月にかけて合衆国で短期滞在していた最後の時期にラインホルト・ニーバーに宛てた手紙（15, 210［英文］15, 644［独語訳］）の中で、ドイツのキリスト者は、キリスト教文明が生き残るために国家の敗北を望むか、国家の勝利を望み、そのために文明を破壊するかという恐ろしい選択に直面している、と述べている。

（９）次を参照のこと。Bethge, Eberhard (1967): *Dietrich Bonhoeffer, Theologe-Christ-Zeitgenosse. Eine Biographie*, München: Chr. Kaiser, 710f.

(10) この文には二重線が引かれている。

(11) 南アフリカのチャールズ・ヴィラ＝ヴィセンシオは、「思い違い」という言葉で、京都の龍安寺の石庭を想い起こした。白砂の海に浮かぶ島に見立てた一五個の石のうち、見る者が目にするのは一四個だけである。見えていない一五番目の石が存在することを、考えに入れなければならない。

(12) ヒトラーはナチスによる権力掌握を革命と理解していた。「理念（Idee）」（DBW 4, 180f）については第5章を参照のこと。

第8章　ボンヘッファーと極端なもの

ディートリヒ・ボンヘッファーは、彼が何者であったかというそれ以外のすべてのことに加えて、作家でもあり、詩人でもあった。神学者であり、またヒトラー政権に対する共謀者であったことは、今日すべての大陸で知られている。ドイツ語圏では大勢の人が、彼は一九四四年一二月にベルリンの帝国保安本部地下牢で、家族と婚約者のために書いた詩「善き力に……不思議に守られて」の作者であることを知っている。

ボンヘッファーは、常日頃から極端なものと独自の関わり方をしていた。互いに相容れないもの同士を、例えば、ラディカルな〔過激な・急進的な〕ものと妥協的なもの、プロレタリア的なものとブルジョア的なもの、革命的なものと保守的なものとを対置させた。どちらか一方を正しいと見なすのではなく、彼はその緊張関係を解消せずに保っている——そこで、こう予感させられる。現実とは、どちらか一方の見方に偏らず、もっと明確に知覚できる《ヴァールネームバー》必要があるものだと。

なぜボンヘッファーのように国家を担う教養市民の出身で非常に天分豊かな人が、このような極端なものに対する洞察を得るに至ったのだろうか。

ボンヘッファーは、唖然としたゆえに彼の家族や友人たちが記憶しているように、スペインの闘牛の儀式に強い魅力を感じ続けていた。一九二八年二月に彼は——二二歳になったばかりだった——バルセロナの在外ドイツ人教会の牧師のもとに牧師補として配属された。到着後に彼が家に送った手紙には、闘牛、つまりコリーダを観に行くのは、たぶん本格的に暑くなってからのほうがいいでしょう、「その頃にはいよいよもって、雄牛がまさに獰猛になっていますから」(10, 44) と書かれている。四月一一日には、彼は両親に宛てて、復活祭の闘牛《コリーダ》から受けた印象についてこう述べている。

僕は以前に一度すでに観たことがありましたし、多くの人がその責任は中欧文明に帰するに違いないと考えますが、それほどこの事柄に対して僕が気後れしたとは、実のところ言えないんです。野生の野放図な力と前後見境ない怒りが、鍛え抜かれた勇気、平常心、そして技と闘い、また敗れる様は、やはり大いに一見の価値があります。……ことのほか陰気で厳格なカトリシズムの国に、よりによって闘牛が根強く定着しているのは偶然ではないでしょう。(10, 48)

双生の妹ザビーネは怯えた様子で、私ならそんな残酷なものを「観せてもらいたいとは思わないでしょう(1)」と彼に手紙を寄こした。彼は四月二二日に返事を書いている。

二度目は、一度目［のとき］以上に、その事柄に対して僕がどれほど冷血であったか、まったく驚かされたよ。しかし僕は、情熱的にさせる魅力はその全体にあるということを遠くから窺い知ることができたと言わずにいられないんだ。どんな雄牛の場合も、センセーショナルで残酷な面はさらっと大目に見られてしまう――たしかにこれは「残忍化」かもしれないけれど、一人の人間をいっそう事柄の本質に近づけることになる。……大衆の気分の刹那的性格がいよいよ高まると、牛のほうが闘牛士よりも拍手喝采されたりする。例えば、後者［人間］が臆病になって、――これは実に頷けるが――たとえほんの一瞬でも勇気を失おうものならね。(10, 50f)

解き放たれた野性と厳格な外的制御――若き日のボンヘッファーは、両者の緊張関係にはかり知れない魅力を感じた。人文主義的なギムナジウムで学んだ彼は、ニーチェの二つの概念に親しんでいた。ディオニュソス的なもの、つまり陶酔的なものは、アポロ的な適度な振る舞いの対極にある。しかし彼はギリシャ神話の神々の名を冠したデュオニュソスとアポロンという両極端なものに事柄の本質を求めようとはしなかった。彼は「あまりにもプリミティブなニーチェ的二者択一で」考えることに抵抗した。一九四四年三月二五日に獄中からエーバーハルト・ベートゲに宛てた手紙の中で――ボンヘッファーは一九四三年四月に拘留された――彼はアポロン的なものとディオニュソス的なものの両極性とは別に一つの美が存在すると断言している。

古典的でも魔神《デモーニッシュ》的でもないただ地上的な美、それ自身の権利を持つ美がある。個人的には、

この美しさこそが、実は僕の心を打つ唯一のものだと言うほかない。(8, 366f)[2]

ボンヘッファーのライフワークは、具体的な倫理に関する著作である必要があっただろう。彼は一九四〇年に執筆を開始し、獄中でも密かに仕事を進めた。その準備のためにこのテーマに関して入手した本の一つが、一九三八年に出版されたヴィルヘルム・リュトゲルトの『愛の倫理』であった。[3]彼は九八頁に出てくる「正常な意志が存在しないところでは、二つの正反対の極端なものが現れる」というリュトゲルトの文に線を引いてしるしをつけている。ボンヘッファーは一九三二―三三年の早い時期に、「神のように」なりたいと望む人間にとって現実は分裂していることに気づいていた(3, 114ff)。一九四〇年に彼は三つのグループを紙に書き出して、第一の形式では次のように述べている。

勇気の欠如は、臆病――と傲慢を生む。賢さの欠如は、奸計――と非公正性《ウンザッハリヒカイト》を生む。(6e, 24f)

彼は「非公正性」の後に、これは真実だろうかと、疑問符「?·」を記している。それに続いて、他の形式の概念グループが書き留めてある。

秩序は――些事拘泥に転じうる(無秩序やカオスにも)/そのとき自由が欠けている。良心

> 的であることは――小心さに転じうる（良心の欠如にも）／そのとき決意が欠けている。（6e, 25）

――そして「決意」の後には、「責任を負う喜び」と彼は書き足した。そして最後に、「賢さ」に、欠如の両極端なものとして「知性主義」と「愚かさ」を付け加え、その後ろに「しらふの酩酊」という言葉を書いたが、それを削除して「酩酊したしらふ」に書き換えている（6e, 24f）。

こうしたメモ書き一〇〇枚ほどが、計画された『倫理』（*Ethik*）の出版のために、ボンヘッファーの逮捕後エーバーハルト・ベートゲによって集められ、保管された（『倫理』は戦後ベートゲが遺稿を出版する際につけた書名）。一九四〇年に書かれた別のメモにはこうある。

> 危険と安全、幸福と断念、所有と欠乏、苦難と満足の間の生……。対立の中の、中間の、両極端なものの間の生。（6e, 27）

「自然的な生」という見出しのメモ書の中で、ボンヘッファーは警告している。

> 両極端なものの、つまり逆説性[4]の狭間における高度な緊張は、神の真理と現実であって、精神的な態度ではない。……理念の下の生は（たとえキリスト教的な理念の下であっても！）、不遜や絶望につながり、その両方［が］世事から離れ、生を破壊する。（6e, 35）

ボンヘッファーは、一九一八年以後に世界的成功を収めたオスヴァルト・シュペングラーの『西洋の没落』から、「奴隷になるよりも死んだほうがいい（ever doodt al Sklav）――死ぬよりも奴隷になるほうがいい（liever Sklave als tot）」（6e, 47）と書き留めている。シュペングラーの著作の同じ頁には次のように書かれている。

> 屈強な指導者は一万人の冒険家を集め、意のままにスイッチを切り替えることができる。……Lever doodt als Sklaav（奴隷になるよりも死んだほうがいい）――これは古フリースラントの農民の諺である。逆方向への転換《ウムケールング》は、あらゆる後の文明の標語となったが、誰もがその代償の大きさを学ばねばならなかったのである。(5)

――決然と自由な自己責任を選ぶのではなく、誤導する指導者の奴隷になることを選ぶことが、どれほどの命を犠牲にすることか。

一九四〇―四一年の冬、ボンヘッファーは「自然的な生」をテーマに一つの章を書いた（6, 163-217）。そのための忘備メモの紙片には、「理念としての生『それ自体《アンジッヒ》』が自らを破壊する」（6e, 35）と書かれている。これを彼は原稿の中で、イマヌエル・カントの「自己目的」と「目的のための手段」という一対の概念を用いて詳しく説明している（6, 171f）。それ自体を「絶対的」に自己目的とする生は、自己破壊的である。生とは、決して単にそれ自体が目的そのものではなく、常に他の現実へと綴じ合わされ、そこでは目的のための手段でもある。しかし、それは決して単に目的のための手段であるだけでなく、常にそれ自体が目的そのものでもある。その一方と他方の極端な主張――生は単に自己目的であるという主張と、生は単に目的のための手段であるという主張――のいずれもが、危険な誤りに導く「絶対的」な理念であり、それは生の現実の文脈から切り離され、あたかもその理念に従わないことは「現実にとってより大きな悪」であるかのように誤導するのである。「……現実にとってより大きな悪」――そう自負して、観念論哲学者ヘーゲルは現実に対して正しい道を示したとされる。ボンヘッファーは若い時からこうしたドイツ観念論の哲学を鋭く批判していた（I. 23f）。極端なあれか―これかの思考は、現実に即さない。極端に生きようとすることは非自然的であり、非―善である。

　ボンヘッファーは人間的―善をテーマにした章を書こうと計画した。彼はその準備のために、一連のメモを作成している。「善」に関する一枚のメモには、三つのグループの考察に関連した内容が書かれている。

> 内容的に、善は常に二つの深淵の狭間に存在する。……善という奇跡は、恵みによって置かれた中心として［経験される］。（6e, 65）

　両極端に分裂していない全き善は、感じ、望み、受け取ることはできても、それ自身によっては実現されえないものである。

あらゆることがそれ自身によって存在することを願うのは、誤った自尊心である。他者に負うものも、やはりその人のものであり、自分の生の一部である。そして自分自身によって何を「稼いだ」のか、また何を他者に負うのかを計算することは、もちろんキリスト教的ではなく、しかも成功の見込みのない企てである。ようするに人は、自分は何者であるかということと、また何を受け取るかということによって、一つの全体なのである、

そうボンヘッファーは一九四三年一一月三〇日にベートゲに手紙を書き、ただ地上的《イルディッシュ》に、獄中から友を慰めている。

僕は間違いなく、君が僕から受け取った以上に、君から受け取っている。(8, 216)

ボンヘッファーは全き善が生に切り込んで来ることを、恵みの到来と呼んでいる。この出来事は一つの奇跡であり、日常的な行為とは異なるもの、つまりボンヘッファーの用語で言えば「究極的なもの」である。「われわれは究極以前のものの中で生き、そして究極的なものを信じている。そう思わないか」と、ボンヘッファーは一九四三年一二月五日の手紙の会話の中で友に思い出させた(8, 226)。『倫理』の「究極的なものと究極以前のもの」(6, 137-162)と題する章の中で、彼は一九四〇年末に、「キリスト者の生における究極的なものについて」(6, 143)問いを投げかけている。

彼はキリスト者を「キリスト教的」理念の下にあるイデオロギーの唱導者としてではなく、現実における人間として捉えており、さらに、究極的なものが到来する究極以前のものにおける人間の生のために思索を深めた。

ボンヘッファーは次のように説明している。

キリスト者の生における究極的なものと究極以前のものとの関係は、「ラディカル」と妥協という二つの極端な形において解消されうる。ここで直ちに気づく必要があるのは、妥協による解決もまた一つの極端な解決方法だということである。(6, 144)

ラディカルに生きるキリスト者は、究極的なものを「単に究極以前のものの完全な断絶として理解する」(6, 144)。究極的なものと究極以前のものは、排他的な対立関係にある。妥協して生きるキリスト者は、そのままに現存するものだけを計算する。妥協して生きるキリスト者にとって究極的なものは、

日常［生活］の彼岸に留まり続け、結局のところ、現存するものすべてに対する永遠の義認として機能する……。どちらの解決策も同様に極端である……。どちらも許されない絶対化そのものであり、直ちに正当で必要な見解を絶対化する。……「ラディカルな人たちは」結末を、もう一方の人たちは現存するものを絶対化して語る。ラディカリズムは常に、現存するものに

対する意識的ないし無意識的な憎悪から生じる。……妥協は常に、究極的なものに対する憎悪から生じる。(6,145-147)

ボンヘッファーは自分の沈思黙考を次の詩に結晶させている（6, 148)。

ラディカリズムは時間を憎み、妥協は永遠を憎む。
ラディカリズムは忍耐を憎み、妥協は決断を憎む。
ラディカリズムは思慮深さを憎み、妥協は単純さを憎む。
ラディカリズムは尺度を憎み、妥協は計り知れないものを憎む。
ラディカリズムは現実的なものを憎み、妥協は御言葉《ヴォルト》を憎む。

ボンヘッファーは、この詩で「究極的なもの」に分類している「言葉《ヴォルト》」〈御言葉〉について、一九四二年に「歴史と善」[6]という章の中で説明している。それは、一つの「外からわれわれにやって来る要求」(6, 249)、つまり一つの語りかけ、要請、「われわれの生に対する然りと否」(6, 253)であり、これは、「責任」を負う生を通して応答されることを求める(6, 254)。その言葉に応答しつつ、

われわれは……然りと否とを、矛盾的統一へと、自己を無化した自己主張へと、神と人間に対して自己を放棄することによる自己主張へと、自らを統一させて「生きる」のである。(6,

253)

ボンヘッファーによれば、「責任を負う生の構造」は「二重のもの」、すなわち束縛と自由によって規定されている。

　束縛の中で自分を空しくした生だけが、最も自分自身のものである生と行為の自由の中にある。束縛は、代理と現実に対する即応性という形を取り、自由は、生と行為の自己帰責と具体的な決断の冒険において示される。(6, 256)

人間は常に生の文脈に組み込まれ、しかも常に自分自身の自由において、「同意と異議」(6, 262) を通して現実に応えるという自分の試みに対して責任を負い続ける。同意とは、奴隷的屈従でも歴史の「既成事実《ファクトゥム》に対する奴隷根性」でもない。またしかし、異議とは、

　既成事実に対して、何らかのより崇高な理念の現実の名において、原則の下に抵抗を行うことではない……。どちらの極端なものも、事柄の本質から等しくかけ離れている。(6, 261)

「イデオロギーに基づいて行動する者」あるいは無暗《むやみ》に従う者は、「自分の理念において自分の正しさを認め」(6, 268)、たとえそれが現実にとっていかに悪であろうと、自分自身が正当で―ある《リヒティヒ―ザイン》こと

を確信している。それに対して、責任を負う行動は、

> 歴史的状況が善と悪の上に覆い拡げる二種の光《ツヴィーリヒト》〔二種の光が混じり合った薄明の光〕の下で行われる。それは、すべての所与のものが現れ出る無数のパースペクティヴの只中で行われる。それは、単純に正と不正、善と悪との間だけではなく、また正義と正義、不正と不正との間でも決断せねばならない……。責任を負う行動は、まさにその点で自由な冒険である。つまり、いかなる法規範によっても正当化されず、むしろそうした有効な自己正当化の要求をすべて放棄し、したがって善と悪についての究極的に有効な知識を放棄することによって行われる行動である。責任を負うという善は、善について知ることなしに、必然的となった、しかし（あるいはその点において！）自由な行為を、神にゆだねつつ、行われる。神がその心に目を留められ、さまざまな行為を秤にかけ、歴史を導かれるのである。(6, 284f)

ボンヘッファーは、冒険し、行動する人間とは別の唯一の方が最終的に歴史を導かれることを知ったのである。『倫理』の原稿を執筆している間に彼はヒトラー暗殺・クーデター計画について関知し、共に行動するようになった。この抵抗グループは、ナチスの理念がもたらす悲惨な不正に終止符を打つためには暗殺が不可欠になったとの確信に至った。一九四二年、つまり一九四四年七月二〇日の暗殺未遂の二年前にボンヘッファーはこう記していた。

他の人の前では、その不可避性が自由な責任を負う人間を正当化し、自分自身の前では、良心が自分に無罪を言い渡す。しかし神の前では、ただ恵みのみを願うのである。(6, 283)

七月二一日、暗殺計画が失敗に終わった翌日に、ボンヘッファーは「だから僕は感謝して心平和《フリートリヒ》に、過去と現在のことを」(8, 542) 考えている、と友人に打ち明けている。そしてそのように、後に自らの処刑にも臨んだのである。全き善が私たちの現実に到来し、神の現実とこの世の現実が一つになった。この善に彼は信頼を置き、自らをゆだねたのである。

注

(1) Bethge, Eberhard (1967): *Dietrich Bonhoeffer, Theologe-Christ-Zeitgenosse. Eine Biographie*, München: Chr. Kaiser, 135.

(2) ボンヘッファーは、ただ地上的な美の例として、彼の大伯父である画家のレーオポルト・カルクロイト伯爵を挙げている。

(3) Lütgert, Wilhelm (1938): *Ethik der Liebe*. Gütersloh: Bertelsmann.

(4) 次も参照のこと。(4, 180f) 第5章。

(5) Spengler, Oswald (1918/1922): *Der Untergang des Abendlandes - Umrisse einer Morphologie der Weltgeschichte*, 2 Bände, München: O. Beck, Band II, 224.

(6) 第一稿 (6, 218-244)、第二稿 (6, 245-299)。

第9章　逆説的な従順

ディートリヒ・ボンヘッファーの神学倫理　一九三三―一九四三

本講演では、ご依頼に基づき、神学と歴史、つまりボンヘッファーの神学とヒトラーのドイツ第三帝国における歴史的事件についてお話しする。「逆説的《パラドックス》」という表現を用いてボンヘッファーは神学倫理に一つの視点を呈している。ここに焦点を当て、本講演を進めたい。

ディートリヒ・ボンヘッファーの友人であり伝記作家でもあるエーバーハルト・ベートゲは、一九九九年初頭にヴォルフガング・フーバーからの問いかけに対して、次のような文章で答えている。

もし僕がもう一度、伝記[1]を書く必要があるとしたら（もう僕の健康状態では叶わないけれど）、特筆すべきディートリヒ・ボンヘッファーの特徴として、彼が二つの全く異なる抵抗の形に対して敏感であったことを記述するだろう。ナチス政権の最初の数年間――と最後の数年間とでは、全く異なる行動が必要になった。「告白」と「殺人者の排除」という二つのキーワードを用いて、一九三三年以降にどのような状況で抵抗運動が行われ、どのような状況が、ある特定の行動を起こす条件となったか、そしてそれが一九三八年から三九年にかけてどのように変化したのかを述べることができる。（1）ボンヘファーが真っ先に、一九三三年に書き、そして語ったのは（そして彼はフィンケンヴァルデ［告白教会の牧師研修所］で、一九三五年にもまだ僕たちに教えてくれていたね）、強制的同一化（ドイツ的キリスト者が実践していたような）を拒否することが絶対に必要だということだった。その活動の場は説教壇や大学の教壇、雑誌（『若い教会』のような）で、声高に、大っぴらに、公の場で語られていた。神学的なこと（「アーリア人イエス」）から人事に関すること（ライヒ［帝国監督《ライヒスビッショフ》］のルートヴィヒ・ミュラー）にまで及ぶ強制的同一化《グライヒシャルトゥング》、バルメンとダーレムでの教会会議（実践的にはフィンケンヴァルデで［実行された］）の後の［告白教会の］兄弟評議会《ブルーダーラート》への従属。これは、教会闘争全体に一貫して言えることであり――ボンヘッファーにも当てはまる。（2）しかし、事の重みが変化し、対処の仕方も変わった。ボンヘッファーには、責任を［共に］引き受けるために必要な敏感さが十分にそなわっていた。何かが起こり、少なくとも一九三八年か三九年以降、殺人者ヒトラーを阻止する必要があったのだ。公然の告白としての抵抗は、カモフラージュと隠密性をともなう陰謀へと変化せざるをえなかった。ボンヘッファーが「陰謀」をどのように理解し、言論、執筆、他者との交流を変化させ、公然の告白という抵抗運動のあり方に疑問を呈したか、伝記として記述することはたやすい。家族や少数の友人（フリードリヒ・ユストゥス・ペーレルス[2]など）と共に、今や意識的に陰謀に加担する行動を取るようになった。――こうした抵抗運動との二重の関係にこそ、ディートリヒ・ボンヘッファーの名前が今も世界中で色褪せることなく通用する秘密がある。

このフーバー宛ての手書きの手紙の終わりには、こう書かれている。

これで何か始められそうかい？　……すまない、もうワープロを使っていないんだ。

二〇〇〇年三月二五日、エーバーハルト・ベートゲが埋葬されるとき、ヴォルフガング・フーバーは弔辞の中で、ベートゲが書いた最後の文章としてこのテキストに言及した。ベートゲの提案にそって、このテキスト〔本講演の原稿〕の第一部は一九三三年以降の公的な抵抗運動、第二部は一九三八年以降の秘密裏の抵抗運動に関連している。

ドイツ労働者党は一九一九年にミュンヘンで結成された。アドルフ・ヒトラーは一八八九年四月二〇日にオーストリアで生まれ、一九一三年からドイツに暮らし、一九一四―一八年の〔第一次〕世界大戦では二等兵となった。彼の党員番号は七番であった。党の名前は一九二〇年に国家社会主義ドイツ労働者党（ナチス）に改められた。一九二一年、臨時総会でヒトラーが党首に選出された。一九二三年、ヒトラーはミュンヘンでクーデターを起こし、ドイツ帝国およびバイエルン州の政府を退陣させようとした。一一月九日、叛徒たちはデモ行進を行った。これは警察によって将軍廟《フェルトヘルンハレ》の前で武力を用いて鎮圧された。一四名の死者が出た。今や約五万人の党員を擁していたナチスは禁止され、ヒトラーは大逆罪で五年の禁固刑を言い渡された。ランツベルク要塞刑務所で、彼は自らの政治綱領『わが闘争』の第一巻を執筆した。予定より早く、すでに一九二四年一二月に釈放され、一九二五年二月にはナチスの再結成を発表した。一九二五年四月二六日、陸軍元帥パウル・フォン・ヒンデンブルクが、一九一九年二月からヴァイマル共和国の帝国大統領を務めた社会民主党のフリードリヒ・エーベルト（一九二五年二月死去）の後任に選出された。一九三一―三二年に世界経済危機はピークに達した。ドイツの従属労働者の三〇パーセント近くが失業した。ヴァイマルの政党制国家は危機的状況にあった。保守政党や自由主義政党を支持していた伝統的な有権者は、最もラディカルな反マルクス主義者である国家社会主義者に鞍替えした。一九三二年七月三一日の帝国議会選挙でナチスは第一党となった。一九三三年一月三〇日、帝国大統領ヒンデンブルクがアドルフ・ヒトラーを帝国首相に任命した。ドイツ第三帝国はこうしてなるべくしてなる道を歩んで行った。

ディートリヒ・ボンヘッファーはその五日後の一九三三年二月四日に二七歳になった。彼は一九四五年四月九日に三九歳で残酷な最期を遂げるまで、国家権力によって強引に推し進められた不正な体制の下で、神学者として生き、活動した。このことは彼にとって一九三二―三三年の冬以降、極めて明確な自覚のもとに、人間の専制に基づく命令や逼迫した情勢よりも神に従うことを意味した。所与の状況に対して介在なく直接対峙して思考したり行動したりせず、つまり強制に対して直接的に反応するのではなく、神の言葉に耳を傾けた。したがって彼の場合、熱狂的な理念擁護者に対して熱狂的に反応するという事態は起こらなかった。彼には、従うことが必要なときに、誰に従順であるべきかを感知する能力が備わっていた。すなわち、従うべき方は、世界の創造主であり、保持者であり、和解者である神なのだと。

一九三二―三三年冬学期、彼はベルリン大学で組織神学の私講師として、聖書の最初の三つの章、つまり創世記一章から三章にそって、創造と人間の堕落についての物語を解釈した。創造主である神の戒めに対して被造物である人間は〔へびに次のように言われて〕疑念を抱いた。あなたがた人間は「善悪の知識の木からは」食べてはいけない、と「神は本当に言われたのか」(創世記〔モーセ第一書〕二・一七、三・一)。人間は、知識の実をもぎ取り、それを胃袋に収め、創造主への固着から離れ、そして創造による結びつきを失う。「アダムは堕落したままである」(3, 122)。堕落後、創造主は保持者として人間の世界に到来される。「神の行為は人間に寄り添う」(3, 129)。神のように――sicut deus――なった人間が離反した世界、堕落後の世界においては、法則性、つまり秩序に従うものは、神によって砕かれることも、滅ぼされることもなく、「〔保持の〕秩序を通してその限界が」(3, 129) 示される。神は世界の秩序に対して、然りと否を語られる。

> これは、人間に寄り添われる神の新たな行為である。神は人間を、その堕落した世界において、その堕落した秩序の中で、死に向けて――復活に向けて、新しい創造に向けて、キリストに向けて、保持されるのである。(3, 130)

そう、「分裂状態《ツヴィーシュペルティヒカイト》」の中で、「二種の光《ツヴィーリヒト》」〔二種の光が混じり合った薄明の光。第8章参照〕の中で、イエス・キリストの到来に向けて保持されるのである。

イエス・キリストは、「十字架につけられた和解者」（6, 404）であり、「創造、和解、救済の然りであり、その起源、本質、目的から離反した生に対する裁きと死の否」（6, 250）である。「イエス・キリストにおいて、神の現実がこの世の現実に入って来た」（6, 39）。世界の現実は、究極以前のものの二種の光の中に姿を潜めた。神がこの世に来られること、「恵みの到来」（6, 155）は、人間の身に起こる究極的な出来事である。人間の極端な行動は、あらゆる「世界の秩序」に対するラディカルな否が舵を取るものであれ（6, 145）、躊躇のない然りが舵を取り「現存するものすべて」に単に同調するものであれ、そのどちらもが「真と偽を同様に」併せ持っている。ラディカルな否は、「あらゆるものの終わりから、裁き主であり、贖い主である神から考え」、同調的な然りは、

創造主であり、保持者である神から考える。……こうして創造と救済、時間と永遠が解消しえない対立に陥り、それによって神の統一そのものが失われ、神への信仰が崩れる。（6, 146）

神学的見地から、ボンヘッファーは三つのことを同時に考慮する必要がある。彼は構造的に三位一体論に即して、さらに詳しく言えば、イエス・キリストにおける神の啓示から考えている。

イエス・キリストにおいて、われわれは、受肉し、十字架にかけられ、復活された神を信じる。……これらの部分の一つを誤って絶対化し、一つの受肉の神学、一つの十字架の神学、一つの復活の神学を互いに打ち立てることは事柄に即しておらず、しかもこの方法はキリスト教

的な生について考える上でも、同様に誤りである。受肉のみに基づくキリスト教倫理は、容易に［同調的な然りという］妥協的解決につながるであろうし、イエス・キリストの十字架ないし復活のみに基づく倫理は、ラディカリズムや熱狂主義に陥るであろう。ただ一致においてのみ、対立は解消する。(6, 148f)

ボンヘッファーは、どんな都合のよい単純化にも満足することができない。しかし彼はこのように問題を複眼的に捉えることによって、行動に関するさまざまな決断は一つの鋳型から生み出されなければならないことを同時に見抜いている。「倫理的な葛藤」に関する語りは彼にとっては疑わしい。「楽園のへびが原初の人間の心にこの葛藤を植え付けた。『神は本当に言われたのか』」(4, 61)。そうではなく、

イエス・キリストの現実を神の啓示として信じると告白する者は、同時に、神の現実とこの世の現実を信じると告白する。なぜなら、キリストにおいて神とこの世とが和解しているのを見出すからである。しかし、まさにそれゆえに、キリスト者はもはや永遠に葛藤する人間ではなく、キリストにおける現実が一つであるように、このキリストの現実のうちに生きる者自身もまた一つの全体としての人間なのである。(6, 47)

新約聖書を読むと、次のことが顕著であるという。そこでは、

分裂、対立、倫理的問題を抱えた世界が姿を消したかのようである。人間と神との、他の人間との、事物との、そして自分自身との分裂ではなく、回復された一致、つまり和解から語り始められる……。人間の生と行為には、問題をはらむもの、責め苛むもの、暗いものは何もなく、自明なもの、喜ばしいもの、確かなもの、曇りなきものがある。イエスの自由とは、無数の可能性の中から恣意的に一つを選ぶことではなく、むしろイエスの行いの完全な単純さにこそある。そのために可能性や対立、選択肢がいくつもあるのでは決してなく、常にただ一つのことだけがある。この唯一のものをイエスは神の意志と呼ばれる。この意志を行うことをご自分の糧と呼ばれる。この神の意志こそがイエスの生命である。善悪の知識からではなく、神の意志から生き、行動される。ただ一つの神の意志が存在するのである。(6, 311, 315)

こうした人間の行動に関するボンヘッファーの思考の基本的な構造——複眼的な問題認識と、単純で(ein-fältig〔「一重の」という意味〕)、全き(ganz)(3)決然とした態度——は、「一九三三年の苦境《ノート》」以前にも、一九三二—三三年冬学期の講義「創造と堕落」にすでに見られる。「一九三三年の苦境」という言葉は、ボンヘッファーがその初期に神学を通して親しくしていたエリーザベト・ツィンに宛てた手紙の中で回想する場面に出てくる。同手紙で、彼は一九三三年になる少し手前で、何かが自分の人生を「変え、ひっくり返した」ことにふれている。完全に野放しの状態で、自由奔放に自分で自分の主となり孤独だった彼を、「聖書が、特に山上の説教が解放してくれた」

(14, 113) のだった。山上の説教に象徴されたものの中に、エーバーハルト・ベートゲが彼の友人に看取した最初の抵抗の形があった。山上の説教は、神の一つの意志へと解き放つ従順について教えている。人間のいかなる恣意も、神の意志を長く阻止することはできない。山上の説教と、イエスが山上の説教の中でその成就について語られた、旧約聖書に啓示された戒めは、明確な指示を与え、単純な従順へと呼びかける。[4]

しかし、ボンヘッファーはこの段階ですでに、神の一つの意志への従順は、一つの原則に従う行動とは異なることに気づいている。原則というものを人びとは安全に意のままに扱えると考え、その「特例の適用」(4, 74) によって「非の打ちどころのない道徳的な行動が保証される」(6, 372) ことを期待する。そうではなく、イエスは「信じられることができる状態」(4, 72) へと呼び入れられる。この文脈において、

> 信じられることができる状態という概念は、次の二つの命題が等しく真であるような事態を言い換えているに過ぎない。信じる者だけが従順であり、従順な者だけが信じる。(4, 52)

人間は原則的に従うことに縛られるのではなく、生ける受肉された神が人間を現実的かつ具体的な信仰の従順へと呼びかけられるがゆえに、必要であれば、「信じられることができる状態」において、戒めを文字通りの一義性に反して理解することが可能になる。

しかし、この可能性はキリスト教的実存一般の最後の可能性であり、キリストの再臨が間近に迫っているという真剣な期待からくる可能性であって、第一の、最も単純な可能性というわけではない。戒めを逆説的に理解することはキリスト教的に正しいが、決して戒めの単純な理解を覆すことを許してはならない。……イエスの呼びかけを逆説的に理解することは、際限なくはるかに困難であり、人間的には不可能な可能性である。そしてそれは、まさにそのようなものとしてその反対に転じ、都合の良い逃げ道、具体的な従順からの逃避となるという極度の危険に常にさらされている。（4, 72f）

第三帝国の最初の数年間、ボンヘッファーの倫理的考察は聖書の釈義という形をとっていた。彼の生活と仕事の中心は聖書解釈であった。「聖書以外のどの場所も、僕には不確かなものになりました」と、義兄の法律家リューディガー・シュライヒャーへの手紙の中で告白している（14, 147）。そのように聖書の言葉と接するようになり、一九三三年一〇月からはロンドンで在外ドイツ人教会の牧師として説教を行った。

この第三帝国の最初の年、教会闘争は混乱していた。当時のドイツでは一般に教会が影響力を持ち、大半がプロテスタントであった。ナチス政権は、直ちにプロテスタント教会の体制に介入した。帝国全体の統一した教会を作り、帝国監督を頂点とする監督たちが教会を指導することになった。このようにして、教会は総統原理に従って統制されることになった――つまりは、アドルフ・ヒトラーに体現された総統の総体概念《インベグリフ》にそった教会の強制的同一化である。ヒトラーにとって都合のよい人物が、一九三三年九月の全国教会会議で帝国監督《ライヒスビッショフ》に選出された。ルートヴィヒ・ミュラーである。告白教会では、皮肉をこめて彼のことを「ライビ」と呼んでいた。一九三五年、ナチス政権が教会の指導権を国家の管理下に置こうと躍起になっている中、彼はその帝国監督の役職もろとも教会の世界から姿を消した。

教会の宣教に関して言えば、「ドイツ的キリスト者信仰運動」は政権に歓迎された。この運動は提示されたイデオロギー路線を率先して取り、特にアーリア人賛美とユダヤ人敵視に傾倒した。イエスは英雄的なアーリア人でなければならず、信仰上のユダヤ人の書であるヘブライ語聖書ないし旧約聖書はグロテスクに戯画化され、「家畜商人や妓夫の歴史物語」(5)として道徳的に糾弾された。一九三三年八月、ボンヘッファーは祖母への手紙に次のように書いている。

大規模で民族主義的《フェルキッシュ》・国粋的な国民教会が誕生するだろうことは、ますます明白に思えます。そうした教会がキリスト教をその本質において容認することは、もはやありません……問題は、実のところ、ドイツ教《ゲルマニスムス》かキリスト教かということです。(6)(12, 118)

彼がこの手紙を書いたのは、ベーテルで信仰告白の草稿を作成していた時だった。これによって教会は信仰を宣言し、「ドイツ的キリスト者」の誤った教えを拒絶する必要があった。そのような信仰告白がこの時期にいくつも書かれている。バルメン神学宣言は、一九三四年五月二九日から三一日にかけてヴッパータールのバルメンで開催された全国告白教会会議で、ドイツ全土から集まった教会会議メンバーによって採択され、発効に至った。この宣言は、プロテスタント教会が強制的同一化に順応した部分に反対して、ルター派、改革派、合同派の教会員の信仰理解を表明したものであった。一九三四年一〇月一九日および二〇日にベルリンのダーレム地区で開催された第二回全国告白教会会議では、反対の立場を取る教会の自立した体制が可決され、自らを「告白教会」と呼ぶようになった。

　ボンヘッファーは、ロンドンで在外牧師としてあらゆる努力をはらい、自らの教会や、それを超えてプロテスタントの世界教会《エクメーネ》に対しても、告白教会がドイツにおける唯一の正当な教会であり、帝国教会はそこから分離してナチスの干渉の言いなりになったことを分かってもらおうとした。イギリスのエキュメニカル運動活動家レナード・ホジソンに向かって、彼はこう主張した。帝国教会は、天の唯一の主への従順をこの世の（ナチスの）主《あるじ》や権力者への従順と並べて、いや、下位に置き、主イエス・キリストを裏切っている。なぜなら――マタイによる福音書六章二四節に出てくる山上の説教の言葉によれば――誰も二人の主人に仕えることはできず、一方に固執し、他方を軽んじるようになるからだ、と（14, 54f）[7]。ホジソンは納得せず、「われわれの主イエス・キリストを神として、また救い主として受け入れる」世界中のキリスト教の教団すべてがエキュメニカル運動に参加するよう招かれている、と原則を堅持し、帝国教会がこのことを行わないかどうか自分には見きわめられない、との考えを示した（14, 60）[8]。

　告白教会の独立形成の一環として、神学者の養成に力が注がれた。ボンヘッファーは招聘を受けてドイツに戻り、一九三五年四月に牧師研修所の所長に就任した。最初の半年コースの牧師候補生の中にエーバーハルト・ベートゲがいた。彼はその後もディートリヒ・ボンヘッファーの協力者であり、また友人であり続けた。彼の死後もずっと。

告白教会の活動は国家の法律によって禁止に追いやられた。一九三五年一二月以降、牧師研修所での養成は非合法に続けられた[9]。若い神学者たちは、不穏な状況の中で危険にさらされながら牧師になる準備をしていた。ボンヘッファーは、彼らと共に生活できることに感謝の気持ちでいっぱいだった。一九三二年か三三年ごろから、そうした神の言葉に耳を傾ける交わり《ゲマインシャフト》を願っていたのである。この交わりの中で、『服従』(*Nachfolge*, 一九三七年)と『共に生きる生活』(*Gemeinsames Leben*, 一九三九年)が生まれた。一九三五年から一九四〇年の間にボンヘッファーが養成した一八一人の牧師候補生の多くにとって、この時間は忘れがたいものとなった。彼らのうち少なくとも五三人が戦死してしまった。

ボンヘッファーの神学者養成は、最後にはヒンターポンメルンの人里離れた森に隠れて行われたが、一九四〇年三月に秘密国家警察《ゲシュタポ》に突き止められ、閉鎖された。ボンヘッファーは告白教会の指導部から新たな任務を依頼されたが、中でも彼にとって最も重要だったのが学術的な仕事であった。ボンヘッファーを担当していた兄弟評議会議長のヴォルフガング・シュテムラーは、この仕事に「大きな関心」が寄せられていると断言した(16, 70)[10]。その直後の一九四〇年一一月一六日、シュテムラーは逮捕された。こうしたことが告白教会メンバーの身にたびたび起こった。夥しい数の禁止令――滞在禁止、講演禁止、出版禁止――が出され、時には違反を余儀なくされることもあった。ボンヘッファーは、一九三八年一月一一日から公式にベルリンとブランデンブルクでの滞在が

禁止され、一九四〇年八月二二日から講演禁止、一九四一年三月一九日からは出版禁止となった。(11)

ボンヘッファーは一九四〇年以降の自分の活動を振り返って、次のように語っている。

［私は］これ以上の衝突を避けるために、バイエルンの山中に退いて、学術的な大仕事に取り組みました。このことを義務づけられた通りに国家警察にも報告いたしました……。教会からは、私の著書『服従』に続いて「具体的なプロテスタント倫理」が書き著されることに一定の関心が寄せられていると聞きましたし、私はもともと主に学術的な神学者として働いていたため、教会の観点からしても、当時の自分の仕事に満足できていたと言えるでしょう。……このように、当時の私の教会での業務は、ずっとこうした学術的な仕事に限定されておりましたし、講演禁止命令を厳守していました。(16, 410)

これは、彼が一九四三年の夏に、自分を尋問したマンフレート・レーダー調査官に宛てて紙に記したものである。一九四三年四月五日以降、彼はベルリン・テーゲル未決監に収容されていた。帝国軍事法廷での尋問では、国家に従順な、どちらかと言えば世事に疎い学者の典型のように振舞った。これはベートゲが名づけた第二の抵抗の形――「第一に告白、第二に殺人者の排除」――であり、陰謀をカモフラージュするために必要であった。ボンヘッファーは一九三八年に義兄のハンス・フォン・ドナーニに引き入れられて、国防軍情報部のカナーリス提督とオースター大佐を中心とする抵抗グループの一員となっていた。

レーダー宛ての別の手紙の下書きの中で、ボンヘッファーは自分が良心的で権力に従順な人間の典型であることを強調している。

権威《オーブリヒカイト》への従順というキリスト教徒としての義務に関する私の考えを知ろうとするなら、私の著書『服従』におけるローマの信徒への手紙一三章についての私の解釈を読むべきでしょう。キリスト者の良心ゆえに権威の意志と要求に屈服するよう求める訴えが、この箇所以上に強く表現されているところは、おそらくほとんどないでしょう。(16, 416f)

『服従』には、ローマの信徒への手紙一三章の「人は皆、上に立つ権威に従うべきです」(一節)という言葉について次のように書かれている。

なぜキリスト者は権威に対していとも簡単に矛先を向けるのか。なぜなら、権威の誤りや不正に腹立ちを覚えるからである。しかしこのように考察してみると、キリスト者はすでに、自分自身が実現すべき神の意志以外の何ものかに注意を向けるという、最大の危険にさらされている。……パウロにとって重要なのは、キリスト者が、どこにいようと、どんな心の葛藤に襲われようと、悔い改めと従順のうちに保たれることであって、この世の権威が正当化されたり拒否されたりすることではない！……［キリスト者が］権威に従うのは、何か利益のためではなく、「良心のため」(五節)である。したがって権威の誤りも、彼の良心を傷つけることはできない。彼は自由に、恐れることなく、罪なく苦しむ中で、なおも権威に対して、罪を負う従順を示すことができるのである。（4, 256ff）

これは、一九四三年にボンヘッファーがレーダーに主張したように、「キリスト教的良心ゆえに権威の意志と要求に屈服」（16, 417）せよとの訴えだったのだろうか。エーバーハルト・ベートゲは友人のこの陳述を前にして違和感を禁じえなかった。

彼はその陳述において、今や単刀直入に、権威に信頼を置くというローマの信徒への手紙一三章の一般的な理解を持ち出して訴えたのであるが、実は、的確に要点を示してこうした理解と戦っていたのである。(12)

これは、第八戒（ルター訳やチューリヒ訳では第八戒）（出エジプト記二〇・一六）の「あなたは隣人について偽わりの証言をしてはならない」に違反していないのだろうか。ルターは小教理問答書でこの戒めを解釈し、嘘に関して、「わたしたちは神を恐れ、愛するべきです。そうすれば、隣人をだましたりしません」と述べている。旧約聖書の第八戒ではそのように言われていない。また新約聖書の山上の説教でも、ボンヘッファーが「真実性」（4, 129）という見出しをつけたマタイによる福音書五章三三―三七節には、「嘘をついてはならない」ではなく、こう書かれている。「偽りの誓いを立てるな……。しかしあなたがたは、『然り、然り』『否、否』と言いなさい。それ以上のことは、悪から出るのである」（三三節、三七節）。ボンヘッファーは、一九三五年にはこう解釈していた。

完全な真実性を命じる戒めは、服従の全体性を表す一つの別の言葉に過ぎない。（4, 133）

しかし、一九四三年には、彼はローマの信徒への手紙一三章の自分なりの解釈を持ち出して、レーダー調査官を油断させるために利用したのだった。ボンヘッファーは一九四三年、彼がすでに一九三六―三七年に予測していた状況の渦中に巻き込まれていた。

戒めを逆説的に理解することはキリスト教的に正しいが、決して戒めの単純な理解を覆すことを許してはならない。（4, 73）

一九四三年への年の変わり目に、彼は共謀者たちに釈明するためにこう書き記している。

われわれは……誤魔化しや曖昧な言葉を使う技術を学び、経験から人間に対して懐疑的になり、たびたび真実や自由な言葉を語れないでいた。耐えがたい心の葛藤に疲れ果て、いや、シニカルにさえなったかもしれない――われわれは、まだ役に立つのだろうか。（8, 38）

レーダーによる尋問は一九四三年四月から七月に、その後ふたたび同年一二月にも行われたが、この期間にボンヘッファーはテーゲルの独房で「真実を語るとは」と題するエッセイを書いている(16, 619-629)。「なぜ旧約聖書では、神の栄光のために力強く、頻繁に嘘がつかれるのだろうか」と、一九四三年の待降節第二主日にベートゲ宛ての手紙の中で問いかけ、「(僕は今、そうした箇所を集めてまとめてみた)」(8, 227)と付け加えている。この編纂物は、「第八戒」という見出しをつけた全紙の二倍の大きさの紙の上に並べて保存されている。例えば、出エジプト記三章一八節、五章一節および三節である。

「モーセは神の命によってファラオに嘘をつかねばならないのだ！」……「第八戒は、事柄にではなく、完全に隣人と関連している」。……「たった一つの嘘が、嘘をついた人を暴き出すかもしれないが、多くの嘘をついたにもかかわらず（一つの事柄ゆえに）、真実の人であることがありうる」。(6e, 143-146)

すでに一九四〇年に、ボンヘッファーは次のように書き留めていた。

真実を語ることによって嘘が覆い隠されてしまうなら、たとえ真実の言葉であっても、嘘つきの口では不道徳なものになる。ここでは、真実が嘘に仕えている。したがって、重要なのは個々の真実の言葉ではなく、常に全体なのだ。嘘つきが真実を語るよりも、真実の人が嘘をつく方がよい――逆説的に表現するなら！（6e, 28）

レーダーの尋問に対するボンヘッファーの対処法は、それが陰謀ゆえに不可欠であったとしても、他人を欺くことに変わりなかった。問いは残る。

――われわれはまだ役に立つのだろうか。……さまざまな強制に対するわれわれの内面の抵抗力は、われわれが単純さと率直さに至る道をふたたび見出すほどに、十分な強さを、そして自分自身に対する誠意を、手加減なく十分に残しているだろうか。（8, 38）

さらに別の観点でも、逆説的な従順の「人間的には不可能な可能性」（4, 37）が陰謀において先鋭化した。ボンヘッファーが属する抵抗グループは、ドイツ軍をナチスの不正な体制の打倒を実行することが可能な決定的な力として見ていた。アドルフ・ヒトラーは一九三四年八月二日、それまで総司令官だったパウル・フォン・ヒンデンブルク帝国大統領が死去した後、国防軍の総司令官を自任し、国家におけるすべての権力を総統兼帝国首相である自らに集中させた。ヒトラーは一九三四年以降、すべての将校と兵員に彼個人に対する忠誠宣誓を義務づけた。ドイツ国防軍の宣誓の言葉は以下である。

私は、ドイツ帝国と民族の総統であり、同時に国防軍総司令官（Oberbefehlshaber）［一九三五年七月二〇日以降は、「最高司令官（Obersten Befehlshaber）」］であるアドルフ・ヒトラーに、無条件の従順と、勇敢な兵士としていかなるときもこの宣誓ゆえに身命を賭する用意のあることを、この神聖なる宣誓をもって神にかけて誓います。(13)

クーデターの成功の鍵を握っていた上級将校たちは、この誓いによって良心が拘束されていると感じていた。ドイツでは、公職にある民間人も同様に感じていた。既存の権威から大逆罪や国家反逆罪と見なされるような行動をとる覚悟があったのは、ほんの一握りの人だけだった。しかし、たゆみなく破滅をもたらす政権を打倒するためには、ヒトラーから権力を奪い去る必要があり、一九三八年以降は、彼を殺害する以外に方法はないと思われたのである。(14)

第五戒〔ルター訳やチューリヒ訳では第五戒〕ははっきりと、「殺してはならない」（出エジプト記二〇・一三）と命じている。山上の説教には次のように示されている。「あなたがたも聞いているとおり、昔の人は『殺してはならない。人を殺した者は裁きを受ける』と命じられている。しかし、わたしは言っておく。兄弟に腹を立てる者は裁きを受ける」（マタイ五・二一－二二）。ボンヘッファーはこの山上の説教の言葉をこう解釈した。

イエスが彼に服従する者たちに最初に示した律法は、殺人を禁じ、兄弟であることを命じている。（4, 122）

ある夕べにハンス・フォン・ドナーニがディートリヒ・ボンヘッファーに、新約聖書の「剣を取る者は皆、剣で滅びる」（マタイ二六・五二）という聖句について尋ねた。ボンヘッファーはこう答えた。この言葉はわれわれの共謀者グループにも有効だ。しかしこの言葉の有効性を引き受ける人間が今必要なのだ、と[15]。

『倫理』（*Ethik*）の「歴史と善」という章は、ボンヘッファーが一九四二年に執筆したものだが、ここに「責任を担う生の構造[16]」が示されている。「現実に対する即応性」という構造特性について、彼は次のように論拠づけている。

> ……すべての事柄《ザッヘ》には、その起源から、眼の前にある自然の所与のものであれ、人間精神が産み出したものであれ、物質として、あるいは観念として偉大なものであれ、一つの存在法則が内在している。……論理的な思考による法則は、例えば国家の法則よりも定義しやすい。……ある国家の形式的な法則に事務的に従う《ザッハリヒエ・ベフォルグング》ことが……人間の赤裸々な生の必然性と衝突することがある。こうした場合、事柄に即した《ザッハゲメース》責任を負う行動が、原理的に――法則的なものの領域、標準的なもの、規則的なものの領域を越え出て、もはやいかなる法規範によっても規制できないような、究極的な必然性をともなう非常事態に直面する。……この非日常的な必然性は、責任を負う人間の自由に訴えかける。責任を負う人間が、ここで、その背後に隠れ場所を求めうるだろう何らかの法規範は存在しない。したがってまた、そのような必然性に直面して、責

任を負う人間をあれこれの決断へと強制しうる何らかの法規範も存在しない。むしろ、このような状況に直面して、ただ、すべての法規範を完全に断念する道だけが存在している。ただし、そのことは同時に、それゆえここでは自由な冒険において決断せねばならないということを認識し、さらに、ここでは法規範が傷つけられ、破られ、つまりここでは必要性が戒めを破棄しているということを明白に認め、したがって、この破棄においてなお法規範が有効であることを承認した上でのことでなければならない。そして最終的には、いかなる法規範も断念することによって、しかも、ただそうしてのみ、自ら下した決断と行為とを、歴史を導く神の御手にゆだねるということも起こるのである。(6, 270-274)

この一節には、ヒトラー政権下での抵抗の状況との関連が、おそらく最も顕著に表れているだろう。ボンヘッファーは、彼ら自身を含む共謀者たちが、非日常的な必要性の訴えに現実に即して応えようとするのを見ていた。それは、法規範を破る自由と、それにともなう「殺してはならない」という公然たる戒めに「単純に」ではなく「逆説的に」従うという罪の告白を不可欠とした。彼は、「彼らがこの自由を――余儀なくされ、恵みに頼らざるをえないこと」(6, 283) を見て取った。自由な責任における非‐日常的な、異‐常な、無‐法な行動は、「いかなる有効な自己正当化も放棄して」(6, 285) 恵みを願うのである。

ボンヘッファーは『倫理』の原稿を非日常的な状況、つまり「極限的な場合」(6, 273) だけでなく、ナチスの第三帝国崩壊後の「統合された欧州」の「再建」(6e, 47) をも見据えて書いていた。

一九四三年の初め、彼は「平常時の場合」に取り掛かった。[17]「倫理的な人たち」がもつ傾向について、こう述べられている。

〔倫理的な人たちは〕フィクションから出発する。……あたかも人間のあらゆる行為の前に、神の警察によって明確な文字で書かれた「許可」または「禁止」の標札が立っているかのように。（6, 367）――イエス・キリストにおいて啓示された神の戒めは、生の全体を包含しており、倫理的なもののように生の侵しがたい境界線というだけでなく、同時に生の中心かつ充溢でもある。……自分の生の境界線に「～してはならない」という威嚇が立ちはだかるからではなく、生の中心と充溢に出会う所与の状況、つまり両親、結婚、生活、財産といったものを、神が設けられた聖なるものそれ自体として肯定するがゆえに、またそれらの中で生き、また生きたいと望むがゆえに、私は両親を敬い、結婚生活を保ち、他の人の生と財産を尊重するのである。（6, 384f）

これは、命じられた行動のもう一つのあり方であり、通常の（非―常ではない）、正常な（異―常ではない）、つまりは法則性が機能する場合に可能な、秩序ある通常の生活が営まれる世界において、御言葉に耳を傾けるといったあり方である。ボンヘッファーは、このように平和な時代を思い描いて、『倫理』の原稿の執筆を終えている。

第三帝国時代、とりわけ戦時中、ナチスのプロパガンダは、われわれは「偉大な時代」を生きているのだと人びとの頭に叩き込んだ。私たちは口に手をかざして、「もう少し小さい時代のほうがよかったのに」と本音を囁き合った。一九三九年九月一日、ヒトラーが第二次世界大戦を開始し、そのきっかけとなったポーランド侵攻は、一カ月後の一〇月一日、ポーランド軍の降伏によって終了した。間髪入れずして、フランスへの攻撃が計画された。ヒトラーは中立国であるオランダとベルギーを通って進撃する準備を命じた。ヴィルヘルム・カナーリス提督とハンス・オースター大佐を中心とする共謀者グループは、西方攻勢が開始される前にクーデターを起こそうと懸命に動いた。そのためには、陸軍総司令官ヴァルター・フォン・ブラウヒッチュの総指揮権《ベフェールスフォルマハト》が不可欠であった。しかし、ブラウヒッチュは期待に応えず――いかなる積極的抵抗の援助も拒否した。[18]オースター大佐はヒトラーの凱旋行進の続行を阻止するため、予定された攻撃日程をオランダに知らせ、標的を絞った防御に備えさせようとした。国家反逆罪に至る危険を冒すことを決意したのである。[19]しかし、ヒトラーは何度も日程を延期した。その結果、西側連合国はオースターからの情報を信用しなくなった。その間に、一九四〇年四月にはデンマークとノルウェーがドイツ軍に占領された。そして五月一〇日、西方侵攻が開始された。ありえないことが起こった。一九三九年のポーランド戦と同様、一九四〇年にドイツ国防軍は西側で「電撃戦」を展開したのである。すでに五月一四日にオランダでの戦いは終息し、五月二八日にベルギーが降伏、六月一四日には戦わずしてパリが占領された。ヒトラーの不気味な直感力は多くの人びとに――軍人、民間人を問わず――ますます感銘を与え、判断力を麻痺させることになった。一九四一年六月二二日以降のソビエト連邦攻撃におけるヒトラーの軍事的失策によって、ようやく徐々にその呪縛から解かれていった。一九四一年一二月一九日、ヒトラーはブラウヒッチュを解任し、自ら陸軍総司令官になった。最終的な没落への転機となったのは、スターリングラード（ヴォルゴグラード）の悲劇的結末である。一九四二年一一月一九日に、ソビエト＝ロシア軍はドイツ軍三三万人の兵を市内に封じ込めた。ヒトラーは都市からの撤退の試みを一切禁じた。次々と家屋の争奪が起こった。一九四三年一月三一日および二月二日に残党軍が降伏した。生存者はわずか九万人であった。

一九四三年三月に二つのヒトラー暗殺の試みが失敗した。三月一三日、ヒトラーが乗った飛行機に仕掛けられた時限爆弾が不発に終わった。三月二一日、ヒトラーはベルリンの武器庫に三〇分滞在する予定だったが、わずか一〇分で立ち去ってしまった。そのため、自分のコートのポケットに二つの爆弾を忍ばせて起爆しようとしていたフォン・ゲルスドルフ少佐は、ヒトラーに近づく間がなかった。一九四三年四月五日には、ボンヘッファーを含め、カナーリス提督率いる国防軍情報部と関係する者たちが逮捕された。秘密国家警察《ゲシュタポ》は、その時はまだ逮捕者たちが次なる暗殺計画に与しているという秘密に気づいていなかった。一九四四年七月二〇日のクーデター計画が未遂に終わり、初めてその偽装が露見した。偶然にも、一九四四年九月下旬に、ある隠し場所〔軍情報部退避壕の保管庫〕から軍情報部の共謀者グループの文書が発見された[20]――ハンス・フォン・ドナーニは、「スキャンダル編年史《クローニク》」によってヒトラーの悪行を記録していたのだった[21]。一九四五年四月五日、ヒトラーは共謀者たちの抹殺を決定した。四月九日に、カナーリス提督、オースター大佐、ディートリヒ・ボンヘッファーらがフロッセンビュルク強制収容所で絞首刑に処され、ハンス・フォン・ドナーニは、ベルリン近郊のザクセンハウゼン強制収容所で死刑になった。四月三〇日、ヒトラーが自殺した。五月七日と九日にドイツ国防軍の無条件降伏が発効された。ヒトラーの千年続くはずの第三帝国が終わった。春の夜に、もはや防空サイレンや爆音は轟かず、ナイチンゲールの歌声が響いていた。

注

（1）Bethge, Eberhard (1967): *Dietrich Bonhoeffer, Theologe-Christ-Zeitgenosse. Eine Biographie*, München: Chr. Kaiser. ベートゲは一九〇九年八月二八日に生まれ、二〇〇〇年三月一八日に逝去。

（2）告白教会の顧問弁護士であったフリードリヒ・ユストゥス・ペーレルスは、一九四四年七月二〇日のヒトラー暗殺未遂事件の後に投獄され、一九四五年四月二三日に背後から射殺された。

（3）マタイ五・四八の téleios は、第5章ではドイツ語の „vollkommen（完全な）“（4, 149）と訳され、第10章では „ganz（全体の／完全な）“（8, 303）と訳されている。

（4）（4, 69-76）の章につけられた題名は、「単純な従順」である。

（5）Bethge (1967), 390.

（6）ユーリエ・ボンヘッファーに宛てた一九三三年八月二〇日付の書簡。

（7）一九三五年七月一八日付の英文書簡。

（8）ボンヘッファー宛て一九三五年七月二六日付の書簡。

（9）第1章参照。

（10）一九四〇年一一月一六日、ボンヘッファーがベートゲに宛てた手紙。第1章参照。

（11）第3章参照。

（12）Bethge (1967), 917.

（13） 次の注釈六から引用。DBW 16, 160 Note 6.
（14） 次を参照のこと。Bethge (1967), 710f.
（15） Ibid., 704. 第1章も参照のこと。
（16） 第8章参照。
（17） 「主題としての『倫理的なもの』と『キリスト教的なもの』」と題した章（6, 365-391）。第1章および第11章も参照のこと。
（18） Bethge (1967), 756.
（19） Ibid., 759.
（20） Ibid., 910.
（21） Ibid., 703.

第10章　必要な高貴さ

ディートリヒ・ボンヘッファーが思い描くドイツの未来

秘密国家警察《ゲシュタポ》が一九四三年四月五日にベルリンで五人の人物を逮捕した。ヨーゼフ・ミュラーと妻アンニ、ハンス・フォン・ドナーニと妻クリスティーネ、そしてディートリヒ・ボンヘッファーである。男たちはカナーリス提督率いる国防軍情報部の同僚であった。親衛隊全国指導者ハインリヒ・ヒムラーを長とする帝国保安本部が国防軍情報部を排除しようとしたのだ。ここはゲシュタポから比較的独立して活動していたため、政治指導部にとって目障りな存在だったからである。そのカナーリスの部局内にこれらの人物が与する一つの共謀者グループが存在し、ヒトラー殺害を準備していたことは、まだ発覚していなかった。

逮捕者たちは別々に送監された。クリスティーネ・フォン・ドナーニ（旧姓ボンヘッファー）はシャルロッテンブルク地区カイザーダムの女子刑務所、ハンス・フォン・ドナーニとヨーゼフ・ミュラーはモアビート地区レールター通り六一番地に立つ士官クラスの囚人用の国防軍刑務所、そしてディートリヒ・ボンヘッファーはテーゲルにある兵員クラス用の古い国防軍未決監に送られた。

独房に入ってから最初の数カ月間、ボンヘッファーは、神学以外のものを執筆しており、その中に三場面からなる戯曲の断片も含まれている。一枚のタイプ複写用紙には、第一次世界大戦で重傷を負った帰還兵クリストフと一〇歳になる弟の会話が描かれている。幼い弟がたずねる。「……愛する神様のことを考えることがある？」クリストフが答える。「うん、僕は神と同じく、より幸福なドイツについて考えているよ——」。——この文章は未完である。別の一枚の紙きれに、「ドイツ」について書かれたテキストがあり、話は展開する。今、クリストフのガールフレンドのレナーテと彼の友人ウルリヒが一緒に遊んでいる。最終的にボンヘッファーはこの戯曲断片の中間の場面のために、そのテキストを三回書いている——それは彼にとって非常に重要だったのである(1)。

ウルリヒはクリストフの机の上に置かれた演説原稿を見つける。そこに何が書かれているか、彼にはすでに分かりきっていた。そしてレナーテに聞かせようと、最後のページを読み始める。

「人間に与えられた偉大な言葉を乱用から守るために、君たちに言っておく。……自分の生活、仕事、家庭によって真の価値を守ろうとする者は、耳触りのよい空疎な言葉を嫌悪し、背を向ける。なぜなら、そうした言葉を用いて大衆を預言者にしようと目論まれているからである。自由、友愛という穢れた言葉を、ましてやドイツなどという言葉を、今日まだ口にする善良な人間など存在するのだろうか。善良な人間はそれらの言葉を、謙虚で忠実な者だけが近づくことを許される聖域の沈黙の中に求める。われわれ一人一人がこれらの財に責任を負ってきた。今日、それらの言葉を口に上らせる者は、儲けになると考えている。しばらくは無言で最高の財を称え、しばらくは無言で正義を行うことを学ぼうではないか。最高の財の寡黙な聖域を中心として、われわれの時代の新たな高貴さが形成されるだろう。それは生まれでもなく、成功でもなく、謙虚さと信仰と犠牲によって確立されるものだ。偉大なものと些細なもの、有効なものと瑣末なもの、本物と偽物、重みのある言葉と軽い噂話とを区別する、紛れもない基準が存在する――それが死である。死が自分の近くにいることを知る者は毅然としているが、同時に寡黙である。……無言で、たとえ誤解され、孤独であることを余儀なくされようと、必要なこと、正しいことを行い、犠牲を捧げる――」。ウルリヒが言う。「ここで途切れている。珍しいことに、――僕はこの段落のことは、本当に知らなかったんだ。レナーテ、理解できたかい？」彼女が答える。「ええ、できたと思うわ」。(7, 48ff)

クリストフの犠牲とは、彼自身をレナーテから解放し、彼女が死の候補者である彼に束縛を感じずにすむように捧げるものだと思われる(2)。きっとボンヘッファーはマリーア・フォン・ヴェーデマイアーのことを考えていたのだろう。二人は逮捕の数週間前、一九四三年一月中旬に婚約している。囚われの身となった共謀者への断ちがたい思いが、果ては結婚に至ろうとはよもや思えなかった。たとえ関係者全員が、その後の二年間、健気にその夢を諦めなかったにしても。しかし個人的な生活の幸福を犠牲にすることは、新たな「現代における高貴さ」を築くための不可欠な行為ではない。

ボンヘッファーの場合、自分が獲得した認識を簡単に放置しないことを理解しておく必要がある。たとえそれが彼にとってどんなに大切なことでも、なおも疑問に付すのである。それゆえ戯曲断片の第三場面では、クリストフにプロレタリアのハインリヒを訪問させている。独学で教養を身につけた男で、クリストフと同じく戦傷によって障害を負い、確かな死の到来を待ち受けている。ハインリヒはクリストフのことを貴族と呼び、こう非難する。

「われわれ［「大衆《マッセ》」］が望むのは……生きることを可能にする足元の土地だ。それが僕の言う基盤《フンダメント》だ。君は違いを感じないのか？　君たちには基盤があり、君たちの足下には土地があり、君たちは世界に居場所がある。君たちには自明なものがあり、そのために君たちは責任を負い、そしてそのためなら冷静に首をはねさせることだってできる。なぜなら、君たちの根はとても深く張っているから、再び伸びてくるとわかっているからだ」。（7, 69）

クリストフは、すっかり考え込んでしまった。

「……僕はそんなふうに考えたことがなかった――君の言う通りだと思う――わかるよ――生きることと死ぬことを可能にする足元の土地――」。ハインリヒが言う。「一人の下層民がいて、この下層民はずっと下位に居続けなければならないとする。だからと言って、足元に土地を与えられずにそんな生活の中に押し込まれてきた者たちに、なんの罪があるんだ？　君は嘆きにとらわれることなく、彼らの傍らを通り過ぎたり、彼らのことを話したりできるのか？」。（7, 71）

これをもって緊張が解かれぬまま戯曲断片は終わっている。クリストフが演説のテキストに書いていたような「新たな高貴さ」は本当にドイツに必要なのだろうか。この表現は、シュテファン・ゲオルゲ（一八六八―一九三三）に一つの類例、あるいはその模範さえ見られる。

君たちが探す新しい貴族を
紋章や王冠から連れて来てはならない！
すべての階層を司る者には
等しく　金で動く官能のまなざしがある
等しく　窺い見る粗野なまなざしがある……
家系もない雑草のなかに
独自の階級に稀な若芽が成長する
そして君たちは同族の人びとを
真の灼熱の瞳を見て　それと知るのだ。(3)

「新しい貴族」は、紋章や九、七、五の放射状飾りの数で位階を示した冠を身につけた生まれながらの貴族の中から探してはならないと、ゲオルゲはこの詩ではっきりと告げている。それは、第一次世界大戦の勃発前に草案が作られた詩集『盟約の星』（*Der Stern des Bundes*）に収められた一〇〇篇の詩の一つであり、ゲオルゲの周りの「かなり限定された範囲の友人たちのために」、すなわち「同盟」のために、つまりは、若くして亡くなり、神話化された青年「マクシミーン」が「星」としてこの同盟の足もとを照らすという構想に基づいて書かれたものである。(4) ゲオルゲ・サークルには排他的＝貴族的な生命感が見られ、古典古代が甦るであろう精神的ゲルマニアに期待が寄せられていた。大地から芽生えつつある新たな高貴さ、死によって栄化されて輝く、世界を転換へと導く星――こうした詩的な語りにかまけて熱狂に陥るという危険が忍び寄っている。フーゴ・フォン・ホーフマンスタール（一八七四―一九二九）がゲオルゲに警告した。

彼の言葉から、目立たず静かに、
支配と誘惑が放たれる。
彼は虚空を絞めつけるようにかき回し、
触れもせずに、殺すことができる。

〔ホーフマンスタールの詩『預言者』（*Der Prophet*）より引用〕

ホーフマンスタールは、束の間の嵐のような交友関係を経た後に、強引に自らをゲオルゲの呪縛から解き放った。

しかし一方で、ゲオルゲ・サークルにはシュタウフェンベルク三兄弟が属していた。そのうちのクラウス・シェンク・フォン・シュタウフェンベルク伯爵（一九〇七―一九四四）が、一九四四年七月二〇日、ヒトラーの司令部に爆弾を仕掛けた。違法に爆薬を入手したアルブレヒト・フォン・ハーゲン（一九〇四―一九四四）は、次のように深い感銘を受けていた。

どれほど頑強にシュタウフェンベルクが、彼自身がそう呼んでいた「聖なるドイツ」（das geheiligte Deutschland）という目標から目を離さずにいたか、そしてこの目標に「内《うち》からの転覆によって」近づくために何度も力を振り絞っていたか。陸軍大将たちはやらない、われわれがやるしかない、そうシュタウフェンベルクは言っていた。(5)

ドイツを「聖《ゲハイリヒト》なる」と語るのは非常に危険である。ボンヘッファーは、極端なものへと引き上げられると、何か一見してよいものでも反転して、奈落の底に落ちていくことに気づいていた。

内容的に、善は常に二つの深淵の狭間に存在する……。悪に善が挟み撃ちされる危険にさらされている……狭き道！（6e, 65）

「命に通じる道は狭い」と、山上の説教で告げられている（マタイ七・一四）。一九四五年に始まったニュルンベルク裁判では、祖国愛は何か善きものとして、ナチスの被告たちによって自己弁明のために利用された。「『ドイツ！』――これが彼らの究極の論拠である。『ドイツのために！』そのように彼らが主張したその瞬間、このドイツは彼らの罪によって、瓦礫と灰の山と化していた」。彼らは「ドイツ」に向かって、「自分たちの最も奥底にある、最もひたむきな愛の対象として呼びかける。そしてこれは本来、恐るべきことだ」とヴィリー・クランプは記している。東プロイセンの詩人である彼は、ボンヘッファーの戯曲に登場するクリストフと同様に、「いかに『第三帝国』の偽預言者たちが大言壮語してきたか」に愕然とした。(6)

またクリストフの演説原稿には、「聖域《ハイリヒトゥーム》」という言葉も出てくる。

「しばらくは無言で最高の財を称え、しばらくは無言で正義を行うことを学ぼうではないか。最高の財の寡黙な聖域を中心として、われわれの時代の新たな高貴さが形成されるだろう」。(7, 49)

「最高の財」を無言で称えつつ正義を行う――これは財の倫理《ギューターエーティク》を示唆している。神学者のフリードリヒ・シュライアマハーは財の倫理について一つの領地に例えて説明しており、生命に不可欠な収穫をもたらすのであれば、これは善であるという。

一九四〇年の夏から秋にかけてボンヘッファーは倫理を主題に一冊の本を手がけ、フォン・クライスト＝キーコウ家の客人としてポンメルンの所領に滞在して執筆した。一〇月の初めに彼はベルリンの母親に宛ててこう書いている。

外では激しい嵐が木々から葉っぱをもぎ取って冬の訪れを告げているのに、僕は今とても穏や

かに座って仕事をしています……。ここは今、ジャガイモの収穫時期に入っており、どうやら良好のようです。(6e, 7)

この文章は、キーコウ領の分農場である「ポンメルンのグロース＝チューーホウにあるクライン・クレシン」の絵葉書に書かれたものである。その写真に載っている細長いハーフティンバー様式の木組みの家は、ボンヘッファーを援助していた母方のルート・フォン・クライスト・レッツォウ(旧姓ツェードリッツ＝トリュッツシュラー伯爵)の隠居所である[7]。ボンヘッファーは三つある屋根裏部屋のうち、「満足感」と呼ばれている客間で仕事をしていた(6e, 7)。

ボンヘッファー家では、よくあるように、教養市民層と貴族が混在していた[8]。しかし地方貴族とボンヘッファーが近づきになったのはポンメルンが初めてだった。一九三五年以降、彼は告白教会のための神学者養成を――ナチスの立法の視点からすれば非合法に――一九三七年まではシュテッティン近郊のフィンケンヴァルデで、その後はヒンターポンメルンの隠れ家で実施した。ルート・フォン・クライスト＝レッツォウは、シュテッティンで「孫たちの合宿」を行っていた。彼女は神学に強い関心を持っており、一九三五―三六年にボンヘッファーが所長を務めるフィンケンヴァルデ牧師研修所を見つけ出した――そして、三人の孫がボンヘッファーの堅信礼準備授業を受けることを強く要望した。マリーア・フォン・ヴェーデマイアーも「孫たちの合宿」には来ていたが、この授業を受けるにはまだ年が若すぎた[9]。ボンヘッファーの受堅者だったシュペース・フォン・ビスマルクは、一九九〇年に開催されたあるシンポジウムで次のように語っている。

ルート・フォン・クライストの比較的年少の孫たちはみんな田舎で育ったので、高等教育を受けるためには全寮制の学校に通わせる必要がありました。テンプリン、アルテンブルク、ハイリゲングラーベ——伝統的な学校がいくつもあり、近隣の領主の家の子どもたちが、よくそこで出会いました[10]。

ボンヘッファーが『倫理』(*Ethik*)のために考えて書き留めたメモの中には田舎暮らしを称賛したものがある。

> 目的のための手段としての生活と、自己目的としての生活[11]……都会と田舎、都会暮らしの有目的性、田舎暮らしの自己目的性。幸福。満足感の回復。(6e, 35)

また、ボンヘッファーが財の倫理に関する自分の見解を大まかに書き留めた「善」という見出しの紙きれがたくさん残っている。原稿を書くまでには至らなかったものである。それらの紙片だけが、彼が高貴さについてどのように書こうとしていたか、その方向性を示している(6e, 61)。

> 「存在《ザイン》(根源的)としての善——貴族的——栄光、落着き、高貴さ」は、「実現(意思的)としての善——民主主義的」と区別される。

「『存在』（高貴さ）と『意志』」（6e. 101）。次のような引用文もある。

シラー　高貴さは、道徳的な世界にも存在する。一般的な諸本性／それらは何を行うかによって対価を支払い、何であるかによって高貴である。「善と生」―存在。（6e. 107）

根源―的な存在というイメージは、ステファン・ゲオルゲの詩の中にも潜んでいる――「独自の階級に稀な若芽が成長する」。それは、ボンヘッファーの戯曲の一場面でも見られる。

……君たち［貴族］の根はとても深く張っているから、再び伸びてくるとわかっているからだ。（7, 69）

ボンヘッファーは、実《み》によって木を見分けるというマタイによる福音書七章一八節で語られた山上の説教の言葉を念頭においていたのかもしれない。深く張った根は、伝統を守り、芽生えさせ、支《ハルト》えとなり、自明なことに対する生きる姿勢《ハルトゥング》を養う。

ボンヘッファーが誕生を待ち望んでいるのは、次のものである。

既存のあらゆる社会階層の人びとから成る集まり《クライス》を束ねる、新しい高貴な生きる姿勢。（8, 32）

覚え書きメモより。

「……常に、全体としてのみ善［である］……全人格、個々の行為だけでなく、実《み》の全体（die ganze Furcht）」（6e, 42）――「必要なことを行うことであり、善くあろうと望むことではない。『生《レーベン》』」（6e, 116）。

これはボンヘッファーにとって大切なことだった。一九四四年四月一六日、二〇歳の誕生日を迎えたマリーアに、獄中から次のように書いている。

［ねえマリーア］、君は僕が［二〇歳の時に］ただ夢見ていたことを、現実の生活の中で行い、知り、経験して、かなえている。認識すること、望むこと、行うこと、感じること、そして苦しむことが、君にあっては二つに分裂することなく、一つの大きな全体であって、一方が他方によって強められ、完成される。……それが僕が必要とするもの、君の中に見つけたもの、僕が愛するものなんだ――全体的なもの、分かたれていないもの、それが僕が憧れ、求めてやまないものなんだ。(12)

獄中で読んだ本に関して、彼は喜びをもってこう記している。

一三世紀の「世俗性」（……パルツィヴァール〔ヴォルフラム・フォン・エッシェンバッハ著『パルツィヴァール』。聖杯を探して旅をする騎士の物語〕、驚いたよ、パルツィヴァールの異母兄弟のフェイレフィースに体現されたイスラム教徒に対する寛容には！……）――人間性、寛容、柔和、節度……が、最も美しい形で〔当時は存在した〕。(8, 352f)[13]

一二世紀ボヘミアの一人の騎士を描いたアーダルベルト・シュティフターの長編小説『ヴィティコー』の中に、ボンヘッファーは、自分が「実《み》の全体」(6e, 42) という言葉を用いて考えていたことが語られているのを見つけた。

「それで、あなたはご自分でおっしゃるような正しい人なんですの？」と少女は尋ねた。「わたしが正しい男かどうか」と騎手は答えた、「見てのとおり、まだわたしにはわからないのです。しかし、ただ常にできることのすべてを、わたしはこの世界でやるつもりです[14]」。

ヴィティコーは、すべてを行う中で実《み》を結ばせることを願っている。ボンヘッファーは『ヴィティコー』について友人のエーバーハルト・ベートゲに語るとき (8, 303)、マタイによる福音書五章四八節の「天の父が『完全 (ganz)』(téleios) であられるように、あなたがたも完全な者となりなさい」という山上の説教の一節を思い出させている。[15]

書かれずに終わった『倫理』の「善」を主題とする章のために、ボンヘッファーは「作中人物」を書き並べていた。そのリストの先頭は、「キリスト教的な人物　例えば、騎士、キリストの兵士——強さと愛の共存」(6e, 65)である。その他に挙げられた作中人物には、「狂信者（社会秩序、真実、平和など）」がいる一方で、「保守主義者」も見られる。ボンヘッファーはキリスト教的な保守主義者たちと、ポンメルンの貴族と交流する中で出会っていた。彼らの生きる姿勢について、ボンヘッファーの教え子で告白〔教会〕牧師（Bekenntnispfarrer）のハンス＝ディートリヒ・ポンペが、一九九〇年に開催されたシンポジウムで次のように語った。ちなみに彼は、一九五一年にボンヘッファーの受堅者だったシュペース・フォン・ビスマルクと結婚している。

> 保守主義は、一つの精神的姿勢《ガイステスハルトゥング》を継続し、また持ち堪えることに少なからぬ意味をもっていた。……これらの保守主義者はその気になればザクセン王のように、「汚れ仕事は君たちが勝手にやればいい。私はペーツィヒに帰る、ラスベックに帰る」と言うことができた。私の義父ヘルベルト・フォン・ビスマルク〔一八八四―一九五五〕は……一九三三年三月にすでに国務を退いた。人格が無くなる危険がなかったのだから、羨むべき状況だ。(16)

ビスマルク家はラスベックに根づいており、ボンヘッファーの婚約者マリーアは騎士領ペーツィヒの出身であった。彼女の父ハンス・フォン・ヴェーデマイアーは、一九三三年五月末にヒトラーの本拠地ベルリンの政界を後にした。地主貴族層は自分の領地に帰ることができた。彼らは「足下の土地」(7, 71) を所有しており、受け継がれた土地に根ざし、戯曲断片で「大衆」の代弁者としてハインリヒが言うような「風に吹き飛ばされるもみ殻」のように、支えがなく《ハルトロース》、生きる姿勢が定まらず《ハルトゥングスロース》、「方々に吹き飛ばされる」(7, 70) といった存在ではなかった。

一七一三年にプロイセン王となったフリードリヒ・ヴィルヘルム一世（一六八八―一七四〇）は、地方貴族を国民の奉仕に必要な役人や士官に登用するために呼び寄せた。それ以来、こうした貴族たちは公共の福利に仕えることに馴染んでいたが、それを自己責任による自由なやり方で行っていた。ボンヘッファーはポンメルンで、とりわけハンス・フォン・ヴェーデマイアー（一八八八―一九四二）という人物に「自由な領主」像というものを見ていただろう。クラウス・フォン・ビスマルク（一九一二―一九九七）は、マリーア・フォン・ヴェーデマイアーの長姉ルート＝アリス（一九二〇年生）と一九三九年に結婚しているが、彼は農業の師であり義父であるハンス・フォン・ヴェーデマイアーに次のような賛辞を送っている。間違いなくハンス・フォン・ヴェーデマイアーは、この「伝統的なプロイセン気質とポンメルンの敬虔主義によって刻印された」世界の一部であり、「ユンカーの典型を不撓不屈の最たるものとして表していた」。しかし、そう、彼は明らかに群を抜いていた、と次のように説明している。

「彼の笑い声は、より自由に響き、彼の政治的な発言は、より問いかけ、より耳を傾けさせた」。……「私はペーツィヒの教会で、彼が庇護者《パトロン》として統治の奉仕を行うのを見ていただけでなく……、かつて私が体験したことがないほど、ある謙虚さと敬虔さとが、疑いようもなく非常に大きな生きる喜びと結びついて一対となっているのもまた目の当たりにしたのである」。[17]

ハンス・フォン・ヴェーデマイアーの妻ルート――旧姓フォン・クライスト＝レッツォウ（一八九七―一九八五）――は、こう回想している。

ハンスが仕事のために部屋へ、家畜小屋へ、工房へ、畑へ、そして森へやって来ると、その場が明るくなり、みんながいくらか幸せな、楽しい気持ちになった――ハンスが怒った時でさえ、そうだった。いたるところで締め付けや生い立ちという鎖が外れ落ちたのは、彼の自由さのおかげだったのだろうか。[18]

彼が自分の所領への配慮について妻に話した言葉は記憶に値する。

しかし、それでも僕たちの仕事の究極の意味は、ペーツィヒを成長させることではなく、ここの人びとを善きことのために強くすることなのだ。[19]

一九四二年八月二二日、ハンス・フォン・ヴェーデマイアーがスターリングラード〔の戦い〕の前に亡くなったとき、ボンヘッファーは夫人に手紙を送った。

深く尊敬する奥様！　ご主人様がフィンケンヴァルデの私の部屋にお座りになり、当時マックスが受ける予定の堅信礼準備授業についてお話し下さったのは、七年ほど前［おそらく一九三六年］のことでした。この時ご一緒させていただいたことを忘れたことはありません。年月を重ねてお子様のほぼ全員と知り合う中で、私はキリストを信じる一人の父親から放たれる祝福《ゼーゲン》の力に、しばしば強い感銘を覚えました。祝福とは、何か純粋に霊的なものではなく、地上の生活に深く影響を与えるものです。正しい祝福のもとで、生命は健康に、堅固に、未来を喜び、活動的になります。それはまさに、生命、力、喜び、行為の根源から生きているからにほかなりません。そのような祝福から生き、その祝福を究極の責任において次へと渡していかれるご主人様の姿が、今日、私の目の前にあります。(16, 350)[20]

この人物の印象もあってか、ボンヘッファーは「敬虔であることとの自然的な権利」を「自然的な生の諸権利」(6e, 72, 75) の一つとして考察しようとしていた。それは、驚くべき一つの人権――主人もまた唯一の主を持つことを知るという、行動をともなう積極的な知識としての「敬虔」に対する人権である。

来たるべき「統一欧州」(6e, 47) の設立のために、またそこに含まれるドイツのために正しい上下について考えることは、ボンヘッファーにとって重要であった。地上の主人であること、そして責任をもって命じることと同様に服従することには、たとえそれが、「現代的感覚からすると極めて不快な方向性《テンデンツ》(6, 375) であったとしても、「上から下にという方向性」が内在している。この

「上下」は、

上であれ下であれ、神からの委託と神にのみ身をかがめる……者同士の……一つの関係である。主人もまた唯一の主を持っており［エフェソの信徒への手紙六章九節「主人たちよ……あなたがたも知っているとおり、あなたがたの主も天におられる」］、この事実だけが、そもそも主人であることを根拠づけ、権限を与え、僕《しもべ》に対して主人であることの正当性を宣言するのである。主人と僕は互いに、ほかならぬその栄誉に対して義務を負っており（6, 395）、

そのほかならぬ栄誉は、その権限に由来している。上位にあることの乱用が、「下位にある者を損なう」ことがある。しかし、「同程度に、また同様の頻度で、下位の乱用」（6, 395）が存在する。下位にある者が、自分が上位にある者を基礎づけていると不当に思い込むことがありうる。ボンヘッファーが一九三三年のナチスの革命以前にすでに脅威を感じていたことが、[21] 一九四三年にはヒトラー政権下のドイツにおいて悪夢のように現在していた。

もはや真の意味での上下は存在せず……下位にある者は——下から見て——上位にある者の中に、ただ下位が上位であろうとする要求が擬人化されているのを見るばかりである。（6, 396）

下位にある者が上位にある者に憤怒すれば、目下のところ上位にいる者は、下位にある者に対してテロを働くことによってのみ、そこで持ち堪えることができる。

> 怒り荒れ狂う力に戦慄を覚えるとき、上から基礎づけられた一つの真の秩序がそもそも可能だったという事実が、現実に存在する秩序として、一つの奇跡として、現れなければならない。上下の真の秩序は、「上」からの委託を、つまり「主人たち」の「主」を信じることによって命が吹き込まれるのである。(6, 396)

この精神に基づいて、ハンス・フォン・ヴェーデマイアーは「ペーツィヒ王《ロワ・ド・ペーツィヒ》」——そう彼は自称していた[22]——として、領地の人びととの主人となっていたのである。

エフェソの信徒への手紙六章九節の意味で「天の」主について知る人は、無暗に、また意に反して地上の要求に屈することはない。プラトンのマリオネットの譬え[23]のイメージを用いるなら、自分を四方八方に引っ張り回そうとする、硬く鉄でできた拘束に屈することなく、唯一の主の方を、つまり「その」神の方を（zu „dem“ Gott）仰ぎ見ながら、柔らかな黄金の糸をしっかりと握り、その糸によってのみ自分で動けるようにしてもらうのである。このようにギリシャ語のテキストでは、「その」神（„der“ Gott）というふうに〔神（Gott）に定冠詞をつけて〕書かれている。古代キリスト教神学では、神は「最高の善」とされる。このような背景から、クリストフは戯曲断片の中で、「最高の財の聖域」（7, 9）について言ってのけることができたのだ。

ボンヘッファーは一九四四年に獄中でこう問いかけている。[24]

……いかにしてわれわれは、宗教的に特権を持つ者としてではなく、むしろ完全にこの世に属するものとして自らを理解し、エクレシア、すなわち召し出されている者であれるのか。そのときこそ、キリストはもはや宗教の対象ではなく、何かまったく別のもの、真にこの世の主なのである。（8, 405）

究極的に主である方を仰ぎ見るとき、人間は自由に責任を負うことが可能となり、「いかなる法規範によっても正当化されない、自由な冒険として」責任ある行動が、つまり「必然的となった、しかし（あるいはその点において！）自由な行為が、神にゆだねつつ」なされるのである。

まさに、自分一人で責任を負う自由において行動する者は、自分の行動が神の導き手に合わさっていくのを見る。自由な行為は究極的には神の行為として、決断は神の導きとして、冒険は神の必然性として、認識されるのである。（6, 285）

ボンヘッファーは「市民としての勇気（Civilcourage）とは？」と題する一節でこのように記している。

> われわれドイツ人は長い歴史の中で、従順であることとの必要性とその力を学ばねばならなかった。……われわれの眼差しは上に向けられていた。奴隷のように恐れるのではなく、自由に信頼を置き、任務においてある使命《ベルーフ》を、職業《ベルーフ》において神による召命《ベルーフング》を見て取ったのだ。（8, 23）

それがプロイセンの美徳だったのである。しかしながら、この美徳は同時に「自由に責任を負うことに尻込みする」といった態度をともなう可能性があり、ボンヘッファーは一九四四年七月八日にベートゲに宛てた手紙の中で考えを巡らして、「強い罪」について検討していた（8, 511）。〔「市民としての勇気とは？」には、さらに次のように書かれている。〕ドイツ人は、

> 従属を厭わない心構え、つまり任務に身命を賭すことが、悪に利用される可能性があることを考慮していなかった。……決定的な根底の認識がドイツ人にまだ欠けていたと判明せざるをえなかった。つまり職業や任務に反してでも、自由な責任ある行動をとる必要性が存在するという認識が欠如していたのである。……しかし市民としての勇気は、自由な人間が、自由に責任を負うことによってのみ培われる。今ようやくドイツ人は自由な責任の意味に気づき始めた。それは唯一の神に基づくものである。神は、責任ある行為という信仰に基づく自由な冒険を要請され、またそのために罪人となった者に対して赦しと慰めを約束されるのである。（8, 24）

そのように決然とボンヘッファーは、自由な人間の自由な責任を不可欠であると見なし、しかも

この認識を究極的な結論に関する知識として認識するにとどめなかった。彼がその認識を指針とし始めたのは、獄中で戯曲の執筆を中断した後、「その素材を物語形式に書き直す」(8, 135) 試みに着手した時である。一九四三年の夏から秋にかけて、〔未完の〕小説の中の「日曜日」(7, 73-191) という表題の章が生み出された。この章の終わり近くに、アビトゥーア〔高校卒業(大学進学資格) 試験〕の受験生であるクリストフが、きょうだいと共に招待されたフォン・ブレーマー家の午後のお茶会の席で、上層階級の必要性についてあくまでも自説を主張する場面がある。彼の口からフォン・ブレーマー少佐に向けて情熱的な反論の言葉が噴出する。

「あなたの一言一言が、ハラルトおじさん」と、クリストフは口火を切った。「まるで足元の土地を取り去られるような、海の上を彷徨わされるような、そんな感覚にさせました。現実の生活への愛、共に生き、互いに歩み寄ることが、歴史と人生の究極の教訓だとおっしゃるのですね。しかし、共に生き、互いに歩み寄ることをことごとく不可能にする、いや、不可能にしようとする諸力がすでに働いているときは、どうするんです？　一切の意志の疎通なく、ただ勝つか負けるかの戦いが、すでにわれわれに布告されているなら？　われわれに対して、ある力が――今まで眠っていた怪物のような力が――われわれの人生に価値と重みを与えてきたものすべてを破壊しようとする力が――牙をむいたら？　そう、われわれがこの力の中にあらゆる生の秩序の破壊だけを、その中に悪の化身を認識せずにいられない時です。そうなれば――そう、そうなれば、どんな代償を払っても互いに歩み寄る努力など、もはや問題ではなくなる。むしろ、人生の内実、究極の信念、価値観、基準の問題だけが残る。そうなれば、あなたが非難する『一切か無か』の問題でしかありません。その決断を回避する者は、自分自身に対する、自分の過去や職業に対する、そして自分の近しい人たちに対する裏切り者になる。人間間の平和などまるであてになりませんから、太平の夢から叩き起こす必要があると僕は思います。人びとは待ち望んでいるんです。自分たちにあえて確固たる基準を与え、その基準に従って生き、その基準のために戦う勇気のある、そんな人たちが現れるのを。そしてわれわれ、われわれこそが、この闘いの先頭に立って指揮を執らねばなりません。なぜなら、われわれは自分たちが何を守り、何を望んでいるのかを知っているからです。そして人間はたいていが怠惰で臆病ですから、主人と僕《しもべ》が、いや、本当はほとんどこう言いたい、奴隷が、存在する必要があります。……しかし主人たちの小さな一群にとっては、すなわち自由な人間、エリート、指導者にとっては、生活への愛や幸福が究極の基準であってはなりません」。(7, 180ff)

少佐は真顔でこう述べる。

……「なんて気むずかしい世代なんだ！……若いうちからこれほど厳しい見方をしなければ人生を乗り切れない世代に、どんな時代とどんな課題が待ち受けているというのか。恐ろしいことだ。しかしクリストフ、いいかねクリストフ、もし君たちがすでに厳しくあらねばならないとしても、――厳格さを美化してはいけない！　もし君たちが自分たちのやり方を押し通すために、すでに非情であらねばならないとしても――忘れないでおくれ、とにかくできる限り人の願いを聞き入れ、柔軟になるんだ。……君たちは、何のために主人でありたいのか、何のために指導者でありたいのか、何のために不幸に耐える覚悟があるのか――もし、他の人間を幸福にすることを許されるためでなければ。……君は何かとても危険なことを言ったね、クリストフ……ひょっとしたらそれは、ドイツにとって必要なことかもしれない。だが――それは火遊びだ。君の言うことを誤って理解する人が、言語に絶するような惨禍をもたらすかも知れない」。……クリストフは、自分が話している間、レナーテ［彼が心を寄せている南アフリカ育ちの若い娘］にどんな変化が起こったか、気づいていなかった。……彼は、最も彼独自の最善のものを語ってみせたのである。それが彼のドイツ観であり、彼が考える同世代の使命だった。しかしレナーテがそこで耳にしたのは、彼女を苛むドイツの声、そう、彼女を威嚇し、いつかこの地に慣れ親しむようになると思えなくさせる、そんなドイツの声であった。彼女はクリストフの言葉を正しく理解したのだろうか。生まれながらの主人と生まれながらの奴隷についての彼の発言は、実にクリストフがレナーテ以上に嫌悪感を抱いたあの若い森番の振る舞いと、何か精神的に通ずるものがあったのだろうか(25)。レナーテは、この支配者性すべてのおぞましい戯画と、それ［支配者性］自身とを混同したのだろうか。クリストフが言おうとしたことはそれほど誤解を招きやすいものだったのか。小さな人びとが大きな思想を自分に引きつけて考えるとき、もしやそうした戯画化は不可避の帰結だったのか。(7, 183ff)

支配民族というヒトラーの狂気の沙汰でしかない神話の響きが感じられる。しかし、必要な厳格さとまったく同程度に生きるために必要な柔和さとの緊張関係は解かれぬままである。

ドイツに不可欠な「市民の勇気」について述べたあの一節は、ボンヘッファーが一九四二年末にハンス・オースター大佐を含む抵抗運動の仲間たちに届けたテキストの一部だった。オースター大佐は一九四〇年、西方侵攻の開始前に、ヒトラーによるヨーロッパ蹂躙をドイツの敗北によって阻止するため、攻撃を行う可能性が高い日を対戦国に教えた人物である——自由な責任において国家反逆罪に問われる危険を冒したのだ。[26] ボンヘッファーは一九三八年からカナーリスの部局内の抵抗運動グループに加わっていた。ヒトラー殺害を企図した反逆者たちの決断を共に担い、それが第五戒「殺してはならない」〔ルター訳やチューリヒ訳では第五戒〕に叛くことをはっきりと認識した上で、この極めて限定された共謀者グループに牧会者として寄り添っていた。ボンヘッファーと道を共にした伝記作家のエーバーハルト・ベートゲは、この関与によってキリスト教の名声に傷がつくことを承知しており——「もし誤解されれば……犠牲を払うことになる」と戯曲断片でクリストフが記している（7, 49）——、キリスト者が完全に同時代人の中に入って行くために支払われるこの犠牲は、ボンヘッファーにとって容易なことではなかった。[27] パウロにはユダヤの同種族の同胞たちのために「キリストから離される」ことも厭わない覚悟があったことを彼は想起し、「隣人のために神を断念すること。ローマ九・三」（6e, 116）と『倫理』のためにメモしている。

ヒンターポンメルンの所領ランゲンで、エリカ・フォン・ハーゲン、すなわちシュタウフェンベルクのために爆薬を調達した人物の妻が、ヒトラー暗殺計画の最後の試みが未遂に終わった一九四四年七月二〇日の翌朝に耳にしたことを報告している。

料理人の女性が悲鳴をあげた。「シュタウフェンベルク伯爵家の一人が総統を暗殺しようとしたんですって！」。さらに彼女は、ローベルト・ライ［ナチスの帝国組織指導者］が、「いつだってこの貴族たちときたら……！」と言っているのを聞いた、とつけ足した。(28)

ボンヘッファーは、この入念に計画された自由な責任を負う行為が失敗に終わったことを、一九四四年七月二一日に友人のエーバーハルト・ベートゲに暗にほのめかしたように、独房で「感謝して、心平和に」受け入れている（8. 542）。彼はこの冒険が、つまり「自分一人で責任を負う自由」におけるこの行動が、「神の導き手に合わさっていく」のを見たのである（6. 285）。第三帝国で抵抗運動に関与した他の大勢の人たちと同様に、彼が殺されることが明らかになった後に——このために多くの旧貴族の親族が責任を取ることになった——、一九四四年一〇月、彼は聖書の「ヨナ」の物語の第一章を題材にした詩の中で、次のように書いた。

「わたしは神の前に罪を犯した。
……その罪はわたしのもの。神はわたしに激しい怒りを下される。
敬虔な者は、罪人《つみびと》と関わって死んではならない！」。
彼らは恐れおののいた。だがそれから力強い手で

咎ある者を投げ込んだ。すると海は荒れるのをやめた。（8, 606）

一九四五年四月九日、ボンヘッファーはフロッセンビュルク強制収容所で、カナーリス提督やオスター大佐らと共に絞首刑に処された。すでに連合軍の砲弾が鳴り響き、ナチスの不正な体制に外から終止符が打たれることとなった。

注

（1）編者の前書きを参照のこと（7, 9）。

（2）マリーア・フォン・ヴェーデマイアー（一九二四年生）は、一九七六年、ジュネーブでボンヘッファーの生誕七〇年を共に祝った。一九七七年に逝去。

（3）George, Stefan (1914), *Der Stern des Bundes*, Stuttgart: Klett-Cotta 1993, 85. 一八巻本全集の第八巻。

（4）Ibid., 5, 119f.

（5）Albrecht, Dagmar (2001): *Mit meinem Schicksal kann ich nicht hadern ... - Sippenhaft in der Familie Albrecht von Hagen*, Berlin: Dietz, 89. 第9章も参照のこと。

（6）Kramp, Willy (1955): *Wenn ich es recht bedenke. Kleine Traktate*. Hamburg: Furche, 30 & 14.

（7）Bethge, Eberhard/Bethge, Renate/Gremmels, Christian (Hrsg.) (1986): *Dietrich Bonhoeffer - Bilder aus seinem Leben*. München: Chr. Kaiser, 184.

（8）第4章参照。

（9）一九二八年四月九日にキーコウで行われた堅信礼のテキスト（15, 476-482）を参照のこと。

(10) Feil, Ernst/Tödt, Ilse (Hrsg.) (2001): Dietrich Bonhoeffer und der pommersche Adel. Symposion für Ulrich Kabitz April 1990, in: *ibg Bonhoeffer Rundbrief: Mitteilungen der Internationalen Bonhoeffer-Gesellschaft Sektion Bundesrepublik Deutschland* (Sonderausgabe Oktober 2001), 26.

(11) イマヌエル・カントにおける対概念。第8章を参照のこと。

(12) Bismarck, Ruth-Alice von/Kabitz, Ulrich (Hrsg.) (1992): *Brautbriefe Zelle 92. Dietrich Bonhoeffer - Maria von Wedemeyer 1943-1945*, München: Beck, 167 & 169.

(13) これについてヴィリー・クランプも喜びをもってこう述べている。われわれの中高ドイツ語の作家たちは、「勇気と強さと並んで、騎士の『柔和さ』（milte）を称えている。……パルツィヴァールにとって、彼が強く、英雄であることは何の役にも立たない。謙虚の道、すなわち隣人の困窮に寄り添う道を見いださない限り、聖杯（グラール）の交わり（Gemeinschaft）に入ることはできない」。Kramp (1955), 38.

(14) 〔A. Stifter: *Werke und Briefe*, V/1, 31f. からの引用〕。一九四四年一月二九日と三〇日付のベートゲ宛ての書簡でのシュティフターの引用に関する注釈参照（8, 303 Note 15）

(15) マタイによる福音書五章四八節、第5章参照。

(16) In: Feil/Tödt (2001), 63f.

(17) Wedemeyer, Ruth von/Wedemeyer, Peter von (1993): *In des Teufels Gasthaus. Eine preußische Familie 1918-1945*, Moers: Brendow, 142, 144.

(18) Ibid., 58.

(19) Ibid.

(20) 一九四二年八月二五日付の書簡。

(21) 〈3, 35〉創世記一・二に関して次のように述べている。「暗闇の深淵――これが闇の権力の最初の響きである……、権力と支配力（Macht und Gewalt）とは、今はまだ創造主に仕えてその栄光を讃えているが、ひとたび起源から、根源から引き裂かれると、反乱と暴動（Aufruhr und Empörung）と化す」。

（22）クラウス・フォン・ビスマルク、一九九〇年のシンポジウム。Feil/Tödt (2001), 17.

（23）『法律（ノモイ）』644d/645a および804b。第12章参照。

（24）一九四四年四月三〇日付ベートゲ宛て書簡。

（25）例の森番は、「若い、細身の男で、黄色の狩猟用のブーツと真新しい緑の制服を身につけ、乗馬用の鞭を手にしており」（つまりヒトラーが愛した、自分と彼の戦闘員用の装備と同様の出で立ち）、フォン・ブレーマー少佐がやって来る前に、クリストフと彼のきょうだいを怒鳴りつけ、殴りかかったのである（7, 113, 115）。

（26）Bethge, Eberhard (1967): *Dietrich Bonhoeffer; Theologe-Christ-Zeitgenosse. Eine Biographie*, München: Chr. Kaiser, 759. 第9章参照。

（27）「神学者―キリスト者―同時代人」という伝記の副題は、ボンヘッファーの生涯の段階を表している。

（28）Albrecht (2001), 138.

第11章　「聖なること」は難しい？

絵物語のキャラクターZ氏のテーマに関するモットー

聖人になりたいかと、
Z氏がたずねられたとき、
むっとして肩をすくめて
こう答えた。
おっしゃる意味でしたら、わたしはただ――人間でありたい。[1]

ボンヘッファーの『服従』（*Nachfolge*）には、「聖徒」（Die Heiligen）という表題の章（4, 269-296）がある。この本は二部構成である。第一部でボンヘッファーは、共観福音書のテキストを解釈している。これらのテキストはイエスの生涯と宣教の言葉を証しするものである。『服従』の第二部は、フィンケンヴァルデ牧師研修所の授業から生まれ、使徒言行録と新約聖書の手紙を取り上げている。

これらはイエス・キリストを証しするものである。一九三五年一二月一六日のボンヘッファーの講義で、フリードリヒ・トレンテポールが次のようにノートを取っている。「教会における告白とは、イエスがキリストであり、主である（Kyrios Jesus）ということである」(14, 448)。ボンヘッファーは、イエスという人間の名前と、告白の中で口にされるキリストという称号の両方を述べることに注意を払っている。使徒とは、ボンヘッファーによれば、「神によって選ばれた、イエス・キリストによる啓示の事実を証しする者」(4, 243)である。使徒たちの勧めの言葉――「使徒的なパレネーゼ」(6, 282)――を、彼は山上の説教に対応するものとして理解している。その両方にとって、服従における Wandel（行状／変化）が問題となる。ドイツ語の wandeln がもつ二重の意味―― gehen（歩む）と verändern（変化させる）――をボンヘッファーにおいて聞き取ることが許されるだろう。つまり、生きる態度としての行状（Lebenswandel）と生の変化とである。これについて書かれているのが、「聖徒」という章である。[2]

パウロのローマの信徒への手紙六章三節で述べられた「キリスト・イエスに結ばれるための」洗礼は、「恩恵あふれる死」(4, 22ff) として、イエスの全権をもつ服従への呼びかけに対応している。ルターは小教理問答書の中で、「水の洗礼」とは、日ごとに「すべての罪とともに死ぬ」ことであり、日ごとに「新しい人がよみがえる」ことである、と説いている。[3] 私たちは、つくり変えていただいて、「新しい命の内に歩む」(ローマ六・四) のである。「この時から、新約聖書の中でキリスト者は『聖徒』としか呼ばれない」とボンヘッファーは言い切っている (4, 274f)。この呼称は、受け取られた恵み、つまり賜物を表している。ボンヘッファーはそれを「義認」と「聖化」という神学概念を用いて説明している。

義認とは新しい人間の創造であり、聖化とはイエス・キリストが来られる日までその人を保持し、守ることである。(4, 275)

「『聖化《ハイリグング》』であって、『神聖さ《ハイリヒカイト》』ではない」と、エーリヒ・クラップロートがフィンケンヴァルデの一九三六―三七年冬期コースで取ったノート(14, 727f)に、次のように書き留めている。

聖化とは、ようするに、われわれは神によって聖化されたという根拠があって初めて聖なるものとなるということである。「箱舟」は出発した。今にも船から転落するかもしれない!……信じる者は、箱舟の中に入り、箱舟は岸を離れ、箱舟は岸にたどり着く。義とされ、聖化され、完成される。……神の名を汚さないために。(14, 728)

義認と聖化について、ボンヘッファーとカール・バルトの間で手紙が交わされることになる。フィンケンヴァルデ第一期生の休暇研修会で、ヴィリー・ロットが一九三六年四月二三日に、「カルヴァンにおける義認と聖化」について発表を行った。ロットはフィンケンヴァルデの学監であった。改革派教会の信徒である彼には、ボンヘッファー所長のもとでルター派一辺倒にならないように配慮する役割があった。フィンケンヴァルデ牧師研修所は、古プロイセン合同教会の告白教会に属していた。この合同教会では、フリードリヒ・エルンスト・ダニエル・シュライアマハー（一七六八―一八三四）の提案によって、一つの州教会に改革派とルター派が統合されていた。ロットは、スイスの改革派神学者カール・バルトの教え子であった。一九三五年の夏、彼はバーゼルのバルトを訪ね、フィンケンヴァルデのことを報告した。(4) 一九三六年には、ボンヘッファー自身がバルトを訪問しようとした。そこでスイス人のエルヴィン・ズッツが面会の手配を試みた。ズッツは一九三〇―三一年のニューヨーク留学以来、ボンヘッファーと親交のあった人物である。そして九月六日の日曜日の午後、バルトはズッツとボンヘッファーを待っていた。しかしズッツから電話があり、残念ながらボンヘッファーとの面会の約束はうまくいきませんでした、と告げられるだけに終わった。

訪問は叶わなかったが、ボンヘッファーは九月一九日にフィンケンヴァルデからバルトに手紙を出している。

先日スイスに行ったとき、久しぶりにぜひあなたにお会いしたいと思いました。それが叶わず、ものすごく残念です。あなたを訪問すると、ただでさえ四方八方から時間を奪われていらっしゃるのに、多くの時間をとらせてしまうと思うと、いつも気がとがめます。それでも今回は、

何としてもお会いしたかったのですが。(14, 234f)

ボンヘッファーには、心にかかる重要な問題があった。

> 主たる問題は、山上の説教の解釈と、義認と聖化に関するパウロの教義です。……研修所にやって来る若い神学者全般に看取されるのは、少し前から私が取り組んでいる問題を、彼らもまた抱えているということです。またこのことは、もちろん共同生活に強い影響を与えます。……しかし、神学的な仕事も真の牧会的な交わり《ゲマインシャフト》も、朝夕の御言葉をめぐる集い、つまり決まった祈りの時間によって定められた一つの生活においてのみ成長可能なことは確かです。……最近、告白教会の指導的人物が、「今、われわれに黙想する暇はない。牧師候補生は、説教や教理問答を学ぶべきだ」と私に言うのですが、これは今日の若い神学者についてまったく知識がないか、説教と教理問答がどのようにして生まれるかについて傲慢にも無知であるか、そのどちらかです。(14, 235ff)

バルトは返事の手紙を、チューリヒ州のベルグリで、一九三六年一〇月一四日に書いている。

> ご存知でしょうか、……長い間、私があなたについて知りえた唯一のことが何であったか。それは、あなたがインドに行き、ガンディーあるいはその地の別の神の友〔神秘主義者〕から何

らかの霊的技術を学び、それを西洋で応用しようと大きな成果を期待しているという奇妙な報せです！　しかしその後、そう一年前に、あなたの学監であるロットがここに私を訪ねて来て、もう少しそのイメージが具体的になるように話してくれました。……そして今、私はあなたご自身からも、あなたが義認と聖化という尽きることのないテーマと、理論的にも実践的にも特別な方法で取り組んでいることを伺いました。……懸念がないというわけではありません。というのも、この一五年間、私はほとんど絶え間なく、まさにこのテーマに関して、異議、「関心」、補足、あるいは過度な提案の嵐にさらされてきたからです……。ここで私がしだいに一つのまとまった見解を持つようになったことが、あなたにはおわかりでしょう。つまり、人間に固有な一領域における何らかの（事実上、常に抽象的な！）［聖化の］実現のために、本来のキリスト論的－終末論的アプローチを断念することについてです。……私の記憶違いでなければ、たしかロットからこの夏、あなたの研修で導入された聖書黙想のための手引書を受け取りました。じっくり読ませていただきましたが、この問題に関して非常に満足だと申し上げることはできないでしょう。私は、神学的な研究と教化的な省察との間の基本的な区別に関してすでにもう、この文書から読み取れるようには、そしてあなたからの手紙に認めるようには考えを共有することができません。そしてまた、あの文書に潜む定義しがたい修道院的エロスとパトスの匂いが気になるのです。（14, 249f, 252f）

バルトは、すでに一九三五年にロットから報告を受けて、フィンケンヴァルデに何かしら「修道士的な傾向」を察知した。バルトの同僚シャルロッテ・フォン・キルシュバウムが教会暦に、「カールが警告。私たちには逃飛行のように思える」(14, 250) と書き込んでいる。

ボンヘッファーはバルトの手紙を読んで、「とても親切」、「とても友好的で、関心を持ってくださっている」と感じた。このことを一〇月二四日にエルヴィン・ズッツ宛ての手紙で書いており、さらに、「僕はまた返事を書きたい」(14, 256) と付け加えている。ボンヘッファーは、傷つけられた、諭された、打撃を与えられた、とは感じていなかった。動じることなく、引き続きフィンケンヴァルデの研修生たちに日々の聖書黙想を、つまり、週ごとに変わる短い聖書のテキストを静かに集中して観想することを課した。バルトが手紙の中で言及した「日々の黙想のための手引」(14, 945-950) は、一九三六年春にベートゲが書いたものである。

なぜ私は黙想するのか。キリスト者だからである……。御言葉を宣べ伝える者だからである。聖書が日ごとに私自身に語りかけてくださらなければ、他の人たちのために聖書を解釈することはできない。祈りつつ御言葉を黙想することを続けないなら、自分の職務において御言葉を乱用することになる。(14, 945f)

義認と聖化に関して言えば、ボンヘッファーはバルトが自分とは何か別のことを考えていると確信していた。つまりは、「聖なること」が容易ではなく、難しい聖化、すなわち、自分の神聖さを自分の領域において自分で実現しようと努力する人間の苦行のような方法での聖化が考えられているのだと。

一九三五年夏に開かれたフィンケンヴァルデ第一期コースで、マルコによる福音書四章二六—二九節に出てくる「ひとりでに」、つまり「自動的に」育つ種の譬え話についてボンヘッファーが行った説教の草稿を、ヴォルフガング・シュラーダーが速記で書き取っていた。

> ……告白教会における苦難。……服従し、弟子であろうとする多くの人たち。彼らは神の国とその成長について知っており、昼に夜に心を配り、自分を見つめ、生と聖化を巡り案ずる。後退すれば、ふたたび成しとげる日まで懸命に努める。イエスへの大きな愛。とても大きな。(14, 351f)

しかしながら、これはどこかおかしい。「聖なること」は、「自虐的な態度」にあるのだろうか？一九三六年一〇月二〇日、ボンヘッファーはフィンケンヴァルデ第二期生の休暇研修会で、テモテへの手紙について聖書研究を行った[5]。ゲルハルト・リーマーが次のように速記している。テモテの教会には誤った教えを説く者たちがいるが、

> 彼らは議論や口論に病みつきになっているⅠ〔第一テモテ〕六・四。常に学んではいるが、いつになっても真理を認識することができないⅡ〔第二テモテ〕三・七。常に努力し、奮闘し、問題を提示し、そして確信を持つことがない人たちである。……彼らは自分たちの永遠の不確

かさの中でこそ、自分たちは聖徒であると信じている。……しかし彼らのキリスト教性は、それを並外れた神聖さに高めることができるという点で、正しいとされるわけではないのではないか I四・三? ……パウロは、福音だけに目を向ける者が持つ、澄んだ眼差しを保ち続けている。反省《レフレクスィオーン》からもたらされる神聖さにこそ、人間の病すべてを見ている。(14, 963f)

「聖なること」は、「反省」に求められるのだろうか?

マタイによる福音書六章一節にはこうある。「見てもらおうとして、人の前であなたがたの善行《ゲレヒティヒカイト》を行わないように注意しなさい。さもなければ、あなたがたの天の父のもとで報いをいただけないことになる」。ボンヘッファーはこう解釈している。

従う者に命じられている唯一の反省は、従順さにおいて、服従において、愛において、まったく無知であること、まったく無反省でいることである。善を行うときは、右の手のすることを左の手に知らせてはならない［マタイ六・三］。あなたは、自分の善を知ってはならない。さもないと、それは実のところあなたの善であって、キリストの善ではない。キリストの善、服従による善は、知らずに起こる。愛の真の業《わざ》は、いつも自分に隠された業である。(4, 155)

ベートゲは、一九三五年にフィンケンヴァルデで行われたボンヘッファーの講義に我を忘れて聞き入り、こうノートを取っていた。

自分の善を知ってはならない‼ そうしてのみ、神の善にとどまる。(4, 155 Note 14)

ベルリンでボンヘッファーに学んだハンガリー人のフェレンツ・レヘルは、深く思いに沈んでいた。ボンヘッファーの深い洞察によれば、服従における善は知らずに行われる……。そう、まったく反省なしに……。私の記憶が確かなら、彼は夢遊病者のイメージを用いていた。(6)

ボンヘッファーは、一九三四年一〇月二八日にロンドンで、第一コリントの信徒への手紙一三章の愛の賛歌に関する説教の中で次のように述べている。

したがって、ただ愛においてのみ、神ご自身が私たちを通して行われるのですから……、愛は神ご自身であり、神のご意志なのです。それゆえに、愛は、決して絶えることがなく「八節」、決して迷うことがなく、自らの道にとどまり、夢遊病者が持つ確実さをもって歩むのです。(13, 394)

真の愛の業《わざ》の行く手が、反省する意識的な自己―意志(Ich-Wille)によって遮られることはない。月夜を彷徨う夢遊病者の動きの確実さ――これはマリオネットの美しい舞踏を私に想い起こさせる。

ハインリヒ・フォン・クライスト（一七七七―一八一一）の『マリオネット劇について』（*Über das Marionettentheater*）[7]という対話形式の物語がある。語り手は、「少し前からこの町のオペラ劇場で第一舞踏家として」雇われている紳士と話をしている。舞踏家が言う。「もしわたしがマリオネットを操ったら、自分にも、ほかのどの舞踏家にも到達不能の舞踏を演じてみせるでしょう。マリオネットにはいったいどんな長所がそなわっているか？ 何よりもまず、「人形は一度たりとも自分を飾ったことがありません」。人形遣いは「針金もしくは糸を使って」人形の重心を支配しますから、残りの肢部はすべて死物も同然、「たんなる重力の法則にしたがうのです。わたしたち舞踏家の大部分には無いものねだりの卓越した特性なのです」。そこで語り手は、ある少年が、「彼に自然にそなわっていた優美さのもつ確かさ」と一緒に彼の愛らしさを、自分で手に入れようと力を尽くした途端に失ってしまった、と話した。舞踏家が話をまとめて、優美さは、「認識がいわば無限のなかを通り抜けたとき」に、「意識がまるでないか、無限の意識があるか」になってふたたび立ち現れるでしょう、と言った。「『とすると』、わたし〔語り手〕はいささか茫然として言った。『無垢の状態に立ち返るためには、もう一度認識の樹の実を食べなければならないということですか？』――『おっしゃるとおり』、彼は答えた。『それが、世界史の最終章なのです』」[8]。

紀元前四〇〇年ごろ、ギリシャの哲学者プラトンは対話篇を書いたが、そこでも譬え話が登場する。どうやらハインリヒ・フォン・クライストは、法律についての対話に出てくる次のようなマリオネットの譬え話[9]を知っていたらしい。――命あるものはみな神々のマリオネットであると想像してみよう。たくさんの鋼が、鉄の針金が、人形を四方八方に引っ張り回す。これは地上のさまざまな執着であり、生きものを制御してあらゆる方向に動かそうとする。しかし、引く力の中に一本のしなやかで柔らかに引っ張るもの、黄金の糸がある。これをしっかりと握り、離さないことが大事だ。そうすれば、この一本の糸に導かれ、マリオネットはこの上なく美しく踊ることができるだろう。――プラトンの対話の中では対話相手がこう反論する。人間は神々のマリオネット、つまり遊具に過ぎないと言うのか。君はわれわれ人間という種族をずいぶん貶めるのだね、と。すると譬え話の語り手は、驚かないでおくれ、となだめる。そして今、語り手は黄金の糸を握って天を見上げ、そこから見つめられていると感じている様子で、こう付け加える。その神を仰ぎ見て（zu dem Gott）[10]、〔喜びをもって〕神の苦しみを受けつつ《エアライデント》語ったのだ、と。

この「苦しみを受ける《エアライデン》」という言葉を、ボンヘッファーはマタイによる福音書五章の解釈の最後で使用している。「服従する者の行い」（4, 148）は、

> それがキリストの受難に巻き込まれて行く点で、「特別なもの」であることが証しされる。この行いそれ自体が絶え間なく苦しみを受けることである。この行いにおいて、キリストはご自分の弟子によって苦しみを受けておられる。そうでなければ、それはイエスが言われるこの行いではない。（4, 148f）

ボンヘッファーは「神の愛と世界の堕落」という表題の『倫理』（*Ethik*）のための原稿に、「受動性の概念」に関する結びの段落を添えている。

ここで問題になるのは――神学において人間の受動性について語られるとき、常にそうであるように！――心理学的な概念ではなく、神の前における人間の実存に関わるもの、つまり神学的な概念である。神の愛を眼前にした受動性というのは、思考、言葉、行為を排して、ただそうした「静謐な時間」[11]にのみ私に与えられるような神の愛に安らうことではない。神の愛は、海難に遭ったときに身を寄せる単なる避難港ではない。神に愛されることは、決して強い思いや喜ばしい行為を禁ずるものではない。われわれは全体的な人間として、考え行動する人間として、キリストにおいて神に愛され、神と和解している。全体的な人間として、考え行動しつつ、われわれは神と兄弟を愛するのである。(6, 340f)

ボンヘッファーは、一九三六年一〇月末にカール・バルトに返信したいと思っていたが、バルトは受け取っていないようだ。しかし、『服従』は届いた。一九五五年、バルトは『教会教義学』第四巻の中で、感情あふれんばかりにボンヘッファーの『服従』について言及している。「人間の聖化」と「服従への招き」について書かれた「抜群に最高の作品」であり、この著を生み出した男は、服従を「行為によって最後まで実践しようとし、また自分自身のやり方で実際に行った」と。[12]バルトは後のパラグラフ〔六八節〕の中で、「愛の行為」というテーマを手がけている。ここで彼は最初に、この行為において人間は神と向かい合っているのであり、「神のマリオネット」などではないと強調している。[13]ひょっとしてバルトは、マタイによる福音書六章三節についてのボンヘッファーの解釈を読んで、プラトンのマリオネットの譬えを思い出したのだろうか。その二頁後に、バルトはプラトンの洞窟の譬えを用いて次のようにまとめている。(14) ——聖霊の働きによって愛する者へと造り変えられた者は、「洞窟に住まう人間がそうしたように、広々とした場所に出て来て、そこでは太陽がさんさんと輝いているから、ちょっと目を瞬かせたり、またそこでは風雨にさらされるから、ちょっと思案したりもするが、それでも外に出て来て」、「自分は自分自身のものだという誤った考えを捨てることによって」、自分自身のものとなる(15)——。これこそが——バルトは目を瞬かせながらじっくりと考えたのかもしれない——おそらくボンヘッファーが言う「聖化」の意味だったのだろう。

『服従』の「聖徒」の章は、聖化の「実り」としての「善き業《わざ》」に集約される。この章の冒頭でボンヘッファーは、モーセ第三書の次の言葉（レビ記一九・二、二一・八）を引用している。「あなたがたは聖なる者となりなさい。わたしが聖なる者だからである」。「わたしは聖なる者、あなたがたを聖別する主である」(4, 270, 276)。この「聖なる」は、マタイによる福音書五章四八節の「だから、天の父が完全であられるように、あなたがたも完全な者となりなさい」に出てくる「完全」に相当する言葉である。ギリシャ語版では、téleiosとなっている。エーリッヒ・クラップロートは一九三六―三七年冬期コースで、速記でこう書き留めている。(16)「……完全（téleios）であること……は、『善き業』へと［促す］」(14, 617 Note 103)。パウロはガラテヤの信徒への手紙の中で、「実り」として、「愛、喜び、平和、寛容、親切、善意、誠実、柔和、節制」（五・二二―二三）を挙げている。ボンヘッファーは次のように述べている。

霊の結ぶ実は、神おひとりの御業による賜物である。その実を結ぶ者は、木がそうであるように、その実のことを知らない。……聖徒自身は、自分が結ぶ聖化の実のことを知らない。左の手は、右の手のすることを知らない［マタイ六・三］。もしここで何かを知りたいと思い、ここで内省に陥るとしたら、……彼らの実りの時はすでに過ぎ去っているだろう。(4, 283) ――このように、われわれの善き業は、われわれの目から完全に遠ざけられたままである。われわれの聖化は、すべてが開示されるその日までわれわれに隠され続ける。ここで何かを見たいと思う者、ここで自分自身について開示されたいと望み、忍耐強く待とうとしない者は、報酬を失う。われわれは、誤って聖化の進展が目に見えると思い込み、それを喜ぼうとする。しかし、まさしくそうした進展の中でこそ、まさに悔い改めに招かれているのである。(4, 295)

一九三六―三七年コース生との議論の中でボンヘッファーは、「どの狂信的な完全主義」も「聖化に関する聖書の言表に対する誤解」に基づいて成長する、と警告している (4, 220 Note 10［ボンヘッファー自身による注釈］)。この点において彼はカール・バルトの正しさを認め、自己―聖化の「人間に固有な一領域における実現」(14, 251) は魅力的に見えるかもしれないが、誤った道に誘うものである、と述べている。「聖徒」の交わり《ゲマインシャフト》の中で生じるさまざまな罪は、偽装によって取り除かれてしまうに違いない。一九三六年一〇月二〇日の聖書研究で、ボンヘッファーはテモテの教会で偽りを説く者たちの「見せかけの聖性《シャインハイリヒカイト》」について語っている[17]。

ボンヘッファーは「聖徒」の章にある注釈に、フリードリヒ・コールブリュッゲ（一八〇三―一八七五）、すなわちヴッパータール＝エルバーフェルトにおける主の御前の偉大な説教者が行った礼拝からかなり長い引用文を載せている。それは、ガラテヤの信徒への手紙二章二〇節に出てくる聖句「生きているのは、もはやわたしではありません。キリストがわたしの内に生きておられるのです」に関するものである。このコールブリュッゲからの引用について、バルトは一九五五年に出版された『教会教義学』の中で言及している。コールブリュッゲの文章にはこうある。「……もはやわたしは罪を持たず、罪を犯さない。わたしは神の道を歩み、神の御心をなし、また、完全に神の御心に従っていることを、わたしは善き良心をもって知っている……」――彼は、すなわちバルトは憂慮したであろう。というのも、この文章には心理学的な次元の響きがあるため、「ほとんど完全主義的とも言うべき調子を咄嗟に聞かないようにするには、少なくとも骨が折れる」[18]からである。一九三五―三六年にバルトは、ボンヘッファーがいったいどのように「聖化」を扱うか、心に掛けていた。しかし、その懸念は完全には払拭されなかったようである。なぜなら、「ヴッパータール敬虔主義者」は、バルトが「人間に固有な一領域における実現」（14, 251）として挙げた一例だったからである。

ボンヘッファーはフィンケンヴァルデでの新約聖書の授業のために、「聖化のうちに変化しつつ歩む《ヴァンデルン》こと、成長すること」について四頁のノートを作った。しかし、「聖化のうちに」という言葉は削除し、次のように述べている。

新しい生とは一つの状態ではなく、一つの変化する歩み《ヴァンデルン》であり、歩みを重ねていくことである。しかしまたそれは、意識のない夢中歩行《シュラーフヴァンデルン》ではなく、意識をともなう、責任を負う歩みである。われわれは、この変化する歩みに入っていくように戒められる必要がある。(14, 616)

つまり、山上の説教と使徒たちの勧めの言葉《パレネーゼ》によって戒められねばならない。

したがって、ただ運ばれたり、導かれたりするだけでなく、一つの変化する歩みでもある。聖化とは、聖霊《ガイスト》とは、新しい生とは、人間の一つの質ではなく、人としてのキリスト、向かい合っている方としてのキリストご自身を表しているのである。ようするに、魔術でも神秘主義でもなく、正しい者として、善き業《わざ》を行い、変化しつつ歩むことである。(14, 616f)

「マリオネット」は黄金の糸を自分の手でしっかりと握っていなければならない。しかし、こんなにも美しく踊るのは自らが完全だからではない。

ボンヘッファーは、非合法の神学者養成が一九四〇年に秘密国家警察《ゲシュタポ》(19)によって禁止されると、『服従』に続いて、「具体的なプロテスタント倫理」について書き始めた。一九四二年、彼は「責任」を「〈自分の生に対する然りと否として〉イエス・キリストの生に応答する生」と定義した(6, 254)。責任を負う生に関する記述の中に、『服従』におけるマタイによる福音書六章の冒頭の解釈がふたたび登場する。彼はフィンケンヴァルデで一九三五年以降にこう語っていた。

服従による善は、知らずに起こる。……無知でいるように肝に銘じよ！　そうしてのみ神の善となる。（4, 155）

一九四二年、彼は『倫理』の「歴史と善」という表題の原稿の中で、「責任ある生の構造」について書いた。それによれば、責任ある行動は、「自己正当化」を放棄することによって生起し、

善と悪についての究極的かつ有効な知識を放棄することをともなう。責任を負うという善は、善について知らずに行われる。……自分の善について知ることを自由に放棄することによって、神の善が行われるのである。（6, 285）

一九四三年に逮捕される直前に書かれた『倫理』の中の「主題としての『倫理的なこと』と『キリスト教的なこと』」という章にはこう述べられている。

神の戒めの前で、人間は、……現にすでに道を歩んでいることを許されている……、まったく心の葛藤なしに、あることを為すことも、別のこと（おそらく理論的・倫理的観点からは同様に差し迫ったこと）を為さないことも、許されている。人間はすでに踏み出し、その途上で、神によって、善き天使〔「眠りの天使」（6e, 134）〕よって為されるかのように、導かれ、付き

添われ、守られることが許されている。こうして神の戒めそのものが、今や日常の一見ささやかで意味のない言葉や文章、暗示、助けというかたちをとって、人生に一貫した方向性と個人的な導きを与えることが可能になるのである。(6, 388f)[20]

新約聖書の世界では、「分裂、対立、倫理的問題を抱えた世界が、姿を消したかのようである」。ここでは、「生と行為には、問題をはらむもの、責め苛むもの、暗いものは何もなく、自明なもの、喜ばしいもの、確かなもの、曇りなきものがある」[21]。ここで「聖なるものであること」はたやすい。もしそれが難しいと感じられるのであれば、何かが間違っているのだろう[22]。

以前に私は、カール・フリードリヒ・フォン・ヴァイツゼッカーから一つの公案、つまり一つの黙想の言葉を教わった。それは、彼が中国中世の格言集(『碧巌録』)[23]に見つけた、「至道無難、唯嫌揀択」(至道は難しくはない、ただえり好みを嫌うだけだ)という言葉である。これこそが、ボンヘッファーが気づいていたように、服従する者、すなわち責任を負う者が招かれている道である。

ヒトラー暗殺の最後の試みが失敗した一九四四年七月二〇日の翌日、ボンヘッファーはエーバーハルト・ベートゲ宛てに平穏そのものの手紙を書いている。これはすべての手紙の中でベートゲが一番好きだったものである。ボンヘッファーの遺稿がベルリン国立図書館に移管されたとき、ベートゲは、ボンヘッファーが獄中でも読み続けていた黙想のための聖書とこの手紙は手離さなかった。ベートゲが二〇〇〇年三月一八日に亡くなった後、この手紙が彼の書斎に残されていた。

一九四四年七月二一日の手紙(8, 541-543)の中でボンヘッファーは、一九三〇―三一年にニューヨークのユニオン神学校に留学していた時に交わした会話を想い出している。ジャン・ラセールが、「僕は聖人になりたい」と言ったことだ。ボンヘッファーは思い返してみて、「彼が聖人になっていることはありうる」と述べている。当時、彼はラセールに反論し、「だいたいこんなことを言ったんだ。『僕は信じることを学びたい』とね。長い間、僕はこの矛盾の深みがわからずにいた」。それが今、一九四四年になって、長い間こう考えていたことがはっきりとわかったのである。「僕は、自分自身が何かしら聖なる生活のようなものを送ることで、信じることを学べるかもしれないと考えていた。この道の終わりに、おそらく『服従』を書いたのだ」。「おそらく……書いたのだ」――そう、彼は正確にはわかっていないのだ。彼が自覚したのは――『服従』で述べられていた難しくはない「聖なるものであること」に関する知識とは裏腹に――当時おそらく彼自らが、自分を何者かに仕立て上げたいと望んでいたことである。ひょっとするとそれは、「聖人か、回心した罪人」だったかもしれない。このことをベートゲに打ち明けたのだった[24]。

　エレミヤ書四五章五節の預言者の言葉がボンヘッファーに語りかけた。「何か大きなことをあなたは自分のために求めているのか。求めてはならない！」。黙想のための聖書では、エレミヤ書のこの章の五節にだけ多くの下線が引かれている。これほど広い範囲に下線が引かれている箇所は他のどこにも見当たらない。エレミヤ書四五章五節はこう続く。「見よ、わたしはすべての肉なる者《フライシュ》に災いをくだそうとしているからだ、と主は言われる」。「すべて」という言葉に下線が引かれ、その横に手書きで「正しくても、正しくなくても（すべての肉なる者）」と書き込まれている。五節の終わりではこう告げられている。「しかしあなたの命［下線あり］は、あなたがどこへ行っても守り、あなたの戦利品［下線あり］とする」[25]。

「聖徒の交わり」の箱舟から転落するかもしれない、とエーリヒ・クラップロートは一九三六―三七年のフィンケンヴァルデ［冬期コース］で書き留めた（14. 728）。ヴォルフ＝ディーター・ツィマーマンは、一九三六年にフィンケンヴァルデで次のようにノートを取っている。「聖化によってわれわれは他の人より優れた存在になるわけではない。……僕は、いつだって自分は求められた方向を進んでおらず、命じられているであろうようには、また必要であるようには行動していないことがわかっている」（14. 626）。私たちは、ボンヘッファーが「聖徒」の章で述べるように、「神の戒めのうちに変化《ヴァンデルン》しつつ歩み、また罪を犯すのである」（4. 296）。

　弟子たちは、イエスに服従へと招かれている――しかし十字架に掛けられる前、イエスがゲッセマネの園で裏切りにあったとき、「弟子たちは皆、イエスを見捨てて逃げてしまった」（マルコによる福音書一四章五〇節）。復活されたキリスト・イエスは、壊れた弟子たちとの交《ゲマインシャフト》わりを新たにされる[26]。洗礼を受けた者は日ごとに「すべての罪と共に死に」、そして「新しい人としてよみがえる」ことが求められている[27]。

　カファルナウムの百人隊長（マタイ八章、ルカ七章、ヨハネ四章[28]）は、信じ、冒険し、全権をもって命じられたことは実行されると知った。山上の説教の冒頭で説かれた至福の教えには、全権をもって服従へと招かれた人たちが描かれている。ここでのイエスの祝福――「幸いなるかな、心の清い[29]人びとは」――や、パウロが美徳の目録[30]に挙げているものを、人は美しいと思うことができる。私たちは、「神の善[31]」のように美しいものが「聖徒の交わり」の生活にも現れるよう願うことは許される――山上の説教の主の祈りにおいて、「御心が天におけるように地の上にもなされますように」（マタイ六章[32]）と祈願するように。

ボンヘッファーは一九四四年七月二一日に次のように述べている。

……その時こそ、人はまったく神の腕の中に身を投げかけているのであり、その時こそ、もはや自分の苦しみではなく、この世における神の苦しみを真剣に受けとめ、その時こそ、キリストと共にゲツセマネで目覚めているのである……。（8, 542）

祈るイエスと共に。

「父よ、できることなら、この杯をわたしから過ぎ去らせてください。しかし、わたしの望むようにではなく、御心のままに！……父よ、わたしが飲まないかぎりこの杯が過ぎ去らないのでしたら、御心が行われますように！」。（4, 83）

この二つの節、マタイによる福音書二六章三九節と四二節を合わせて、ボンヘッファーはフィンケンヴァルデで解釈を行っていた。『服従』では「服従と十字架」という表題の章（4, 77-85）に収録されている。

一九四四年七月二一日〔の手紙には、さらに次のように書かれている〕。

……そして僕が思うには、これこそが信仰であり、これこそがメタノイア［悔い改め］なのだ。そしてこのようにして人は、ひとりの人間に、ひとりのキリスト者になる（エレミヤ四五章を参照せよ！）。もしこの此岸的生活の中で神の苦しみを共に苦しむのであれば、どうして成功の時に高ぶったり、失敗した時にうろたえたりする必要があるだろうか。……このことを認識することが許されたことを僕は感謝しているし、いずれにせよ自分が歩いてきたこの途上でのみ認識することができたとわかっている。だから僕は感謝して、心平和《フリートリヒ》に、過去や現在のことを考えている。——……その時こそ、人はまったく神の腕の中に身を投げかけているのであり、……このようにしてひとりの人間に、ひとりのキリスト者になるのだ……。（8, 542）

——そしておそらくは一瞬、いともたやすく、「聖なるもの」でいられるのだろう。

注

（1）Magiera, Kurtmartin (1928-1975) (1972): *Herr ZETT. Dreizehn Zeichnungen von Romulus Candea.* 次の著書から引用。Sill, Bernhard (Hrsg.) (2006): *Gewissen. Gedanken, die zu denken geben* (Quellenbände zur Christlichen Ethik, Bd. 1), Paderborn: Bonifatius, 34.

（2）第一コリントの信徒への手紙一二章三節におけるこの教会の原初の告白は、ギリシャ語のテキストでは大文字で強調されている。

（3）Luther, Martin [1529]: *Der kleine Katechismus*, in: *Die Bekenntnisschriften der evangelisch-lutherischen Kirche*, Göttingen: Vandenhoeck & Ruprecht 1952. 「聖なる洗礼の礼典」の第四番。第2章および第12章も参照のこと。

（4）シャルロット・フォン・キルシュバウムが一九三五年八月二一日に記したカレンダーの覚書きより（14, 250 Note 3）。

（5）第6章参照。

（6）Lehel, Ferenc (1979): Brief aus Szombathely Februar 1979, in Tödt, Heinz Eduard et al. (Hrsg.): *Wie eine Flaschenpost. Ökumenische Briefe und Beiträge für Eberhard Bethge*, München: Kaiser, 248. 第1章参照。

（7）Kleist, Heinrich von [1810]: *Über das Marionettentheater*, in Hans Jürgen Meinerts (Hrsg.): *Sämtliche Werke*, Gütersloh: Bertelsmann, 938-954.

（8）次を参照。「善悪の知識は、統一の中で生きるアダムにとっては二元性、すなわち全体性の破綻に関するありえない知識であり、この二元性を包括した表現がトーブ〔善〕とラー〔悪〕である」（3, 114）。「トーブとラーとを知り、統一から転じて分裂に陥ったアダムは、もはや自分の創造主の前に立つことができない」（3, 119）。「[堕落以前の人間の] 原初の状態についての教え……は、遡って投影された希望である」（1, 36）。

（9）プラトン『法律』。Platon: *Nomoi* (Gesetze) (1977): deutsche Übersetzung von Klaus Schöpsdau in Gunther Eigler (Hrsg.): *Werke in acht Bänden. Griechisch und Deutsch*, 8. Band, Darmstadt: Wissenschaftliche Buchgesellschaft, 644-645, 803-804.

（10）„der" Gott（その神）〔このようにGottに定冠詞を付けること〕については、第10章を参照のこと。

（11）「静謐な時間」（die stille Stunde）の言及は、カール・バルトが一九三六年一〇月一四日付の書簡で聖化の「人間に固有な一領域における実現」の一例として触れている「オックスフォード」グループ運動における „die stille Zeit“（静謐な時間）の実践を暗に示しているのかもしれない（14, 251）。

（12）Barth, Karl (1955): *Kirchliche Dogmatik*, Die Lehre der Versöhnung, Band IV/2, Zollikon-Zürich: Evangelischer Verlag, 604.

（13）Ibid., 891.

（14）プラトン『国家』。Platon: *Politeia* (Der Staat) (1971): deutsche Übersetzung von Schleiermacher, in Gunther Eigler (Hrsg.): *Werke in acht Bänden. Griechisch und Deutsch*, 4. Band, Darmstadt: Wissenschaftliche Buchgesellschaft, 514-517.

（15）Barth (1955), 893.

（16）第5章および第10章（ヴィティコー）を参照のこと。

（17）（14, 965）第一テモテへの手紙四章一―三節、六章三―四節に関して。

（18）Barth (1955), 652.

（19）ボンヘッファーが未決拘留中にマンフレート・レーダーによる尋問に際して一九四三年に書いた手紙の草稿（16, 410）。第9章参照。

（20）第1章参照。

（21）「神の愛と世界の堕落」という表題の章からの引用（6, 311）。

（22）マルコによる福音書四・二六―二九に関するボンヘッファーの言及を参照（14, 351）。

（23）Gundert, Wilhelm (Verdeutschung u. Erläuterung) (1964/1967): *Bi-Yän-Lu. Meister Yüan-wu's Niederschrift von der Smaragdenen Felswand*, München: Carl Hanser Verlag, 1.Band 1964, 61. ヴィルヘルム・グンデルトによる独語訳、解説付き。

（24）一九四四年七月二一日付のこの手紙（8, 542）にはこう書かれている。「……もし僕がいつかそのようなことを話したくなったら、〔君の〕他の誰に言えばいいのだろう。ひょっとしたら、マリーアにもそんな話ができるようになる時が来るかもしれない。心から僕はそう願っている。でも、これはまだ彼女には無茶な要求だ」。

（25） 一九四三年九月五日付のボンヘッファーから両親に宛てた手紙に関して、（8, 152 Note 5）参照。一九四四年二月二三日付のベートゲ宛て書簡には、「エレミヤ書第四五章は僕を捉えて放さない」（8, 336）と書かれている。第6章参照。

（26） この点について次の著書で詳しく取り上げられている。Tödt, Heinz Eduard (1959): *Der Menschensohn in der synoptischen Überlieferung*, Gütersloh: Gütersloher Verlagshaus, 228-230.

（27） ルター『小教理問答書』。第12章（「日ごと」）参照。

（28） 第5章参照。

（29） マタイによる福音書五章八節。これに関しては（4, 106f）参照。

（30） 例えば、ガラテヤの信徒への手紙五・二二―三。

（31） （4, 155）および（6, 285）。第3章参照〔ここでは「神は唯一の方であり、唯一の善」と言われている〕。

（32） （4, 161）マタイによる福音書六章一〇節bに関して。

第12章　死と復活

二〇〇八年四月一九日のヘルンフート兄弟団のその日の聖句《ローズング》〔『日々の聖句』（ローズンゲン）に書かれたその日の旧約聖書の聖句。『日々の聖句』は日ごとに選び出された旧新約聖書の一節を組みあわせた小型の聖句集で、最初に籤引きで旧約から選ばれたその日の聖句（ローズング）が決められ、それに対応する新約のテキスト（教えのテキスト）が選ばれる〕は、「わたしたちが死ぬ定めにあることをよく考えるように教え、知恵ある心を与えてください」（詩編九〇・一二）であった。教えのテキスト《レーアテクスト》は、「キリストはすべての人のために死んでくださいました。生きている人びとが、もはや自分たちのために生きるのではなく、自分たちのために死んで復活してくださった方のために生きるためです」（第二コリント五・一五）である。これが、死と復活というテーマについて、やはりすべてを物語っている。それとも、違うのだろうか。「絶え間ない……キリスト教とは何か、あるいはまた、今日われわれにとってそもそもキリストとは誰なのか、という問い」(8, 402)[1] は続くのであろうか。

本講演の準備のために、私は四福音書の受難物語を通して読んだ。まず最も古いマルコによる福音書、次にマタイとルカ――この二人の「共観福音書記者」の記述にはたっぷりと共通点があるため、合わせて見ることが可能である――、次に最も新しいヨハネによる福音書、そして最後に新約聖書全体を読んだ。

一九四三年四月二三日の聖金曜日〔キリストの受難の日を記念する復活祭直前の金曜日〕、妻のクリステルやディートリヒ・ボンヘッファーと同じく一九四三年四月五日に投獄されたハンス・フォン・ドナーニは、ベルリン市モアビット地区レーアター通り六一番地の刑務所で、マタイ福音書二六―二八章とルカ福音書二二―二四章の受難に関する記述を読んだ。彼は、ベルリンのテーゲル刑務所に収監されている義弟ディートリヒへの手紙の中で、次のように書いている。

受難物語における二人の福音書記者の相違点がこれほど注目すべきものとして気にかかったのは初めてだ。君とそのことについて話せたら、どんなに嬉しいだろうか。(8, 49)

直接会って対話を交わすなど、囚われの身である二人には望むべくもなかった。尋問を受けている期間、手紙は両親に十日に一度だけ書くことが許されていた。ドナーニは、義弟に聖金曜日の手紙を送るために、両親への手紙の許可を得ることを断念した。「もちろん、〔調査官の〕レーダーがそれを読むことを計算に入れた上で(2)」、その手紙の中で調査官に対して、唯一ドナーニだけが四月五日の逮捕の「起因《アンラス》」(8, 48)であることをほのめかしていた。受難物語の「相違点」に関するドナーニの驚きに対して、ボンヘッファーがどのような反応を示したかはわからない。ただ、復活祭の日曜日にあたる一九四三年四月二五日にボンヘッファーが両親に宛てた手紙には、次のように記されている。

……しかし、この受難週にようやく、ご存じのとおり、長い間ずっと僕が取り組んできた受難物語の一部、つまり大祭司的な祈り［ヨハネ一七章］について徹底的に考えることができました。（8, 50）

実際に、イエスの死と復活は新約聖書の中で驚くほど多様に語られている。このことは、どのようであったか後から知ろうとして正確な情報を期待する人には、もどかしい限りである。一九四三年に開始された堅信礼準備授業のために貸与された聖書の版には——当時は戦時中で本がほとんど購入できなかった——、四種類の福音書ではなく、一つにまとめられた調和福音書（eine Evangelien-Harmonie）が載っていた。

ボンヘッファーは、調和不可であることを不満に思わなかった。彼にとっては、言葉に耳を傾けることが大事だった。この聞くということに関して、彼は義兄のリューディガー・シュライヒャーに手紙を書き、自分はむしろ「知性の犠牲（sacrificium intellectus）」——知性はすべてを把握できなければならないという考えの放棄——のほうが好ましく、心の準備がある——「まさにこの事柄において、またこの事柄においてのみ、ようするに、真の神に目を向けるということにおいて！」と述べている。そう、ボンヘッファーは耐えていたのだ、

聖書のあちこちの箇所をまだ理解していないことを認め、それもいつか神ご自身の言葉として

明らかになるという確信のもとに。（14, 147）[3]

彼は緊張に耐えていたのである。『倫理』（*Ethik*）の原稿を執筆している時も、獄中でも、彼は同時代の人びとの間に広がる緊張感の喪失に気づいていた。

> 慎重を要する緊張、内面に不可欠な待ち時間に耐えられずにいる。（6, 120）
>
> 少なからずの人が……内面の「緊張の弦」を長きにわたって張り続ける習慣を失ってしまっている。……これはプロレタリア層の悲しい宿命である。（8, 242）

一枚の紙片に、彼はテーゲルでこう書き留めている。

> 満たされていない緊張という恵み。楽しみな気持ち《ルスト》というのは、ただ満足することにあるのではなく、まさに未来を待ちわびること、緊張にもある。[4]

ボンヘッファーは、ヨハネによる福音書の大祭司的な祈り（ヨハネ一七）を読んだ。これはイエスが逮捕される（ヨハネ一八）ことになる庭〔ゲツセマネの園〕へ出て行かれる前に話されたものである。「あなたが世から選び出して与えてくださった人びとに、わたしは御名を現しました。彼らはあなたのものでしたが、わたしに与えてくださいました。彼らはあなたの言葉を守っています。……真理によって、彼らを聖なる者としてください。あなたの言葉は真理です」（ヨハネ一七・六、一七）。ボンヘッファーは「神の真理と現実として、両極端なもの、つまりパラドックスにおける高度な緊張」について知っていた。(5)

私は、新約聖書の書簡へと読み進んでようやく、殺害され、蘇られた方について書かれた共観福音書記者のテキストには、生起した出来事に関するいかなる解釈（Deutung）も見当たらないことに遅ればせながら気づいた。なぜ、何のために起こったのか、そこには語られていない。各福音書記者によって異なるが、イエスが、罪人を殺すために人間が考え出した残酷極まりない方法の一つにかけられて息を引き取られたこと、そしてその後、殺された方が生きておられたことが、各人の言葉で語られているだけである。もともとマルコによる福音書は復活後の出来事について何も語っていなかった。福音書記者たちにとっては、三様にイエスの告知を報じること、つまり「人の子《メンシエンゾーン》」が引き渡され、拒絶され、殺され、三日後に復活（マルコ八・三一、九・三一、一〇・三三―三四）されたことを伝えるだけで十分であった。

新約聖書を読んでいて私が特に注意を払ったのは、「人の子」である。ハインツ・エドゥアルト・テートは、新約聖書学者ギュンター・ボルンカムの下で、新約聖書で用いられる主の称号について学位論文を執筆した。(6) 一九五九年に『共観福音書伝承における人の子』という表題の本が出版されている。

新約聖書で「人の子」という称号は、イエスご自身が語られる場面以外はほとんど出てこない。

一つの例外として、殉教者ステファノが石打ちの刑で亡くなる直前に、天が開かれ、「人の子」が神の右に立っておられるのが見える、と語っている。ルカは使徒言行録の中で、若きパウロが石打ちたちの衣服をあずかり、ステファノの刑の執行に賛成していたことに言及している（使徒言行録七・五六―五八、八・一）。[7] ステファノは人生最後の時に「人の子」を見ている。もう一つの例外としては、ヨハネの黙示録に出てくる先見者が、この世の終わりの出来事の中で「人の子」のような方を目にしている（黙示録一四章一四節他）。この二つの例外は、ボンヘッファーが「究極以前のもの」と「究極的なもの」を区別した意味での「究極的なもの」と関連がある（6, 137-162）。「人の子」という称号は「究極的なもの」、すなわち終末を先んじて暗示するものである。[8]

旧約聖書の中では、預言者ダニエルが「人の子」について語っている。ダニエルは、ある一つの裁きを見ている。裁き主は「日の老いたる者」であり、その前から火の川が流れ出ている（ダニエル書七・九―一〇）。「見よ、人の子のような者が天の雲に乗って来た」。その方には、「とこしえに続く統治の力」が与えられている（ダニエル七・一三―一四）。「人の子」とは、最後の審判の全権を受けた者の称号なのである。

ヨハネの黙示録に登場する先見者は、終末における怒りの裁きの幻を見ている。ボンヘッファーは、この審判について聖書で描かれた光景をありありと思い浮かべながら、夜空の照明標識《ロイヒトツァイヒェン》に誘導された――当時は「クリスマスツリー」と呼ばれていた――ベルリン空爆を体験していた。まさにそのとき、一九四四年夏、彼はテーゲルで囚人として、ナチスの不正な体制下の囚人たちのただ中で詩を書いた。

……夜空にしるし《ツァイヒェン》が輝き……
時代が変わるのを見たい。
かの待ち望む深夜には、
驚くべき煌めきの中に、
悪しき者は恐れに消えゆき、
善き者は喜びのうちに残る。
悪人は
光の中に足を踏み入れ、
裁きの前に立つ。
欺瞞と背信、
邪悪な行為、
贖罪が近づく。
おい、おお、気づくがよい、
聖なる力が
裁きを下している……　(8, 518f)[9]

旧約聖書を読むことでボンヘッファーはこう学んだ。

……ご自分の敵に対する神の怒りと報復がさまざまな現実として効力を持ち続ける場合にのみ、赦しや敵を愛するということに関して何かがわれわれの心にふれることができる。(8, 226)[10]

世の裁き主である人の子は、終わりの時に来られ、否と然りを言い渡される。

どうやら「人の子」という言葉（„Menschensohn"-Sprüche）は、イエスの話に耳を傾けていた人びとの記憶に特にはっきりと残ったらしい。この言葉が最初に原始キリスト教の各教会で伝えられたとき、イエスは「人の子」という称号をご自身の呼称として用いず、ご自身から引き離して示しておられたことが変わらず伝えられていたようである。マルコ八章三八節にはこうある。「なぜなら、神に背いたこの罪深い世代《ゲシュレヒト》［ヤハウェとその民との契約に不実な人びとの世代］で、わたしとわたしの言葉を恥じる者は、人の子もまた、父の栄光に輝いて聖なる天使たちと共に来るときに、その者を恥じるであろう」。

「人の子」という言葉の用い方に関しては、三つに分類することができる。第一は、最後の審判のために到来する「人の子」について述べたものである。例えば、人の子は、羊と山羊を分ける最後の裁きを下される（マタイ二五・三一―四六）[11]。第二に、「人の子」の全権を付与された地上での活動に関するものである。例えば、ユダヤの敬虔な人たちは、イエスの弟子たちが安息日に穂を摘むことを、イエスはこれを禁じてはいないが、神に与えられた儀式の律法を冒瀆する行為と見なした。イエスはこう返している。「安息日は人のために定められたのであって、人が安息日のためにあるのではない。だから、人の子は安息日の主でもある」(マルコ二・二七―二八)[12]。同様に、安息日にイエスが病気を癒されたことも(マルコ三・一―六他)、敬虔な人たちには、安息日の憩いを定めた律法に対する冒瀆的な違反行為であると思われた。

第三の分類は、「人の子」の受苦、死、復活について語られるものである。マルコは人の子という言葉を受難物語の序章で用いているが、物語の中には現れない。出来事がそのまま解釈を加えずに伝えられている。

イザヤ書五三章は、苦しむ神の僕をテーマとしている。これに関する説教の草稿を、ボンヘッファーはフィンケンヴァルデ牧師研修所で、彼が養成していた牧師の卵たちと一緒に作成した。一九三五年夏にエーバーハルト・ベートゲが次のようにノートを取っている。イザヤ書五三章は、一人の「この上なく軽蔑された者」についての「不気味な預言」であり、その者はすべての悪を背負わせられ、「生ける者の国から」連れ去られる。「……説明もなく、解釈もない。そうでなければ、真の苦しみとは言えないだろう。だからこそ信仰が求められる」(14, 340, 342)。苦しみを受け、殺されたイエスのうちに、復活後の教会はこの預言をあらためて認識し、それが成就されたと見なし、信じることに賭け、KYRIOS IESOUS――イエスは主である(第一コリント一二・三)[13]――と告白した。

苦しみ、復活する人の子について述べられた言葉は受難の出来事を暗示しており、そうする「ことになっている」(マルコ八・三一、マタイ一六・二一)と言われている。なぜなら、そのように「人の子について預言者たちが書いた」(ルカ一八・三一)からである。神に全権を与えられた方が人間の殺戮の手に渡される――想像し難いことだが、それが起こったのであり、これについて聖書は先んじて暗示していた。福音書記者たちはその証としてヘブライ語聖書から多くの箇所を引用している。

何をもって人びとはイエスを殺すことを正当だと感じるのだろうか。死刑を執行させる権限を持っていたのは占領国のローマ帝国だけである。当局はイエスの活動が政治的脅威であると納得させられていた。ユダヤの精神的権威の目にイエスは律法の違反者として映り、それゆえ神の冒瀆者と見なされた。これは神から与えられた司法法に照らせば、死刑が求刑された。

ボンヘッファーは博士論文『聖徒の交わり』（*Sanctorum Communio*）の中でこう述べている。

しかしイエスご自身がこの世を義とされたことは明らかである。そのためにイエスは十字架へと歩まれ、律法に身をゆだね、われわれの代わりに律法の呪いを背負われたのである。（1, 95）

『服従』（*Nachfolge*）ではこう説明している。

［ユダヤ人たちは］律法に関するイエスの教えを、神に対する冒瀆、すなわち神の律法に対する冒瀆として、拒絶せざるをえなかった。……イエスは神の冒瀆者として、律法の違反者として十字架上で亡くなられた。（4, 118）

彼は死ぬ「ことになっている」。しかしそこではまだ、「～のためになるように（wem zugute）」、「～のために（für wen）」、「わたしたちのために（für uns）」といった言葉も、最後の晩餐の「あなたのために与えられた（für dich gegeben）」や「あなたのために流された（für dich vergossen）」という言葉も現れていない。

イエスが主の晩餐を定めた言葉として、ルカ（二二・二〇）とパウロ（第一コリント一一・二五）には、「この杯は、わたしの血による新しい契約である」と記されている。マルコ（一四・二四）とマタイ（二六・二八）には、「これは、多くの人のために流されるわたしの血、契約の血である」とある。そう表現された――契約の血――血が流されるということは、シナイ山のふもとで結ばれた契約、つまり「旧い」契約、旧約聖書と関連がある。

「モーセは［シナイ山から］戻って、ヤハウェのすべての言葉とすべての法を民に読み聞かせ……［さらに］ヤハウェの言葉をすべて書き記した。別の日の朝早く、彼は山のふもとに祭壇を築き、一二の石造りの記念碑をイスラエルの一二部族のために建てた。それから、彼はイスラエルの人びとの若者を遣わし、焼き尽くす献げ物をささげさせ、さらに主への平和の献げ物として雄牛を屠らせた。それから、モーセは血の半分を取って鉢に入れ、残りの半分を祭壇に振りかけた」が、それは契約の相手であるヤハウェの臨在を表していた。モーセは「契約の書を取り、民に読んで聞かせた。彼ら［民］は、『わたしたちはヤハウェが語られたことをすべて行い、守ります』と言った。モーセはその血を取り、民に振りかけて言った。『見よ、これ

はヤハウェがこれらの言葉に基づいてあなたがたと結ばれた契約の血である』」。（出エジプト記二四・三―八）[14]

契約の血は、民とその主との間に一つの生活共同体が平和に結ばれたことを確証するしるしである。もし契約が契約の掟に背いて破られたならば、血は契約が新しくされることを願うしるしになる。イエスは、イスラエルの部族の数と同じ一二人の弟子団において、「わたしの契約の血」、「わたしの血による新しい契約」と言われたが、その言葉はご自分を裏切ることになるユダにも向けられていた。

世界の審判の全権を与えられた方が人間の裁きによって十字架にかけられるという凄まじい出来事から、弟子たちは逃げ出した。ペトロは、ナザレのイエスと一緒にいた事実を突きつけられたとき、主のことを知らないと誓って打ち消した（マタイ二六・六九―七五）。ボンヘッファーは一九三三年七月二三日に行った説教でユダとペトロを比較している。

同じく主を否認したユダに関しては、彼は立ち去り、自殺したと伝えられている［マタイ二七・五、使徒言行録一・一八］。ペトロは、外に出て行き、激しく泣いた［マタイ二六・七五、ルカ二二・六二］。これが違いである。（12, 469）

ユダは自決する。ペトロはいかに自分が赦しを必要とするかに気づく。

新約聖書を通して読み、私にはその中心が赦しについて示唆することにあると思えた。しかもこのことは、旧約聖書の「……わたしは彼らの過ちを赦し、再び彼らの罪を思い起こすことはない」（エレミヤ三一・三四）という言葉に連続している。イエスは「わたしたちの罪をお赦しください」と祈るように教え――またこれを私たちが赦すことに結びつけている（ルカ一一・四、マタイ六・一二、一四―一五）。「人の子」は地上の罪を赦す全権を持つ――ユダヤの敬虔な人たちから見れば、これは一つの冒瀆的な不当行為である。「ただ神のほかに、いったいだれが、罪を赦すことができるだろうか」と。しかし、イエスはそれを語り、体の麻痺した人を癒したのである（マルコ二・五、七、一〇―一一、マタイ九・三、六、ルカ五・二一、二四）。

ヘブライ人への手紙は、民のさまざまな罪のために大祭司が生贄を献げることは、「永遠の祭司」となられたイエスが「はるかに優れた契約を保証する方となられた」ことによって凌駕されたと見なしている。イエスは民の罪のために「ただ一度」生贄を献げられた、つまりは「御自身を献げられた」のである（ヘブ七・二二―二二、二七）。ここでは、ユダヤ教の伝統との連続性において、イエスの死は「～のため」と理解されている。ボンヘッファーは次のように解釈している。

われわれのためにキリストが死んでくださったことを宣べ伝えるのが、義認の説教（Rechtfertigungspredigt）である。キリストの体に組み入れられること、すなわちキリストの死と復活にあずかるのが、洗礼である。一度キリストが死なれたがゆえに、洗礼と義認もまた、われわれに一度かぎり与えられる。それらは最も厳密な意味において、再現不可能なものである。

再現は、われわれに一度かぎり起こったことを想起することによってのみ可能であり、ただ再現可能なだけでなく、日ごとに反復されることが必要である[15]。……罪からの分離は、イエス・キリストにおいて罪人が死ぬことによって成しとげられる。(4, 274)

聖餐式を行うことは――シュライアマハーが言う表現行為(das darstellende Handeln)の意味において――神の意志に対する違反が赦され、神との契約が新しくされることを願うという信仰の冒険を想起し、ありありと思い浮かべることなのである。

赦しは「安価[16]」なものではないこと、それは赦しを受ける者にとっても同じだと、ボンヘッファーにはわかっていた。一九三四年一月二一日、ロンドンで牧師をしていた彼はエレミヤ書二〇章七節について説教を行ったが、その原稿を、一九三五年末までの多くの他の説教原稿と同様に、エリーザベト・ツィンのもとへ送っている。そのロンドンでの説教は、エーバーハルト・ベートゲにはまるで自伝のように感じられた[17]。

主よ、あなたは私を説き伏せられ、私は身をまかせました。あなたは何もわからずにいる私を捕えられ――そして今やもう、私はあなたから逃がれることはできません。あなたは私を獲物として連れ去られ、あなたの勝利の車に私たちを結びつけ、あなたの後ろから引っぱって行かれるので、私たちは酷使されたり、ひどく苦しめられたりしながら、あなたの凱旋行進に加わっています。あなたの愛がこんなにも痛みを与え、あなたの慈悲がこんなにも過酷であると、

私たちは知ることができたでしょうか。あなたは私にとってあまりにも強い存在となられ、勝利されたのです。(13, 349)

フィンケンヴァルデでボンヘッファーは、神は罪人を „recht fertig"(正しく完成/完全に困憊)させるということについて話したことがあった。これにはまさに二通りの意味があり、ドイツ語の „fertigmachen" ――(ある人を)完成させる/困憊させる――と似た響きがあるが、神が罪を „rechtfertigt"(義とする)という意味では決してない(14, 622)。

苦しむ「人の子」については、「三日目(am dritten Tag)」あるいは「三日後(nach drei Tagen)」の復活を告げ知らせることで終結する。パウロは第一コリントの信徒への手紙一五章(四−五節)の中で教会の伝承を引用し、「キリストは私たちの罪のために死なれ、聖書《シュリフテン》に書いてあるとおり、葬られ、聖書《シュリフテン》に書いてあるとおり、三日目に復活された」と述べている。「聖書《シュリフテン》」には、預言者ホセアの書(六章二節)に、「二日の後、主は私たちを生かし、三日目に再び立ち上がらせ、私たちは御前に生きる」と書かれている。ここで今や、「私たち」と言われている。

第一コリントの信徒への手紙一五章二二節にはこうある。「つまり、アダムにおいてすべての人が死ぬことになったように、キリストにおいてすべての人が生かされることになるのです」。三一節では、律法を誤って理解したがゆえに熱心に神の教会を迫害したパウロが、そして後に、復活された方に呼びかけられて必要とされたパウロが[18]、「わたしは日々死んでいます」と述べている。

ボンヘッファーは『服従』の中で、またその後の著作でも、日々死ぬことに関する発言をたびたび引用している。ルターは小教理問答書の中で第一コリントの信徒への手紙一五章二二節および三一節を用いて、水の洗礼が意味するところを、私たちのうちの「古いアダム[19]」が日ごとに「すべての罪と死に……そしてふたたび、日ごとに新しい人間が現れ、よみがえる」ことだと説明している。ボンヘッファーによれば(4, 221-226)、マルコによる福音書一章一四節の「わたしに従いなさい」(4, 45)というイエスの呼びかけは、復活後の洗礼による死と聖霊の派遣とに対応している。洗礼と聖霊の派遣が意味するのは、私のあとに従い、生きるために不可欠な死によって、あなた自身を死から新しい命へと導かせなさい、ということである。生命に不可欠な死である洗礼の死によって、罪がその傭兵に支払う「罪の報酬」(ローマ六・二三)としての死を死ぬのである。罪の傭兵は生きているように見えても、本当には生きていないのである。

一九四四年の復活祭の四月一〇日、ボンヘッファーはテーゲル刑務所から婚約者の母ルート・フォン・ヴェーデマイアーに誕生日の手紙を書いている。

私にとって復活祭から昇天祭までの期間は、いつもとりわけ大切な時間でした。すでに私たちの目は究極的なものに向けられていますが、まだ私たちには、この地上で果たすべき任務、喜びや苦しみがあります。そしてその生きる力は復活祭を通して与えられるのです。(8, 379)

友人エーバーハルト・ベートゲに宛てた一九四四年三月二七日付の手紙の中で、彼はこう述べている。

> 復活祭？　われわれの眼差しは、死《トート》よりも死にゆくこと《シュテルベン》に向けられている。……死にゆくことの克服は人間の可能性の領域にあるが、死の克服とは復活のことである。……キリストの復活によって、新しい清めの風が現今の世に吹き入ることが可能になる。……もし一握りの人間であれ、このことを本当に信じ、そのことに突き動かされて地上で行動するなら、いろんなことが変わっていくだろう。復活から生きる——それが復活祭の意味なのだ。(8, 368f)

死にゆくことが彼自身の必然として歴然と彼に近づいて来たとき、彼は一九四四年八月二三日に、友人〔ベートゲ〕が三五歳の誕生日を迎えることをあらかじめ考慮して、こう手紙を書いた。

> 神の御手と導きは、僕にとってゆるぎない確かなものであり、絶えずこの確かさのうちに守られることを願っている。僕が感謝と喜びをもって導かれた道を歩んでいることを決して疑ったりしてはいけないよ。僕の歩んだ人生は神の慈愛に満ちあふれ、罪の上には十字架につけられた方の赦しの愛がある。(8, 576)

友にわかるように、彼は自分の死に関して近しい人たちに望むことをほのめかしている。

彼ら〔近しい人たち〕が僕のことで心を暗くする必要など全くなく、彼らも神の善意と赦しを確信してただ感謝することをひたすら願っている。ごめん、こんなことを書いて。……君以外のいったい誰にこのことを本当に喜びをもって聞いてもらえるか、わからないんだ。(8, 576)

……もしあなたがわたしたちに苦く、重い杯を、
なみなみと満たされた苦しみを渡されるなら、
身震いもせず、ありがたく受け取ります
あなたの善き、慕わしい御手から……

――そのように、最後の獄中詩「善き力に」(8, 608) で述べられている。

神の律法への止むことのない賛美が述べられた詩編一一九章について、ボンヘッファーは一九三九年に黙想していた。

しかし神がご自分の者の一人に、キリストのために十字架と死の苦い結末に至る杯を実際にお与えになるとすれば、――これに価する者として神はいつの時代にも一握りの者だけに目を留められ、――そのように神はその者たちの心をあらかじめ整えられたに違いなく、まさしく彼らが……「幸いなるかな、主の律法のうちに変化しつつ歩《ヴァンデルン》む人びととは」ということを証しするのである。(15, 506)[20]

ディートリヒ・ボンヘッファーの心はそのようにあらかじめ整えられていたのである。

注

（1）ボンヘッファーが獄中で書いた神学的な書簡のうちで最初に投げかけた問いであり、一九四四年四月三〇日付エーバーハルト・ベートゲ宛て書簡で言及されている。
（2）Bethge, Eberhard (1967): *Dietrich Bonhoeffer, Theologe-Christ-Zeitgenosse. Eine Biographie*, Müünchen: Chr. Kaiser, 899.
（3）一九三六年四月八日付の書簡。第４章参照。
（4）(8, 242 Note 4)、第2章で言及した、未来によって自己を決定させる子ども（2, 159）について参照のこと。
（5）『倫理』のためのメモ書き（6e, 35）。第８章（極端なもの）と第９章（逆説的な従順）を参照。
（6）Tödt, Heinz Eduard (1959): *Der Menschensohn in der synoptischen Überlieferung*, Gütersloh: Gütersloher Verlagshaus.
（7）第６章参照。
（8）第２章（終末論に関する記述）参照。
（9）詩『夜の声』（*Nächtliche Stimmen*）より。
（10）第５章参照。
（11）ボンヘッファーは山上の説教の解釈の中で、マタイによる福音書七章一三―二三節に「大いなる分離」という表題を付けている（4, 183-190）。マタイ七・二一―二三に関しては第５章を参照。
（12）「神と人間のために、イエスは律法の破壊者となられた。安息日の律法を破られ、それを神と人間への愛によって聖なるものとされた……。このようにイエス・キリストは、神と隣人への奉仕のために良心を解き放たれる方でもあり、また人間が人間の罪による交わり（Gemeinschaft）に入るところでも、まさに良心を自由にされるのである」(6, 279)。

(13) 第11章参照。

(14) ヴィンツェンツ・ハンプ（Vinzenz Hamp）の現代語訳による。In: Lutz, Hanns-Martin/Timm, Hermann/Hirsch, Eike Christian (Hrsg.) (1970): *Das Buch der Bücher. Altes Testament. Einführungen, Texte, Kommentare*, München: Piper, 48f.

(15) 第一コリントの信徒への手紙一五章三一節。

(16) 「安価な恵みとは、悔い改めを抜きにして赦しを説くことである」(4, 30)。

(17) Bethge (1967), 402.

(18) 第6章（使徒言行録七・五八、八・一、九・三―六）。

(19) 第2章および第11章参照。

(20) 〔詩編第一一九章〕第一節に関して。

付録A　ディートリヒ・ボンヘッファー（一九〇六―一九四五）年譜

年	年齢	出来事
一九〇六		二月四日にブレスラウで生まれる。三人の兄、二人の姉、二人の妹を持つ。父カール・ボンヘッファーは精神医学・神経医学教授、母パウラ（旧姓フォン・ハーゼ）は教員資格を持つ。
一九一二	6歳	父カールがベルリンのシャリテー大学病院に招聘。
一九一八	12歳	次兄ヴァルターが一九一七年に歩兵隊に徴集、西部戦線で負傷して戦死。ボンヘッファー家にも食糧難が襲う。
一九二一	15歳	ディートリヒと双子の妹ザビーネの堅信礼。ディートリヒはすでに神学者になることを決意。
一九二三	17歳	テュービンゲン大学で神学を学び始める〔夏・冬の二学期間〕。ドイツでインフレが発生。
一九二四	18歳	イタリア（ローマ）と北アフリカに滞在。ベルリン大学に学ぶ〔七学期、実質的には六学期間〕。
一九二五	19歳	リヒャルト・ヴィートマンとの交友、カール・バルトの神学への傾倒。
一九二七	21歳	博士号取得。一九三〇年に学位論文『聖徒の交わり』出版。

一九二八　22歳　第一次神学試験。バルセロナの在外ドイツ人教会で牧師補（一九二九年二月まで）。

一九二九　23歳　ベルリン大学神学部助手（一九三〇年まで）。

一九三〇　24歳　第二次神学試験。『行為と存在』（一九三一年出版）で大学教授資格取得。九月から（一九三一年六月まで）奨学生としてニューヨークのユニオン神学校に留学。ここでフランス人の学友ジャン・ラセールからキリスト教平和主義を学び、またスイス人の学友エルヴィン・ズッツがカール・バルトとの個人的な接触を仲介。

一九三一　25歳　組織神学ゼミナール助手、ベルリン大学神学部私講師（一九三三年夏まで毎学期講義とゼミナールを担当）。九月、マックス・ディーステル教区長がボンヘッファーを「教会の国際的友好活動のための世界連盟」（一九一四年設立）の会合開催地であるイギリスのケンブリッジに派遣、ボンヘッファーは三人のヨーロッパ青年書記の一人に任命される（一九三六年まで多数のエキュメニカル会議に参加）。一〇月、ベルリン・シャルロッテンブルク工科大学で学生教会牧師。一一月、按手礼を受ける。ベルリン市教会会議の牧師補に任命。プロレタリアの堅信礼準備クラスを担任。

一九三二　26歳　一九三二―三三年冬学期に講義「創造と罪」（『創造と堕落　創世記一―三章の神学的釈義』として一九三三年に出版）。

一九三三　27歳　二月一日、ヒトラーの政権掌握（一月三〇日）の二日後にラジオ講演「指導者概念の変遷」。四月、国家の反ユダヤ措置導入後に論文「ユダヤ人問題に直面する教会」。夏学期の講義「キリスト論」は学術的な教職活動の頂点かつ最後となる。八月、ベーテル信仰告白の起草に協力。一〇月一七日、ロンドンで在外ドイツ人教会の牧師に就任（一九三五年まで）。

一九三五　29歳　四月二六日、ディートリヒ・ボンヘッファーが所長を務める古プロイセン合同教会の告白教会に属する牧師研修所で最初の半年コースがバルト海沿岸のツィングストホーフで開講。六月二四日、牧師研修所がシュテッティン近郊のフィンケンヴァルデに移転（一九三七年まで）。一二月、国家の法律によって告白教会の委託による神学者養成が非合法とされる。

一九三七　31歳　八月、ボンヘッファーは教授資格を剥奪。九月末、警察がフィンケンヴァルデ牧師研修所を閉鎖。一一月、牧師研修所でのボンヘッファーの新約聖書講義をもとに『服従』が出版。一二月、非合法の神学者養成がケスリーンとグロース＝シュレンヴィッツで開講、一九三九年夏以降はヒンターポンメルンのズィーグルツホーフで継続。

一九三八　32歳　二月、カナーリスの部局（国防軍情報部、ドイツ国外の軍事防諜活動）の抵抗グループと接触。

一九三九　33歳　六月二日、徴兵回避のためアメリカへ出立。六月二〇日、迫まり来る開戦（九月一日）を承知でドイツ帰国を決意。七月七－八日の夜半に船でヨーロッパに出発。イギリスに亡命した双子の妹の「非アーリア人」家族に最後の訪問を行う。

一九四〇　34歳　三月、ズィーグルツホーフでの神学者養成が警察に打ち切られる。八月および九月、帝国による講演禁止処分、警察への届け出義務。一〇月、カナーリスの部局のミュンヘン支所に配属。一一月、ベネディクト会エタール修道院で『倫理』の原稿執筆（一九四一年二月まで）。

一九四一　35歳　カナーリスの部局の任務により中立国スイスを訪問。ジュネーブで設立に向かう世界教会協議会でドイツの抵抗運動のためにイギリスと接触を図る。

一九四二　36歳　スイスとスカンジナビアへ旅行。ストックホルム近郊のシグトゥーナ（五月三〇日、六月二日）でチチェスター司教ジョージ・ベルにドイツの抵抗運動の詳細な計画を説明。ベルはドイツ国内の反対勢力の存在についてイギリス外務省に認めさせようと試みるが徒労に終わる。

一九四三　37歳　一月一三日（ボンヘッファーは誕生日の前なので三六歳）、マリーア・フォン・ヴェーデマイアー（一九二四－一九七七）がディートリヒ・ボンヘッファーとの婚約を書面（手紙）で承諾。三月、ヒトラー暗殺未遂事件が二件発生。四月五日、ディートリヒ・ボンヘッファーおよび姉クリスティーネの夫ハンス・フォン・ドナーニが逮捕（秘密国家警察《ゲシュタポ》がドナーニを反逆的抵抗の知的指導者として認識したのは一九四四年秋）。ボンヘッファーがテーゲル国防軍未決監に送監。投獄中の書簡と覚え書きが一九五一年以降エーバーハルト・ベートゲ編集で『抵抗と信従』として出版。

一九四四　38歳

二月、国防軍情報部が帝国保安本部に統合。ベルリン爆撃でテーゲル刑務所近くのボルジッヒ工場も標的となる。七月二〇日、シュタウフェンベルクが〔ヒトラーの〕暗殺を試みる。九月、ドナーニとボンヘッファーの陰謀の関与を証明する文書〔ツォッセン文書〕が発見される。一〇月五日、ディートリヒは、兄クラウスと姉ウルズラの夫である義兄リューディガー・シュライヒャーが逮捕されたため脱獄計画を断念。一〇月八日以降、帝国保安本部の地下牢に収容。

一九四五　39歳

二月七日、ヴァイマル近郊のブーヘンヴァルト強制収容所へ移送。四月三日、レーゲンスブルクへ移送。四月五日、総統大本営で共謀者の抹殺が決定。四月六日、ボンヘッファーがバイエルンの森のシェーンベルクへ誤送。四月八日、誤送を訂正しフロッセンビュルク強制収容所へ移送され、そこでオースターやカナーリスと同じく、四月九日に絞首刑となる。同日、オラーニエンブルク近郊のザクセンハウゼン強制収容所でドナーニが処刑。四月二三日、ベルリンでクラウス・ボンヘッファー、リューディガー・シュライヒャー、フリードリヒ・ユストゥス・ペーレルスが銃殺。四月三〇日、ヒトラー自殺。五月七日および九日、ドイツ国防軍が降伏。

付録B　ディートリヒ・ボンヘッファーの著作

ボンヘッファーの著作は一九八六―一九九九年に『ディートリヒ・ボンヘッファー全集』（*Dietrich Bonhoeffer Werke*〔略称ＤＢＷ〕）として刊行された。全一七巻、エーバーハルト・ベートゲ（Eberhard Bethge）、エルンスト・ファイル（Ernst Feil）、クリスチャン・グレメルス（Christian Gremmels）、ヴォルフガング・フーバー（Wolfgang Huber）、ハンス・プファイファー（Hans Pfeifer）、アルブレヒト・シェーンヘル（Albrecht Schönherr）、ハインツ・エドゥアルト・テート（Heinz Eduard Tödt）、イルゼ・テート（Ilse Tödt）編集。〔以下は『全集』の各巻の内容である。なお、第一七巻は総索引集である。〕

1　*Sanctorum Communio. Eine dogmatische Untersuchung zur Soziologie der Kirche.* Herausgegeben von Joachim von Soosten (1986, 2. Auflage 2005)

2　*Akt und Sein. Transzendentalphilosophie und Ontologie in der systematischen Theologie.* Herausgegeben von Hans-Richard Reuter (1988, 2. Auflage 2002)

3　*Schöpfung und Fall. Theologische Auslegung von Genesis 1-3.* Herausgegeben von Martin Rüter und Ilse Tödt (1989, 2. Auflage 2002)

4　*Nachfolge.* Herausgegeben von Martin Kuske und Ilse Tödt (1989, 3. Auflage 2002)

5 *Gemeinsames Leben. Das Gebetbuch der Bibel.* Herausgegeben von Gerhard Ludwig Müller und Albrecht Schönherr (1987, 2. Auflage 2002)

6 *Ethik.* Herausgegeben von Ilse Tödt, Heinz Eduard Tödt, Ernst Feil und Clifford Green (1992, 2. Auflage 1998)

6e *Zettelnotizen für eine „Ethik“.* Herausgegeben von Ilse Tödt (1993)

7 *Fragmente aus Tegel.* Herausgegeben von Renate Bethge und Ilse Tödt (1994)

8 *Widerstand und Ergebung. Briefe und Aufzeichnungen aus der Haft.* Herausgegeben von Christian Gremmels, Eberhard Bethge und Renate Bethge in Zusammenarbeit mit Ilse Tödt (1998)

9 *Jugend und Studium 1918-1927.* Herausgegeben von Hans Pfeifer in Zusammenarbeit mit Clifford Green und Carl-Jürgen Kaltenborn (1986, 2. Auflage 2005)

10 *Barcelona, Berlin, Amerika 1928-1931.* Herausgegeben von Reinhart Staats und Hans Christoph von Hase in Zusammenarbeit mit Holger Roggelin und Matthias Wünsche (1992, 2. Auflage 2005)

11 *Ökumene, Universität, Pfarramt 1931-1932.* Herausgegeben von Eberhard Amelung und Christoph Strohm (1994)

12 *Berlin 1932-1933.* Herausgegeben von Carsten Nicolaisen und Ernst-Albert Scharffenorth (1997)

13 *London 1933-1935.* Herausgegeben von Hans Goedeking, Martin Heimbucher und Hans-

Walter Schleicher (1994)

14 *Illegale Theologenausbildung: Finkenwalde 1935-1937*. Herausgegeben von Otto Dudzus und Jürgen Henkys in Zusammenarbeit mit Sabine Bobert-Stützel, Dirk Schulz und Ilse Tödt (1996)

15 *Illegale Theologenausbildung: Sammelvikariate 1937-1940*. Herausgegeben von Dirk Schulz (1998)

16 *Konspiration und Haft 1940-1945*. Herausgegeben von Jørgen Glenthøj, Ulrich Kabitz und Wolf Krötke (1996)

17 *Register und Ergänzungen*. Herausgegeben von Herbert Anzinger und Hans Pfeifer unter Mitarbeit von Waltraud Anzinger und Ilse Tödt mit einem Nachwort von Wolfgang Huber (1999)

付録C　引用文献

Albrecht, Dagmar (2001): *Mit meinem Schicksal kann ich nicht hadern ... - Sippenhaft in der Familie Albrecht von Hagen*, Berlin: Dietz.

Barth, Karl (1955): *Kirchliche Dogmatik*, Die Lehre von der Versöhnung, Band IV/2, Zollikon-Zürich: Evangelischer Verlag.

Barth, Karl (1959): *Kirchliche Dogmatik*, Die Lehre von der Versöhnung, Band IV/3, Zollikon-Zürich: Evangelischer Verlag.

Berendts, Otto (1998): Aus 4 Jahrzehnten dieses Jahrhunderts: 1911-1949, Hiddesen, Juni 1998（タイプライターによる複製）.

Bethge, Eberhard (1967): *Dietrich Bonhoeffer, Theologe - Christ - Zeitgenosse. Eine Biographie*, München: Chr. Kaiser; 9. Auflage 2006, Gütersloh: Gütersloher Verlagshaus.

Bethge, Eberhard/Bethge, Renate/Gremmels, Christian (Hrsg.) (1986): *Dietrich Bonhoeffer - Bilder aus seinem Leben*, München: Chr. Kaiser.

Bismarck, Ruth-Alice von/Kabitz, Ulrich (Hrsg.) (1992): *Brautbriefe Zelle 92. Dietrich Bonhoeffer - Maria von Wedemeyer 1943-1945*, München: Beck.

Elert, Werner (1937): *Der Christ und der völkische Wehrwille*, Leipzig: Deichert.

Feil, Ernst/Tödt, Ilse (Hrsg.) (2001): Dietrich Bonhoeffer und der pommersche Adel. Symposion für Ulrich Kabitz April 1990, in: *ibg Bonhoeffer Rundbrief: Mitteilungen der Internationalen Bonhoeffer-Gesellschaft Sektion Bundesrepublik Deutschland* (Sonderausgabe Oktober 2001).

George, Stefan (1914), *Der Stern des Bundes*, Sämtliche Werke in 18 Bänden, Bd. VIII, Stuttgart: Klett-Cotta 1993.

Gundert, Wilhelm (Verdeutschung u. Erläuterung) (1964/1967): *Bi-Yän-Lu. Meister Yüan-wu's Niederschrift von der Smaragdenen Felswand*, München: Carl Hanser Verlag, 1.Band 1964, 2. Band 1967.

Günther, Walter (1980): Dietrich Bonhoeffer und die Brüdergemeine, in: *Unitas Fratrum: Zeitschrift für Geschichte und Gegenwartsfragen der Brüdergemeine*, Jahrgang 1980 Heft 7, 62-71.

Kleist, Heinrich von［1810］: *Über das Marionettentheater*, in: Hans Jürgen Meinerts (Hrsg.): *Sämtliche Werke*, Gütersloh: Bertelsmann（出版年の記載なし）, 948-954.

Koch, Werner (1964): Ein Westfale in Pommern, in: Zimmermann, Wolf-Dieter (Hrsg.): *Begegnungen mit Dietrich Bonhoeffer*, München: Kaiser, 102-113.

Kramp, Willy (1955): *Wenn ich es recht bedenke. Kleine Traktate*, Hamburg: Furche.

Lehel, Ferenc (1979): Brief aus Szombathely, in: Tödt, Heinz Eduard et al. (Hrsg.): *Wie eine Flaschenpost. Ökumenische Briefe und Beiträge für Eberhard Bethge*, München: Kaiser, 243-249.

Loyola, Ignatius von［1547］: *Geistliche Übungen*, Regensburg: Verlagsanstalt Manz, 5. Auflage 1932.

Lütgert, Wilhelm (1938): *Ethik der Liebe*, Gütersloh: Bertelsmann.

Luther, Martin [1521]: *Das Magnificat verdeutscht und ausgelegt*, in: *D. Martin Luthers Werke. Kritische Gesamtausgabe*, Weimar: Hermann Böhlau, 1883ff. Band 7 (1897): Schriften der Jahre 1520/1521, 544-604.

Luther, Martin [1529]: *Der kleine Katechismus*, in: *Die Bekenntnisschriften der evangelischlutherischen Kirche*, Göttingen: Vandenhoeck & Ruprecht, 1952, 501-541.

Lutz, Hanns-Martin/Timm, Hermann /Hirsch, Eike Christian (Hrsg.) (1970): *Das Buch der Bücher. Altes Testament. Einführungen, Texte, Kommentare*, München: Piper.

Miyata, Mitsuo (2005): *Die Freiheit kommt von den Tosa-Bergen. Beiträge zur Überwindung des Nationalismus in Japan und Deutschland*, Frankfurt am Main: Otto Lembeck.

Magiera, Kurtmartin (1972): *Herr ZETT. Dreizehn Zeichnungen von Romulus Candea.* 次の著書から引用。Sill, Bernhard (Hrsg.) (2006): *Gewissen. Gedanken, die zu denken geben* (Quellenbände zur Christlichen Ethik, Band 1), Paderborn: Bonifatius.

Platon: *Politeia* (Der Staat) (1971): deutsche Übersetzung von Schleiermacher, in: Gunther Eigler (Hrsg.): *Werke in acht Bänden. Griechisch und Deutsch*, 4. Band, Darmstadt: Wissenschaftliche Buchgesellschaft.

Platon: *Nomoi* (Gesetze) (1977): deutsche Übersetzung von Klaus Schöpsdau, in: Gunther Eigler (Hrsg.): *Werke in acht Bänden. Griechisch und Deutsch*, 8. Band, Darmstadt: Wissenschaftliche

Buchgesellschaft.

Schlatter, Adolf (1923): *Einleitung in die Bibel*, vierte durchgesehene Auflage, Stuttgart: Calwer Vereinsbuchhandlung.

Schönherr, Albrecht (1964): Die Einfalt des Provozierten, in: Zimmermann, Wolf-Dieter (Hrsg.): *Begegnungen mit Dietrich Bonhoeffer*, München: Kaiser, 118-122.

Spengler, Oswald (1918/1922): *Der Untergang des Abendlandes - Umrisse einer Morphologie der Weltgeschichte*, 2 Bände, München: O. Beck.

Tödt, Heinz Eduard (1959): *Der Menschensohn in der synoptischen Überlieferung*, Gütersloh: Gütersloher Verlagshaus, 5. Auflage 1984.

Tödt, Heinz Eduard [1976]: Glauben in einer religionslosen Welt. Muss man zwischen Barth und Bonhoeffer wählen?, in: Scharffenorth, Ernst Albert (Hrsg.): *Theologische Perspektiven nach Dietrich Bonhoeffer*, Gütersloh: Chr. Kaiser/Gütersloher Verlagshaus, 1993, 36-44.

Tödt, Heinz Eduard (1978): *Das Angebot des Lebens. Theologische Orientierung in den Umstellungskrisen der modernen Welt*, Gütersloh: Gütersloher Verlagshaus Gerd Mohn.

Tödt, Heinz Eduard (1979): *Der Spielraum des Menschen. Theologische Orientierung in den Umstellungskrisen der modernen Welt*, Gütersloh: Gütersloher Verlagshaus Gerd Mohn.

Tödt, Heinz Eduard [1982]: Dietrich Bonhoeffers ökumenische Friedensethik, in: Scharffenorth, Ernst Albert (Hrsg.): *Theologische Perspektiven nach Dietrich Bonhoeffer*, Gütersloh: Chr.

Kaiser/Gütersloher Verlagshaus, 1993, 112-137.

Tödt, Heinz Eduard [1985]: Verdrängte Verantwortung. Evangelische Theologie und Kirche angesichts der vierzigsten Wiederkehr des Tages des Kriegsendes am 8. Mai 1945, in: Scharffenorth, Ernst Albert (Hrsg.): *Theologische Perspektiven nach Dietrich Bonhoeffer*, Gütersloh: Chr. Kaiser/Gütersloher Verlagshaus, 1993, 276-284.

Tödt, Heinz Eduard (1988): *Perspektiven theologischer Ethik*, München: Chr. Kaiser.

Vilmar, August Friedrich Christian (1858): *Zur neuesten Culturgeschichte Deutschlands, 1858, zerstreute Blätter, vol. 1: Politisches und Sociales*, Frankfurt am Main/Erlangen.

Vischer, Friedrich Theodor (1879): *Auch einer. Eine Reisebekanntschaft*, Stuttgart/Leipzig: Eduard Hallberger.

Wedemeyer, Ruth von/Wedemeyer, Peter von (1993): *In des Teufels Gasthaus. Eine preußische Familie 1918-1945*, Moers: Brendow.

Wedemeyer-Weller, Maria von (1967): The Other Letters from Prison, in: *Union Seminary Quarterly Review*, vol. 23, 23-29.

Weizsäcker, Carl Friedrich von (1977): *Der Garten des Menschlichen*, München/Wien: Hanser.

付録D　テキストの成り立ち

各章のテキストは以下の機会に作成された。

第1章　ドイツ女性と文化協会ハノーファー支部での講演（二〇〇八年一一月二一日、ズィビレ・ヴァイトカンプ主催）。

第2章　ツェードリッツ＝トリュッツシュラー伯爵の親族であるギジロット&ジルヴィア・フォン・ローアの年次レセプション（二〇〇五年二月二七日、イーゼルンハーゲン〔ハノーファー近郊の村〕のファルスター・バウアーシャフト）での小講演。ルート・フォン・クライスト＝レッツォウ（旧姓ツェードリッツ＝トリュッツシュラー）の孫コンスタンティン・フォン・クライスト＝レッツォウや、その娘マルガレーテ・フォン・クライスト＝レッツォウ、そしてマリーア・フォン・ヴェーデマイアーの末妹ヴェーアブルク・デーア（旧姓フォン・ヴェーデマイアー）も出席。

第3章　信濃町教会（東京）で開催されたボンヘッファー生誕一〇〇周年記念式典（二〇〇六年三月二一日）のために作成した原稿。記念講演の最初の講師は東北大学教授〔現東北大学名誉教授〕の宮田光雄（政治思想史）であった。二度行った講演の一方は、日本ボンヘッファー研究会と日本カール・バルト協会が共同でイルゼ・テートを招待。口頭による講演では、事実関係に即した情報を省略した。同年三月二七日に関西学院大学・キリスト教と文化研究センターで行った講演に基づく原稿の全訳が、故山﨑和明四国学院大学教授（政治学）の翻訳で、プロテスタント系出版社（新教出版社）発行の雑誌『福音と世界』のボンヘッファー〔生誕一〇〇年〕特集号（第六一巻六号、二〇〇六年六月）の二七―三七頁に掲載。

第4章　ドイツ福音ルーテル教会（シドニー）および聖クリストフォルス教会（シドニー）を対象とした講演（二〇〇〇年一〇月一六日、クロイドン・コミュニティセンター、ヘルマン＆イルゼ・ゲッケンヤン主催）およびチリ福音ルーテル教会の礼拝での講演（二〇〇一年三月一八日、サンティアゴ、Congregación „La Reconciliación"、ギーゼラ・シュミット＝ヘッベル主催）の改訂版。

第5章　アカデミー・ザンケルマルク〔ドイツ・シュレースヴィヒ＝ホルシュタイン州〕での講演（二〇〇七年六月三〇日午前、ディルク・シュルツ主催）。

第6章　テモテ教会（ハノーファー）での講演（二〇〇八年一〇月二日、インゲボルク・ヴォルスキー主催）。

第7章　ハノーファーシュ・ミュンデン〔ドイツ・ニーダーザクセン州ゲッティンゲン郡の都市〕のマリエン教会（ギムテ地区）での講演（二〇〇四年一月八日、ベルント・フォーゲル主催）。

第8章　企画された選集「責任における自由――極端主義に反対する作家たち」（クラウス＆ギーゼラ・ライン＝イルムシャーの依頼、ツィーゲンリュック〔ドイツ・チューリンゲン州の

第9章　ザーレ川沿いの小都市〕のために執筆。ディートリヒ・ボンヘッファーの『倫理』をテーマとした小神学セミナー（二〇〇八年一〇月一一日、ハイリゲングラーベ修道院〔ドイツ・ブランデンブルク州〕）で講演。

第10章　ニュー・サウス・ウェールズ州ニューイングランドに位置するオーストラリアの大学都市アーミデールの聖公会教会で行った英語講演（二〇〇〇年一〇月一三日、ジョン・モーゼス主催）のドイツ語原稿。歴史学者であり聖公会牧師であるジョン・モーゼスとイルゼ・テートで作成した英語版は、*Lutheran Theological Journal for Vocation and Life* (Adelaide, South Australia), Volume 35 Number 1, May 2001, pp.3-16に掲載。

第11章　ハイリゲングラーベ修道院のチャプターハウスにおいて開催された、元ハイリゲングラーベの女生徒たちによる援助同盟および支援協会の年次集会における講演（二〇〇四年六月一二日）。この集会では、寮生としての最後が一九四四年次の女性たちのダイヤモンド堅信〔六〇年前に堅信を受けた人を祝う行事〕が行われた。ギジロット・フォン・ローア共同主催。

第12章　アカデミー・ザンケルマルクでの講演（二〇〇七年六月三〇日午後、ディルク・シュルツ主催）。

〔ドイツ・ニーダーザクセン州ノルトホルン近郊の〕フレンスヴェーゲン修道院で行われたボンヘッファー・セミナー「メンシュ・イエズス！」での小講演（二〇〇八年四月二六日）。演題はベルント・フォーゲルが設定した。

付録E　著者紹介

イルゼ・テート（Ilse Tödt）

出生名イルゼ・ローゲス（Ilse Loges）。一九三〇年、ハノーファーに生まれる。この町で第三帝国、空爆戦、戦争直後の年月を経験する。一九四九年、アビトゥーア〔高校卒業（大学入学資格）試験〕に合格。ハノーファー工科大学、ゲッティンゲン大学、ハンブルク大学、フランクフルト・アム・マイン大学、米国オハイオ州コロンバスのオハイオ州立大学に学ぶ。一九五七年二月、ゲッティンゲン大学哲学科において民族学的・宗教学的資料研究『イロコイ人とデラウェア人における一八世紀のヘルンフートによる宣教の影響』（*Irokesen und Delawaren im Spiegel der Herrnhuter Mission im 18. Jahrhundert*）で博士号取得。同じ日に、〔イルゼの夫となる〕ハインツ・エドゥアルト・テートも、ハイデルベルク〔大学〕で「人の子」という称号に関する新約聖書研究で博士号を取得する。ハインツ・エドゥアルトは一九一八年に生まれ、帝国の勤労奉仕と兵役を果たして間もなく、一九三九年の開戦時に騎馬砲兵隊に徴集され、ポーランド侵攻および西方侵攻に参加。一九四一年以降はソビエト連邦で、主に前方監視員（Vorgeschobener Beobachter）として配置。一九四五年五月九日にバルト三国で捕虜となり、一九五〇年四月に参謀将校用の収容所から釈放される。その後、彼はベーテル、バーゼル、ゲッティンゲン、ハイデルベルクの大学で学んだ。一九五七年五月、ハインツ・エドゥアルトとイルゼ・ローゲスが結婚。夫妻は一九六一年までルール川沿いの都市シュヴェーアテ近郊のフィリヒスト〔現在では、フィリヒストはシュヴェーアテに編入されている〕に暮らし、ハインツ・エドゥアルトはヴィリー・クランプの後任として福音主義学生支援協会の責任者を務める。その後、ハイデルベルクの福音主義学術共同研究所（ＦＥＳＴ）に評議員（Stiftsrat）として赴任。一九六三年、大学に新設された組織神学・倫理学・社会倫理学の講座担当教授として招かれるが、イルゼ・テート同様、兼任でＦＥＳＴの職務を継続。一九七六年のボンヘッファー生誕七〇周年記念式典の際にはイルゼ・テートに促され、ハインツ・エドゥアルト・テートがその会場としてジュネーブの世界教会協議会本部を提案。一九七七年、ハインツ・エドゥアルト・テートはカトリック神学者エルンスト・ファイルの後任として、国際ボンヘッファー学会・ドイツ連邦共和国部会の会長に就任。一九八〇年代には、エルンスト・ファイルの提案により新版『ディートリヒ・ボンヘッファー全集』〔略称ＤＢＷ〕としてボンヘッファーの全著作の編纂が開始。ハインツ・エドゥアルト・テートは会長の職をクリスチャン・グレメルスに譲り、新版に取り組む約三五名〔途中で編者の入れ替わりが生じたため「約」を加えている〕の総編者（Gesamtherausgebersprecher）となる。一九八六年の生誕八〇周年を機にＤＢＷの最初の二巻が出版され、一九九九年には索引巻が最後の第一七巻として刷り上がった。イルゼ・テートは全一万頁のおよそ三分の一に寄与している。一九九一年にハインツ・エドゥアルト・テートが亡くなった後、彼女も総編者に指名。一九九五年、バーゼル大学から名誉博士号（神学）授与。ＤＢＷの三、四、六、七、八、一五巻の英訳の編集にも携わった。

訳者あとがき

本書はイルゼ・テート（Ilse Tödt）が二〇〇〇年から〇八年の間に依頼に応えて執筆した講演原稿や寄稿文全一一編を収めた作品集 *Gute Mächte. Bonhoeffer-Darstellungen* (FEST, Reihe A. Nr. 53). Forschungsstätte der Evangelischen Studiengemeinschaft, Heidelberg 2009の全訳である。

二〇〇九年に出版された原著を手にしたのは一〇年前のことであった。日本ボンヘッファー研究会の故山﨑和明・四国学院大学教授より、宮田光雄・東北大学名誉教授から日本語出版のご提案をいただいたので共訳者になって欲しいとお話があった。諸般の事情から翻訳に着手できぬまま数年が過ぎたが、山﨑先生の退職後にふたたび話が持ち上がった。一緒に翻訳させていただくのを心から楽しみにしていたが、山﨑先生は闘病に入られて二〇二〇年に逝去され、私の単訳となった。ようやく出版に至り、山﨑先生にご報告できる。原著の出版から約一五年経過したが、その魅力が色褪せることは全くない。本書はボンヘッファーの伝記として読むこともできる。一九三〇年生まれの著者イルゼ・テートはボンヘッファーの婚約者マリーア・フォン・ヴェーデマイアーより六つ年下で、ナチ政権と第二次世界大戦を体験している。同時代を生きた著者が描き出すボンヘッファーの人となりと思想、時代背景は臨場感にあふれている。

イルゼ・テートの紹介は本書の付録Eに記載されているので、私個人の目に映るテートについて少し述べさせていただく。彼女は一九八四年と二〇〇六年に日本ボンヘッファー研究会他のゲストとして来日しているが、私が出会ったのは二〇〇三年夏にアイゼナーハで開催されたドイツ・国際ボンヘッファー学会に初めて参加した時である。自然で気取りや気負いといったものとは無縁な、温かで、どこかあどけない少女のような透明感を持つ彼女はすぐさま私の緊張を解いてしまった。まだ学生だった私の拙いドイツ語にもじっと耳を傾け、いろんな相談にのって下さった。その際に交した会話での「私はいつもボンヘッファーが傍らに居ると思って彼の本を読んでいます」という静かで力のある彼女の言葉が今も深く心に残っている。必ずしも常に学術研究の題材として著者と距離を取り、対象化して批判的に読む必要はないと知ったのだ。本書の翻訳に際しても、テートが序文で述べているように、ボンヘッファーと共に歩む思いで、傍らに立つ彼に尋ねながら進めていった。翻訳に悩むとその都度テートに尋ねた。いつも驚くほど早く返信が届き、とても丁寧に質問に応えて下さった。なお日本語訳の出版に際して、原著の誤植や誤記、典拠や引用の記載の不備だと思われる点は、著者に確認したり、引用箇所の原典を確認したりして修正や加筆を行った。

本書の『善き力』というタイトルについては、テートが序文で述べるように、第1章の「善き力に不思議に守られて……」という表題から採られている。これはボンヘッファーが一九四四年一二月にベルリンの帝国保安本部地下牢で、家族と婚約者のために書いた詩の一節である。この詩はドイツでは大変よく知られている。私がドイツに滞在した約七年間ドイツ語の家庭教師をしてくれたウテという名前の女性が、私の帰国後に大みそかに送ってくれたグリーティングメールにもこの詩が記されていた。彼女はその後脳の病で若くして天に召されたが、私は新しい年を迎える時いつもこの詩を想い起こす。だから本書の翻訳のお話をいただいた時は、何か不思議な巡り合わせを感じた。邦訳では「善き力」としたが、原語の「力」にあたる語は複数形で記されているので直訳すると「善き力たち」となる。ボンヘッファーは自らの人生が、善き力たち――道を示すわずかな兆し、聖書の言葉、合図、助け、互いの思いやり、呼び覚まされる会話の記憶、音楽、読書、子どものように眠りの天使に守られることなどに見出される力たち――に不思議に守られ、導かれてきたことを知ったのである。本書の随所に現れる「善」という言葉をキーワードとして読み進めると、テートの伝えようとしていることが浮かび上がってくるだろう。

各章に収録された全一二のテキストは、それぞれの重点がボンヘッファーの生涯に沿って配列されている。それらがどのような機会に執筆されたかは付録Dで参照できる。ボンヘッファーの生涯についてまだご存知ない方は、最初に第1章を読むと誕生から死までの歩みを概観することができる。

ボンヘッファーの生涯を第一期（神学者）・第二期（キリスト者）・第三期（同時代人）として特徴づけたエーバーハルト・ベートゲの三区分に従うなら、本著の第2章と第3章は、ボンヘッファーが神学の魅力にとりつかれて生きた第一期（一九二二～三三年頃まで）を主に取り上げている。第2章「子どもたちの友」では、ボンヘッファーが子ども礼拝や堅信礼準備クラスを通して子どもたちとどのように接し、また子どもや幼児洗礼に関してどのような神学的考察を行ったのか語られる。独房で手掛けた戯曲や小説の未完草稿の中で子どもが登場する場面も紹介されている。第3章「ボンヘッファーの冒険――平和という神の戒めを知るために」では、エキュメニカルな活動を通して「国際平和」が急務となり、ボンヘッファーは平和の戒めを知る冒険へと踏み出して行く。テートは信仰を「知る冒険」として捉えており、その関連において、プラトンが『国家』の中で「善のイデア」を説くために用いた「線分の譬え」についても言及される。

第4章から第6章は、生涯の第二期（一九三三年頃～三九年）、つまりボンヘッファーがキリスト者たる価を学びつつドイツ教会闘争において、ナチスの一翼を担う「ドイツ的キリスト者」に対する「告白教会」のメンバーとして教会的抵抗を行った時期に重点がある。第4章「ボンヘッファーの生涯における聖書」では、彼が一九三三年以前のある時に「初めて聖書に到達」し、聖書において自らに向けられる神の言葉に集中するようになり、一九三五年春に所長に就任したフィンケンヴァルデ牧師研修所では日々の聖書黙想を取り入れたことが語られる。第5章「ボンヘッファーの『服従』におけるイエスの山上の説教」では、フィンケンヴァルデの新約聖書講義をもとに執筆された『服従』におけるマタイによる福音書五章から七章に示された「山上の説教」の解釈を中心に取り上げている。第6章「ボンヘッファーとテモテ」もフィンケンヴァルデの時期にあたる。彼は一九三六～三七年にパウロの手によるとされる「テモテへの手紙」を解釈し、休暇研修会でも「神の家に奉仕するテモテ」と題する聖書研究を行っている。「監督」という職務を巡る思索が興味深い。ちなみに第6章はハノーファーのテモテ教会で開催された講演の原稿であるが、主催者はこの講演を「パウロとボンヘッファーの思想と認識を携えた旅」に見立てて案内を出したという。

第7章から第10章は、第三期（一九三九～四五年）と主に関わる。ボンヘッファーが神学者・キリスト者たることに加えて「同時代人」としてドイツの運命に参与した時期である。第7章「世界におけるキリスト者の責任」では、ヒトラー暗殺・クーデター計画への参与に至るボンヘッファーが『倫理』の準備のために残した原稿や覚え書きをもとに、この世の具体的な現実の中で責任を負うために深められた思索の跡を辿ることになる。第8章「ボンヘッファーと極端なもの」では、極端に生きることは非自然的で、非―善であると見なし、両極端に分裂していない全き善について問い、ひいては矛盾的統一へと自らを統一させて「生きる」ことを希求するボンヘッファーの姿が見えてくるだろう。第9章「逆説的な従順」では、ボンヘッファーの第二期と第三期における二つの全く異なる抵抗の形、すなわち「告白」という第一の形――告白教会での活動、ドイツ教会闘争、神学者養成――と「殺人者の排除」という秘密裏の第二の形――ヒトラー暗殺計画に至る陰謀――との関連の上で、「殺してはならない」や「偽りの証言をしてはならない」といった公然たる戒めに「逆説的に」従うとはいかなることか、ボンヘッファーの神学倫理を辿って行く。第10章の「必要な高貴さ」というテーマについて考えることは、とりわけ「支配民族」なる神話が唱えられていたナチス・ドイツにおいては重要だっただろう。ボンヘッファーは、「主人もまた唯一の主を持つ」ということに基づいて、第三帝国崩壊後の来たるべき統一欧州の設立のために正しい上下について思索し、未完の戯曲や小説の中でも関連する問いを投げかけている。

第11章の「『聖なること』は難しい？」は、一九四四年のヒトラー暗殺未遂事件「七月二〇日」の翌日に記した獄中書簡でボンヘッファーが述べた次の言葉に関連している。「僕は、自分自身が何かしら聖なる生活のようなものを送ることで、信じることを学べるかもしれないと考えていた。

この道の終わりに、おそらく『服従』を書いたのだ」。ここで「おそらく」と言われていることから、テートが述べるように、『服従』で述べられていた難しくはない「聖なるものであること」に関する知識とは裏腹に、当時おそらく彼は自らが、自分を何者かに仕立て上げたいと望んでいたことを自覚したようである。しかし、そもそも「聖なること」とはいかなることなのか。テートは『服従』から獄中書簡に至る著作を遡り、『碧巌録』の「至道無難、唯嫌揀択」という言葉やハインリヒ・フォン・クライストの『マリオネット劇について』、プラトンの『法律』に出てくるマリオネットの譬えや『国家』の洞窟の譬えなどにも言及しつつ、聖化を巡る思索を綴っている。

最終章の「死と復活」という演題で行った講演の冒頭でテートは、「キリストはすべての人のために死んで下さいました。生きている人びとが、もはや自分たちのために生きるのではなく、自分たちのために死んで復活して下さった方のために生きるためです」（第二コリント五・一五）という聖句がすべてを物語っていると思うが違うだろうか、と問いを投げかける。そして特に「人の子」という称号に注意を払いつつ新約聖書におけるキリストの受苦、死、復活に関する記述を確認した上で、ボンヘッファーの著作における死と復活に関する箇所を挙げ、その意味を問い直している。

以上の一二の章を翻訳しつつ、テートの描き出すボンヘッファーと共に歩んで行った。そして、平和は依然として実現されていない今日の世界において、ボンヘッファーの言葉に耳を傾けることがいかに大切であるか、あらためて気づかされる思いがした。最後にこの場をお借りして、心から敬愛するテートの著書を翻訳する機会を私に与えて下さった故山﨑和明先生と宮田光雄先生、日本語出版を本当に実現して下さった新教出版社の小林望社長、沢山の示唆に富むご提案をいただき、凄いスピードで一冊の本にして下さった編集の森本直樹さん、そしてお世話になったすべての方々に、心からの感謝と御礼を申し上げたい。

二〇二四年一〇月

岡野　彩子

訳者紹介

岡野彩子（おかの・あやこ）

大阪大学大学院言語社会研究科言語社会専攻博士後期課程修了。ミュンヘン大学、ベルリン・フンボルト大学プロテスタント神学部留学。大阪大学コミュニケーションデザイン・センター招聘研究員、大阪大学 CO デザインセンター特任研究員を経て、現在関西大学、京都産業大学非常勤講師。著書に、博士論文『ボンヘッファーの人間学』（大阪大学 CO デザインセンター）、『東アジアでボンヘッファーを読む』（共著、新教出版社）、*Bonhoeffer Handbuch*（共著、Mohr Siebeck）、『現場力から世直しへ』（共著［編著者］、大阪大学 CO デザインセンター）等。訳書に、ゲジーネ・シュミット作戯曲『いけない、この惑星じゃない！』（ゲーテ・インスティトゥート大阪・京都ドイツ同時代演劇リーディングシリーズ VISIONEN Vol.7）、『ブレヒト 詩とソング』、『ブレヒト 音楽と舞台』（共訳、花伝社）、『ドイツ表現主義の彫刻家－エルンスト・バルラハ』（共訳、朝日新聞社）、マティアス・ポリティキ著『アサヒ・ブルース』（共訳、松本工房）等。

善き力

――ボンヘッファーを描き出す12章

2024年11月15日　第1版第1刷発行

著　者　イルゼ・テート
訳　者　岡野彩子

発行者　小林　望
発行所　株式会社新教出版社
〒112-0014 東京都文京区関口1-44-4
電話（代表）03（3260）6148
振替 00180-1-9991
印刷・製本　モリモト印刷株式会社

ISBN 978-4-400-31103-4　C1016